国家社会科学基金2015年度项目（项目类别：西部项目，项目编号：15XGJ005）

CHINA
I
ASEAN

“一带一路”背景下
中国对东盟投资的发展战略
与风险防范研究

宋泽楠　著

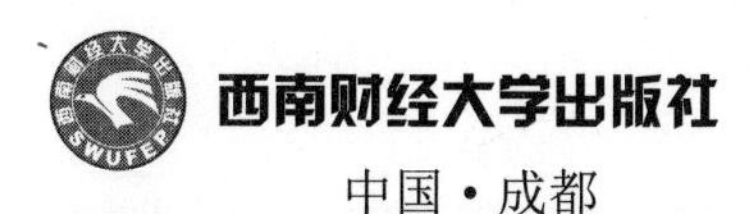

中国·成都

图书在版编目(CIP)数据

“一带一路”背景下中国对东盟投资的发展战略与风险防范研究/宋泽楠著
.—成都:西南财经大学出版社,2021.12
ISBN 978-7-5504-4457-7

Ⅰ.①一… Ⅱ.①宋… Ⅲ.①对外投资—研究—中国②东南亚国家联盟—外商投资—研究 Ⅳ.①F832.6②F833.304.8

中国版本图书馆CIP数据核字(2020)第128805号

“一带一路”背景下中国对东盟投资的发展战略与风险防范研究

宋泽楠 著

策划编辑:杜显钰
责任编辑:杨婧颖
责任校对:雷静
封面设计:墨创文化
责任印制:朱曼丽

出版发行	西南财经大学出版社(四川省成都市光华村街55号)
网址	http://cbs.swufe.edu.cn
电子邮件	bookcj@swufe.edu.cn
邮政编码	610074
电话	028-87353785
照排	四川胜翔数码印务设计有限公司
印刷	成都市火炬印务有限公司
成品尺寸	170mm×240mm
印张	20.5
字数	288千字
版次	2021年12月第1版
印次	2021年12月第1次印刷
书号	ISBN 978-7-5504-4457-7
定价	98.00元

1. 版权所有,翻印必究。
2. 如有印刷、装订等差错,可向本社营销部调换。

前言

本书围绕文献综述与理论基础、东盟投资环境概述（东盟投资环境分析，东盟国家对“一带一路”倡议的认知、反应及态度）、投资东盟战略（国家、省域、产业、企业四个维度）、投资模式创新、投资风险防范（东道国风险及防范、国内风险及防范）五大方面渐次展开，层层深入，形成了共计5篇、13章的研究报告。

第一篇文献综述与理论基础，包括第一章、第二章和第三章。

第一章文献综述。本章主要基于存量知识梳理与增量知识挖掘的基本逻辑，从中国对外直接投资的动机属性与区位分布、中国跨国公司优势体系识别与跨国公司优势体系重构、中国对外直接投资对国内社会经济的影响研究，以及促进中国对外直接投资发展的政策体系研究四个维度梳理，总结了国内外学界对中国对外直接投资的研究现状，并以此为据，分析识别了中国对外直接投资在当前存在的主要问题。笔者认为中国对外直接投资在当前及此后一段时间内面临的主要问题有两个：一是中国对外直接投资增而不强，中国跨国企业的市场竞争力亟待增强；二是中国跨国企业的透明度较低，中国企业在全球范围内的合规性与认可度亟待提升。这两个问题均在不同程度上指向了国内的市场化进程和更大限度的对内改革、对外开放。本书提出中国应该基于自身历史轨迹、发展阶段、实际情况以及人类的自由、公平、高效和可持续发展的普遍诉求，与西方国家妥善处理知识产权保护、电子商务、劳工制度等方面的分歧，在自身可以接受的范围内实行与发达国家可比的一套竞争标准和竞赛规则，充分尊重、努力维护并切实完善世界贸易组织（World

Trade Organization，WTO）多边框架和基于规则的治理机制，由此将中国崛起对既有经济格局和治理机制的冲击转变为一个双向的改变与被改变、适应与被适应、尊重与被尊重以及人类关于经济发展问题和社会治理方式的心理认知趋同性同构的良性探索过程。

第二章理论基础。本章主要从供给视角和需求视角对现有国际投资理论进行了梳理、分析和总结，遵循任何问题必须回到问题所属的整体才能得到准确解释的基本逻辑，提出了企业特定优势、国家特定优势兼具的综合分析框架，对供给视角下的主流对外直接投资（foreign direct investment，FDI）理论进行了改进。与此同时，本书认为不同于传统需求视角的对外直接投资理论，中国对外直接投资的持续快速发展并不是因为国内的需求走低，而是由于国内需求在数量和质量上的攀升，中国企业迫切需要通过整合全球自然资源、优势品牌、先进技术来满足国内需求攀升和消费升级。在此基础上，本书还提出了中国对外直接投资与国内宏观经济的关系规律：中国企业的海外投资内生于中国社会经济发展的形势演变，其本质是围绕国内社会经济发展在不同时期呈现出的要素禀赋和需求条件，基于自身内部资源进行外部资源决策，其目的不仅在于持续提升企业管理水平和技术能力、不断扩大市场优势，还在于更好地服从和服务于国家经济发展全局与宏观调控目标。

第三章“一带一路”倡议的背景、内涵与发展前景。本章主要从历史、国际、国内三个视角分析了“一带一路”倡议的背景。笔者认为“一带一路”倡议是兼具区域性与全球性的国际合作框架、极具中国特色的复合型国际公共品、“一国一策”的国际协议体系、习近平总书记关于对外开放的重要论述的核心内容之一。

第二篇东盟投资环境概述，包括第四章和第五章。

第四章东盟投资环境分析。本章首先分析东盟的地理环境、政治环境、经济环境、社会文化环境、营商环境；然后梳理和分析了东盟国际投资自由化进程与发展趋势；最后分析了大国博弈下的东盟投资环境。

第五章东盟国家对“一带一路”倡议的认知、反应及态度。本章基于积极欢迎、谨慎欢迎和持保留态度三个层次，分别选取泰国、马来西亚、越南三个具有代表性的国家进行详细深入分析。研究初步发现，东盟国家基本上认为，中国的综合国力空前提升，中国的影响力在扩大，“一带一路”倡议带来发展机遇，是促进中国与周边国家交往的建设性方式，会给相关国家带来许多机会。但在中方资本大量涌入的惊喜消散过后，质疑铺天盖地而来，一种不可忽视的“负面情绪”在一些东盟国家不断蔓延。

第三篇投资东盟战略概述，包括第六章、第七章、第八章、第九章和第十章。

第六章国家战略：基于中、美、日的比较视角。本章主要比较分析了中国、美国、日本对东盟的投资，初步发现，美国与日本对东盟的投资远超中国，且根据东盟官方统计数据，日本对东盟投资金额最多的产业是制造业，美国是金融业，而中国是房地产业。2011 年以来，美国、日本对东盟投资发生了两个重要转向：一是美国、日本全球投资的东盟转向，二是美国、日本东盟投资的越南、老挝、柬埔寨、缅甸四国（简称 CLMV 国家）转向，即东盟在美国、日本全球投资版图中的地位，尤其是柬埔寨、老挝、缅甸、越南在美国、日本东盟投资版图中的地位愈发重要。在此基础上，本书提出提升东盟在中国全球投资版图中的战略地位，以“一带一路”倡议统领对东盟投资，并针对优化中国对东盟投资的国别结构与产业结构等提出对策建议。

第七章省域战略的实证分析：基于各省对外直接投资。本章主要利用2003—2009年我国内地除西藏以外的30个省（自治区、直辖市）对外直接投资形成的面板数据，实证分析和识别了影响一省对外直接投资快速发展的因素，并提出应该切实发挥市场作为企业筛选机制的作用，提高市场竞争程度，改变企业运营的外部环境，迫使企业不断累积竞争性资源和培育市场竞争能力，全面提升企业竞争力，从根本上纠正中国企业在发展规模与竞争能力上的错位以及中国经济在发展速度与发展质量上的失衡，改善中国企业的全球竞争力和影响力在整体上弱于中国经济的全球竞争力和影响力的发展局面。

第八章省域战略的案例研究：以广西投资越、新、马、柬、文为例。本章主要选取项目研究团队所在的广西壮族自治区，探讨了“一带一路”背景下广西壮族自治区面向越南、新加坡、马来西亚、柬埔寨以及文莱五个东盟国家的对外直接投资战略，包括总体思路、重点领域、对策建议等方面。

第九章产业战略：基于东道国发展规划与重点优势产业分析。本章主要选择了新加坡、马来西亚、印度尼西亚、缅甸四个中国投资较多的东盟国家，分析这些国家的重点发展规划，客观识别东道国投资需求，并提出针对性的重点投资产业战略。

第十章企业战略：战略投资理念、方向与运营重点。本章主要内容是基于理论基础部分对需求视角的国际投资理论的发展与改进，提出围绕服务“一带一路”建设、提升国内工业体系供给效率、开拓区域性国际市场三个基本方向进行战略构建，以及发力市场开拓型 FDI、资源寻求型 FDI 和海外工程投资等的政策建议。

第四篇投资模式创新，包括第十一章。

第十一章跨境经济合作区及对东盟投资模式创新。本章主要内容是在现有企业并购、绿地投资企业模式以及境外经济合作区等组织模式的基础上，探索将具有“两国一园”典型性质的跨境合作区作为中国对外直接投资的一种新模式，并在园内试验自由贸易制度、自由投资制度、自由企业制度、自由外汇制度等。

第五篇投资风险防范，包括第十二章和第十三章。

第十二章东道国风险及防范。本章主要从传统视角分析了中国企业投资东盟可能遭遇的东道国风险，认为当前中国企业投资东盟面临的主要风险是投资决策与经营风险。对此，企业要强化内部管理，做好尽职调查；树立和恪守合作共赢的投资理念，构建利益内嵌共生、风险共担的深度关联合作机制；严格遵守东道国的法律制度，维护东道国市场秩序，合法合规经营；注重产品研发与创新，在此基础上通过科学高效的质量控制提升产品质量，逐渐改变东道国民众对中国产品质量的认知；针对面向终端消费者的家用消费品，需要在熟悉本地消费理念、消费心理、消费偏好的情况下，注重品牌管理，设计恰当的营销策略，不断谋求更高的产品知名度和更强的顾客黏性。

第十三章国内风险及防范。本章主要探究了中国对外直接投资快速发展对国内宏观经济发展可能造成的风险冲击，包括资本外逃、输入性金融风险、资产转移、产业空心化等，并提出系统性、长期性推动对外直接投资的制度建设方案，在现有《国有企业境外投资经营行为规范》《民营企业境外投资经营行为规范》《企业境外投资管理办法》等政策法规的基础上，实时制定和颁布《海外投资法》，从而将对外直接投资的促进、服务、监管和保障纳入法制化轨道。以投资类型管理为例，参考《外商投资产业指导目录》的“鼓励”“限制”“禁止”三个门类制定《对外直接投资产业指导目录》，应鼓励国内紧缺资源行业企业发力资源寻求型FDI，鼓励现代农业、现代制造业、高新技术产业等领域的企业发力战略资源寻求型FDI，鼓励国内产能过剩产业发力市场开拓型FDI；适度约束和限制房地产业在海外市场的过度逐利；加强对外直接投资的真实性审查，禁止以对外直接投资名义掩盖资本外逃等行为。

目录

第二篇　东盟投资环境概述

第三篇　投资东盟战略概述

第四篇　投资模式创新

第五篇　投资风险防范

引言

金融危机以来，全球经济的周期性疲软致使我国社会经济发展长期积累的结构性矛盾更加凸显，这个矛盾在短期内集中体现为产能过剩问题，中长期则表现为结构调整问题。首先，在需求下降以及前期投资扩张的累积效应下，传统行业出现了较为严重的产能过剩。在未来一段时间内，大量的产能需要消化，大量的杠杆需要“去杠杆化”，大量的库存需要出清。其次，通过结构性调整实现经济持续健康发展的任务重大，尤其是经济增长的驱动力需要实现结构性优化，即推动要素投入结构以及经济增长的动力结构发生实质性改变：由过去主要以要素投入为主转向以要素投入和创新驱动并重为主，由主要依靠投资、出口拉动向更多依靠消费拉动转向。在消化过剩产能和调整结构的同时，更需要全面深化经济体制改革，全面厘清政府与市场的关系，合理推进国有企业改革。

一、研究背景

2013 年以来，党中央、国务院审时度势，高屋建瓴，先后提出自由贸易试验区、“一带一路”倡议及供给侧改革等重大举措，推动我国社会经济发展迈入又一个结构性调整的关键时期。

2013 年 9 月 7 日，习近平总书记访问哈萨克斯坦，其间在纳扎尔巴耶夫大学发表题为“弘扬人民友谊 共创美好未来”的重要演讲，倡议欧亚各国创新合作模式，共同建设“丝绸之路经济带”，以点带面，从线到片，逐步形成区域大合作，并加强政策沟通、道路联通、贸易畅通、货币流通和民心相通。2013 年 10 月 3 日，习近平总书记在印度尼西亚国会发表题为“携手建设中国—东盟命运共同体”的重要演讲，倡议共同建设 21 世纪“海上丝绸之路”。自此，中国对欧亚各国及世界创造性地提出了“一带一路”（The Belt and Road，B&R）倡议的完整框架，引领我国开放发展与区域经济合作迈入新的篇章。

“一带一路”倡议提出以来，中国政府全力担当，积极推进，先后出资 400 亿美元成立丝路基金，组建亚洲基础设施投资银行，公布《推进共建丝绸之路经济带和 21 世纪海上丝绸之路的愿景与行动》，主办“一带一路”高峰论坛等。经过 4 年多的努力，“一带一路”建设聚沙成塔、聚水成涓，取得了显著的发展成效：全球 100 多个国家和国际组织共同参与，40 多个国家和国际组织与中国签署合作协议，中国与“一带一路”沿线国家的投资活动与贸易往来空前活跃，合作项目快速推进；倡议本身及提出的“构建人类命运共同体”理念已经先后被写入联合国决议。毋庸置疑，“一带一路”倡议已经发展成为前景较好的国际合作平台。

东盟与我国山水相连，一直以来都是我国对外开放合作的一个重要区域。自中国—东盟自由贸易区谈判及最终建成以来，东盟已成为我国对外经贸合作最为重要的伙伴之一。双方在国际贸易合作、国际投资合作、国际金融合作、国际文化交流等领域搭建了高效的合作平台，构建了良好的合作机制，积累了扎实的合作基础。自“一带一路”倡议提出以来，东盟地区更是成为“21 世纪海上丝绸之路”建设的第一站，是我国南向推进“一带一路”建设的核心区域。与此同时，包括新加坡在内的多个东盟国家认为，中国的综合国力空前提升，中国的影响力在扩大，“一带一路”建设提供了一个新的发展机遇，会给相关国家带来许多机会；以马来西亚为代表的东盟国家更是明确表示，“一带一路”建设整体上有助于集成经济资源、协同经济发展，蕴含着巨大商机与多重红利，能够帮助马来西亚企业开辟新市场、扩大本地产品和服务销路及吸引外资、改善物流、在多个行业创造大量工作机会及促进文化交流等。

从我国开放合作格局来看，20 世纪 80 年代初期至 90 年代末期，我国由于自身经济基础较为薄弱，以“引进来”为主，即利用当时我国作为要素成本洼地的东道国优势全力吸引效率寻求型 FDI，积极承接国际产业转移，大力发展出口加工和加工贸易，以此实现外部资本撬动下的资本积累和经济腾飞。经过 20 多年的持续快速发展，中国的综合国力逐步提升，经济发展水平持续走高，社会财富积累日益增多，整体供给能力空前增强。中国逐渐成为全球制造中心。与此同时，在企业微观层面，也出现了一批运营规模较大、管理能力较强、资本实力较为雄厚、竞争能力稳步提升、基本具备参与国际市场竞争力的中国企业。

随着中国发展为全球制造中心，出口规模愈发庞大，作为全球的重要供给者，中国自身的资源禀赋很难完全满足全球各地产生的巨大需求，因此，进口规模随之快速攀升。而且，由于国际市场不完全普遍存在，如必和必拓公司等资源类企业对矿产资源的强有力控制甚或垄断等，致使部分进口产品价格攀升，一度出现了“中国买什么，什么就贵”的国际市场失灵现象和不公平境况。本质上而言，中国通过进出口贸易步入全球经济中心，不仅使自身成为全球最为重要的供给者，也成为全球诸多产品的核心需求者。这一历史转变需要中国企业通过对外直接投资在全球范围内整合资源，将不完全的外部市场内部化，从而在世界市场的广阔空间内运营一个内部化的要素市场，以此来满足世界市场对“中国制造”的广泛需求；步入全球经济中心的中国经济也迫切需要协同利用“两个市场、两种资源”来实现中国经济与世界经济的深度、高效互动。当然，如上所述，经过二十多年的持续快速发展，也出现了一批运营规模较大、管理能力较强、资本实力较为雄厚、竞争能力稳步提升的中国企业，它们需要也有能力开启自身的国际化。

20 世纪末，党中央提出“走出去”战略。自此，中国对外直接投资从一个较小的起点开始持续快速增长。21 世纪初期，中国建立起对外直接投资统计制度，每年由商务部、国家统计局和外汇管理局三部委联合发布中国对外直接投资统计公报。根据《2016 年度中国对外直接投资统计公报》的统计数据，2002 年中国对外直接投资（outward foreign direct investment，OFDI）仅为 27 亿美元，在全球排第 27 位。2002 年至 2007 年，我国作为全球制造中心的地位进一步巩固，整体经济实力与综合国力进一步提升。金融危机爆发后，西方发达国家普遍陷入需求疲软和流动性萎缩的发展困境，我国经济自我调整的韧劲与优势开始显现。惠及于此，整体竞争实力不断提升的中国企业利用金融危机形成的并购交易窗口期，加快了海外直接投资的步伐。2008 年，中国对外直接投资流量达到 559.1 亿美元，是 2007 年 265.1 亿美元的 2 倍多。此后，中国对外直接投资持续快速攀升，2013 年首次迈过千亿美元大关，“走出去”与“引进来”并重的开放发展格局基本形成。2014 年，中国对外直接投资达到 1 231.2 亿美元，首次超过我国实际利用外资额度，我国成为资本净流出国。2015 年，中国对外直接投资攀升至 1 456.7 亿美元，首次超过日本，我国成为全球第二大 FDI 来源国。2016 年，中国对外直接投资再创历史新高，达到 1 961.5 亿美元，年度流量接近全球第一大 FDI 来源国美国的 2/3。截至 2016 年 12 月 31 日，中国 2.44 万家境内投资者在境外共设立对外直接投资企业 3.72 万家，年末境外企业资产总额达 5 万亿美元；对外直接投资累计存量达 13 573.9 亿美元，全球排名上升至第 6 位。由此可见，中国已经成为全球最为重要的 FDI 来源国之一。

二、研究意义

综上所述，近年来中国开放型发展的重心呈现出由“引进来”的推动式发展向“走出去”的拓展式发展转变的趋势，这一转变内生于中国社会经济发展的形势演变，目的在于更好地服从和服务于国家经济发展全局与宏观调控目标，其不仅关系到国内宏观经济的结构性转型，亦涉及崛起的中国如何在更高的层面更为主动地引领全球经济发展和主导世界格局演变。可以说，系统性探究中国海外投资发展战略和配套性的风险防范机制，尤其是在“一带一路”背景下探究中国对“一带一路”沿线重要区域（包括东盟）的投资发展战略和配套性的风险防范机制，已成为我国开放型发展的一个重要议题，主要具有以下价值与意义：

一是理论价值。本书弥补了中国对外直接投资发展战略研究在区域性战略构建上的考量不足，并将区域性战略构建放置于“一带一路”新的背景框架之中，从区域横截面和时间纵截面两个基本方向发展现有研究，丰富既有文献，并进一步丰富发展中国家的对外直接投资理论。

二是实际意义。本书一方面探索了我国面向东盟的投资发展战略，加快企业向东盟投资，增强我国利用“两种资源、两个市场”的发展能力，切实带动国内产业结构调整和发展方式的转型升级；另一方面探索了我国投资东盟的新模式与新机制，促进中国与东盟要素有序自由流动、资源高效配置、市场深度融合，引领中国—东盟自贸区由贸易一体化向投资一体化与生产一体化演进，推动我国由区域内外经济枢纽向区域经济命脉的角色转换，提升区域经济影响力。

第一篇
文献综述与理论基础

第一章　文献综述

21 世纪以来，中国对外直接投资持续快速增长，2016 年流量急剧飙升至 1 961.5 亿美元，存量达到 12 679.7 亿美元，分别约为 2002 年流量和存量的 63 倍和 42 倍，流量年均增幅高达 33.92%。然而，作为一个发展中的经济大国和新兴经济体，中国同西方发达国家在经济发展水平、基本经济制度、市场化程度、法制环境及企业国际化能力等诸多方面存在较大差异。因此，中国对外直接投资不仅具有传统对外直接投资的一般共性，亦具有自身的独特性质，这在一定程度上丰富了对外直接投资的种属、内涵，拓展了外延，从而以内生动力的方式不断推动主流直接对外投资（FDI）理论发展成能够对这一新的问题范畴做出合理解释、更为全面的理论体系。

随着中国对外直接投资持续快速增长，中国成为全球又一个重要的 FDI 来源国，FDI 理论研究所基于的现实样本再一次得以拓展与丰富。国内外学者沿袭动机与优势的二元经典分析框架，结合中国社会经济发展的实际情况，围绕中国对外直接投资区位分布与动机、中国跨国公司优势体系、中国对外直接投资发展战略与政策规划、中国对外直接投资对国内的逆向影响、中国对外直接投资的发展阶段等主题，形成了极为丰富的学术文献。

一、文献回顾

中国对外直接投资是过去十多年国际经济学与国际商务学界的

一个热点研究问题。整体来看，基于数据和模型的规范研究主要集中于中国对外直接投资区位分布与动机这一研究主题，该主题因此成为国内外学者最为关注、文献成果最为丰富的研究领域。值得说明的是，西方学者，尤其是沿袭企业特定优势理论分析框架的西方国际商务学者更加倾向于探究支撑中国企业国际化运营的优势体系。从时间维度来看，大致而言，前期研究以区位分布、动机与优势体系为主，2010 年左右则集中于逆向技术溢出效应，近年来则转向“一带一路”背景下的区位分布及影响因素识别等主题。需要说明的是，也有少部分文献探讨了中国企业对外直接投资的绩效及进入方式等，但文献数量相对有限。

（一）中国对外直接投资的属性、动机与区位分布

对外直接投资的动机分析属于宏观层面的研究范畴，往往立足于国家层面的整体经济实力与相关经济变量，如东道国资源禀赋结构、科技水平、制度差异、人口结构、与母国的地理距离、是否签订双边投资协定等，以此来识别中国对外直接投资的区位分布与动机属性。

1. 主要动机及区位分布

从研究视角来看，大致而言，前期主要在主流 FDI 理论的框架下，从资源寻求、市场寻求、效率寻求等方面识别影响中国对外直接投资的区位因素，后期则转向从制度层面探究制度差异、双边投资协定、文化距离、领导人互访、法制等各种制度因素对中国对外直接投资区位分布的影响。

在研究早期，国内外学界广泛认为，从整体来看，中国对外直接投资在当前较为明显的动机有三个：一是资源寻求动机（Deng，2004；张宏 等，2009），资源寻求型 FDI 主要流向了非洲、巴西、沙特阿拉伯以及澳大利亚等矿产资源特别丰富的国家和地区（巴克利，2008；杜凯 等，2010）；二是市场开拓动机（巴克利，2007；阎大颖，2013），市场开拓型 FDI 主要流向一些亚洲和非洲国家

(Deng，2009；张宏 等，2009)；三是战略资源寻求动机(Luo et al.，2007；Deng，2009；Rui et al.，2008)，战略资源寻求型FDI主要流向了研发要素充足、技术水平领先的发达国家，以吸纳东道国的研发要素或并购当地的先进技术为核心目标(Luo，2007；阿斯穆森 et al.，2009；黄速建 等，2009)，且并购是战略资源寻求型FDI最主要的进入方式(赵春明 等，2002；王凤彬 等，2010)。不同于发达国家的对外直接投资，中国对外直接投资的效率寻求动机在现阶段并不明显(Deng，2004；巴克利，2007)。与中国对外直接投资的主要动机相对应，东道国的资源禀赋、市场规模和科技水平是影响我国直接投资区位选择的三个最为重要的因素(胡博 等，2008)。

近年来，越来越多的文献尝试从制度视角探究中国对外直接投资的区位分布和影响因素，这些研究发现中国企业在海外投资的区位抉择时，不太注重东道国的政治制度和政治稳定，而是趋向于避开法律体系严格的国家，并呈现出较为明显的避税动机(王永钦 等，2014)。但是，双边投资协定能够在很大程度替补东道国制度的缺位(宗方宇 等，2012)，双边友好关系以及双边投资协定等制度安排能够有效促进中国对外直接投资，并对一些重大和较为敏感的投资项目，尤其是国有企业投资项目起到保驾护航的作用(张建红 等，2012；杨宏恩 等，2016)。此外，一些综合视角的研究发现，在2007年之前，中国对外直接投资倾向于流向规模较大、自然资源和战略资源较为丰富的市场，即市场寻求、资源寻求和技术寻求的投资动机较为明显；在2007年之后，中国对外直接投资则倾向于流向战略资源较为丰富的市场，制度距离的作用也非常明显(杨嬛 等，2017)。

2. 逆梯度FDI与学习型动机

作为一国外部经济活动的重要形式，对外直接投资内生于该国社会经济发展现状，是该国国内宏观经济运行的外部延伸。所以，要准确解释一国的对外直接投资，就必须回到该国社会经济发展水平的整体框架之中。而且，社会经济发展水平本身也是发展中国家与发达国家间差异最为明显的地方。这两个方面的因素共同决定了中国社会经济发展水平是国际商务学界解释中国对外直接投资和构建差异化理论框架的起点。

从对外直接投资的现象来看，中国对外直接投资同传统 FDI 最直接的区别是 FDI 的来源和流向。传统 FDI 的源头往往是经济实力强大、技术水平领先的发达国家，流向目标是欠发达国家或者发达国家中相对落后的产业。同东道国相比，无论是经济发展水平、行业竞争力，还是企业整体实力，母国往往享有正向的优势势能差。所以，传统的对外直接投资往往是一种自然的、顺向的 FDI 流动，属于顺梯度 FDI（李桂芳，2008；王凤彬 等，2010）。

中国现阶段的社会经济发展呈现出较为矛盾的二元结构：一方面，在整体经济规模上中国已经成为全球第二大经济体，是引领世界经济发展和维持全球经济稳定的重要力量；另一方面，在人均收入方面，中国仍然处于全球落后位置，还是一个典型的发展中国家。两种因素综合，决定了中国的整体经济发展水平在全球范围内处在“中游”位置，中国对外直接投资的流向因此也呈现出二元属性：一方面，部分对外直接投资流向了技术水平领先的发达国家，属于逆梯度 FDI（赵春明，2004；李桂芳，2008）；另一方面，部分对外直接投资流向了经济发展更为滞后的国家，属于顺梯度 FDI。

二者的流向不同，其投资动机也存在差异。顺梯度 FDI 由于具有正的优势落差，主要表现为利用既有优势在发展中国家开拓新市场或者凭借自身竞争力在经济一体化进程中形成的全球要素市场中优化资源配置，属于传统的优势利用型 FDI（马基诺 等，2002）。逆梯度 FDI 存在负的优势落差，主要通过获取战略资源和学习先进知识来培育更高层次的竞争优势，是一种探索型 FDI 或学习型 FDI（马基诺 等，2002）。整体来看，大多数中国企业的跨国运营并不是优势构建后的全球扩张，而是在全球资源市场中对关键性互补资源的获取，是构建竞争优势的手段（Rui et al.，2008；杜凯 等，2010），其在本质上是工具性的（葛京 等，2002）。

值得说明的是，这一研究主题主要是基于现象的事实陈述，且事实陈述得到了学界的广泛认可，并未延伸出更多值得进一步探讨的研究问题，因此，近年来未有更多新的文献问世。

3. 制度距离与二元制度寻求动机

制度距离是发展中国家同发达国家在经济整体实力之外的另一个明显差异（Peng et al.，2008），也是影响企业行为的重要力量，任何企业都必须同其所嵌入的社会形成同构来赢得存在的合法性。以制度环境作为企业聚类划分标准，企业往往呈现出群体内同质性和群体间异质性的聚类特征。所以，制度成为拓展国际商务理论的另一个起点。

西方学界普遍认为，同发达国家相比，发展中国家的法律制度不够健全，市场竞争不够充分，商业环境缺乏足够的透明度，因而整体制度质量较差（Peng et al.，2008；莫克尔 等，2008）。对于企业而言，不成熟的制度在一定程度上形成了“制度空洞”，其对中国对外直接投资产生了两方面的影响并由此形成了制度资源寻求的二元结构。一方面，对于一些市场化进程相对较快的行业，企业间的市场竞争较为充分，部分企业，尤其是部分大型民营企业在历经多年的发展后，基本上形成了以市场为导向的资源配置方式和运营模式，企业治理机制相对成熟，运营规模较大，市场竞争能力较强。对于这些企业而言，当前国内的整体市场环境在一定范围内无法充分满足它们进一步发展的需要，为了减少或摆脱国内制度的限制，这些企业开始在全球范围内寻求更为健全和成熟的宏观经营环境（卡纳 等，2006；威特 等，2007；Deng，2009；加梅尔托夫特，2010），如更为公平、开放、高效、透明的商业环境，更加成熟的产权保护制度等，即部分中国企业的对外直接投资具有寻求更优制度资源的战略动机。另一方面，制度以设定市场游戏规则的方式从根本上限定了企业可选择的行为集合，从而决定了企业的成长方式、战略框架与资源结构。对于中国企业而言，它们往往在中国现阶段的特定商业环境中磨炼出特殊的竞争优势，主要表现为在相对不透明和复杂的商业环境中形成运用个人与制度力量处理商业关系的特殊能力（Yeung et al.，2008；克洛斯塔德，2010），这一优势是发达国家跨国企业所不具有的，所以部分企业的对外直接投资又往往选择性地流向了制度质量较差的国家（克洛斯塔德，2010；宋泽楠，2013a；王永钦 等，2014），如非洲、南美洲的一些国家。在这些国家与西方发达国家的跨国企业同台竞争，中国跨国企业往往能够更为自如地处理复杂的商业关系，所以部分中国企业的对外直接投资具有寻求类似母国制度环境的战略动机。

近年来，部分学者在制度逃离和制度优势二元悖反现象并存的基础上，进一步研究发现，民营企业由于处于比较制度劣势和市场弱势地位，其对外直接投资更偏向于制度逃离；而创新能力强的民营企业也更有能力以对外直接投资的方式实现制度逃离（李新春等，2017）。从交易成本的视角来看，投资准入阶段的缔约成本在民主程度较高的国家往往较高，因此就整体上而言，中国对外直接投资更多地流向了民主程度较低的国家。在国有企业竞争中立规则兴起的背景下，与民营企业相比，中国国有企业可能面临更高的进入壁垒，因此更加偏向选择民主程度较低的国家作为投资目的地（陈兆源 等，2018）。王恕立和向姣姣（2015）的研究表明，中国对外直接投资规模更偏向于制度环境较好的国家，投资选择则偏向于制度环境较差的国家。

（二）中国跨国公司优势体系识别与跨国公司优势体系重构

传统跨国公司理论认为，“外来者劣势”（liability of foreignness）是企业跨境经营面临的普遍性问题，一个跨国公司能够在海外市场成功运营就必然意味着其具备克服外来者劣势的竞争优势。所以，无论是垄断优势理论、内部化理论还是 OLI[①] 折衷范式，都以跨国公

① 1977 年，英国雷丁大学教授邓宁提出了国际生产折衷理论，总结出决定国际企业行为和国际直接投资的三个基本要素：所有权优势（Ownership）、区位优势（Location）、市场内部化优势（Internalization）。

司优势体系识别的方式进行跨国公司的理论建构。可以说，传统跨国公司理论实质上是跨国公司优势理论。

西方学界广泛认为，同西方发达国家的跨国公司相比，中国跨国公司在前国际化阶段的资源储备和能力累积不够充分（蔡尔德等，2005），缺乏对行业的产品设计、技术研发和品牌营销等高端、高附加值环节进行整体性控制的绝对能力，并不具备主导国际市场竞争格局的所有权优势（Peng，2003；Tan，2010；张为付，2008）。部分西方学者甚至将此称为"所有权劣势"（巴纳德，2010）。与之相反，一些学者认为，仅仅从技术和品牌等方面来寻找和界定中国跨国公司的竞争优势难免过于狭隘（Tan，2010），相应的理论突破和发展主要包括国家特定优势、比较所有权优势、制度嵌入资源和特殊所有权优势以及特殊融资能力和资本优势等。

1. 国家特定优势

"国家特定优势"（country-specific advantages）的概念最早由拉格曼（1981）基于"企业特定优势"提出。当时其主要指国家自然资源禀赋、劳动力资源以及相关文化因素，包括主要生产要素的质量、数量及其价格。随着发展中国家对外投资的迅速崛起，有学者（拉格曼，2007；Sun et al.，2010；裴长洪、樊英，2010；裴长洪、郑文，2011）将跨国公司的优势框架拓展到企业之外，认为仅仅从"企业自身优势"和"东道国区位优势"来识别企业对外投资的优势体系难以完全解释当代新兴国家的对外投资现象（裴长洪 等，2011），因为其忽略了母国对企业跨国投资的优势支撑和决策影响。

母国国家能力是企业竞争能力的基石，国家拥有的资源禀赋为企业提供生产、转换和交易所需的各种资源，母国建立的相关制度为企业确定运营框架及提供所需的制度保障（哈瓦维尼 等，2004；Wan，2005），其在国民收入水平、服务业发展水平等方面为本国企业的发展提供基础性条件（裴长洪 等，2011）。然而，由于自然资源、人力资源、资本、知识、技术水平、市场规模等在内的各种资源在不同国家存在分布不均匀或发展不同步的情况，它们的存量、流量及质量在不同国家存在差异，并造就了各国不同的行业优势、规模优势、区位优势、组织优势、技术优势及其他优势。这些优势构成了国家特定优势，是本国企业参与国际竞争的优势之源，对本国企业参与对外投资具有重要意义（戈尔德斯密特，2011；裴长洪等，2011）。

2. 比较所有权优势

Sun 等人（2010）在国家特定优势的基础上，结合李嘉图的比较优势和波特的国家竞争优势，提出了“比较所有权优势”（comparative ownership advantages）的概念，他们认为中国企业的跨国运营具有两种优势体系的支撑：较为薄弱的企业特定优势和非常强大的国家特定优势。两种优势体系的有机结合和动态整合使中国企业在跨境运营的过程中形成了比较所有权优势。而中国企业的很多跨国并购行为就是有效地运用企业较为薄弱的企业特定优势将以要素禀赋为代表的国家特定优势内部化，进而获取东道国战略资源，培育和提升企业核心竞争力（Sun et al.，2010）。

Sun 等人（2010）将比较所有权优势具体界定为企业所拥有的相对有价值、相对稀少、相对难以模仿、植入企业组织内部的资产（Sun et al.，2010），主要表现为国家产业资源禀赋、动态学习、价值创造、价值链重置和制度性优势五个方面，并认为比较所有权优势源于企业立足自身能力框架对具有比较优势的行业要素禀赋进行内部化和利用，是企业特定优势和国家特定优势的互补性整合，如立足国内大市场进行品牌建设能够为企业赢得庞大的国内市场，从而为企业的国际化运营提供扎实的国内基础，或者将一定水平的技术同相对低廉的要素结合，使企业能够生产价格相对低廉而又具有一定技术水平的产品，从而为企业参与国际竞争提供差异化的竞争能力。

同国家特定优势相对静态的视角相比，比较所有权优势是一个动态化的分析框架，其不仅考虑了企业在投资时点所具有的优势体系，也考虑了企业在投资时点前后基于自身能力内化国家特定优势并形成自身特定优势的演化过程。但其将内生于一国比较优势体系的企业能力构建过程及其最终表现出的企业优势视为企业层面的比较优势体系，这些在本质上可能仅仅是对小规模技术优势等既有理论的同义反复，也很可能是对企业比较优势体系的泛化。因为在全球资源整合的大背景下，几乎每个国家都存在嵌入全球生产网络的比较优势体系，并都能够凭借各自的优势在全球生产链中找到自己的位置。

3. 制度嵌入资源和特殊所有权优势

从企业行为的塑造机制来看，制度理论认为组织是嵌入社会中的，因此组织必须同其所嵌入的制度环境相适应来获得存在的合法性，企业嵌入的外生制度框架以"排异性"的同构（isomorphic）原则和设定市场"游戏规则"的方式决定了企业的战略选择（Peng et al., 2008）。在不同制度环境中成长的企业因此具有不同的战略框架、企业资源和竞争能力。

当前，影响企业行为的国别制度差异主要表现为企业运营外部游戏规则的差别，即市场竞争法则能够在多大程度上真正发挥作为企业筛选机制的作用（宋泽楠，2013a）。对于制度成熟的国家，市场竞争法则的作用非常明显，在这样的制度环境中，市场竞争较为充分，企业的战略选择往往是培育超越其他竞争对手的竞争资源和市场能力。在过去40多年中，改革开放大大推动了中国社会主义市场经济制度的发展与完善，但同西方发达经济体相比，中国以市场为基础的制度框架（Peng et al., 2008）仍然不够健全，法律机制有待进一步完善。在这样的制度环境中，企业的战略选择往往并不是完全培育在透明和充分竞争商业环境中的市场竞争能力，而是顺势积累"制度嵌入资源"（Peng et al., 2005；Tan, 2010；Kang et al., 2012），培养和形成相应的特殊竞争能力，主要表现为积淀形成了在相对不透明、复杂商业环境中驾驭复杂客户关系、人际关系和制度的能力（Yeugn H.W. et al., 2008），或者说是磨炼出了应对冗繁规则和驾驭不透明政策限制的特殊竞争能力（莫克尔 等，2008）。这些能力构成了中国企业的特殊能力框架和特殊所有权优势，使它们在制度脆弱的国家比在发达经济体的跨国公司具有更强的适应能力和更大的竞争优势（埃尔登纳 等，2005；巴克利，2007；克洛斯塔德，2010；Chen et al.，2012）。

4. 特殊融资能力和资本优势

随着资本市场的发展和经济虚拟化程度的加深，现代金融逐渐成为传统产业资本之外影响企业发展的另一股重要力量。中国企业的快速国际化显然离不开现代金融的支持，在过去十多年中，并购是中国企业对外直接投资最主要的进入方式，很多大型民营企业和国有企业的国际化方式主要是依靠国内市场快速发展产生的巨大现金流和脆弱制度环境赋予的特殊融资能力，在全球范围内购买以资源、技术和品牌为载体的互补性战略资源（Luo et al.，2007；Deng，2007；Rui et al.，2008）。

同西方发达国家的资本市场相比，中国资本市场在当前是不完善的，不同类型的企业能够在长时期内以低于市场的真实利率水平获得资金（巴克利，2007），如国有企业往往通过政府渠道获得融资支撑，大型民营企业往往通过家族企业内部的资本往来以及项目选址引发的地方政府利益博弈来获得特殊的融资支撑（Zhang et al.，2011）。更为重要的是，中国 40 多年来的改革开放首先表现为从计划经济向市场经济转型的市场化进程。随着以市场为基础的资源配置的开展和资产定价机制的形成，国内市场必然也将经历一个经济资源存量快速资本化的过程。这一过程主要表现为实体经济中的资本形成以及土地、资源产品等要素价格的重估。这些因素所形成的叠加效应使国内市场规模与经济规模急速扩大，并造就了一批世界级资产规模的大型企业。在全球经济逐渐金融化的今天，尤其是在全球金融危机和流动性萎缩所形成的并购窗口期，这些资产规模较庞大，并具有特殊融资渠道支撑的企业具备在全球范围内参与并购的条件、能力甚或优势（巴克利，2004；张为付，2009），从而能够以公平交易的方式将不完美的企业组织而非不完全的国际市场内部化。

（三）中国对外直接投资对国内社会经济的影响研究

无论是对外直接投资的动机识别，还是跨国公司优势体系分析，皆属于关于对外直接投资这一现象本身的研究，是对单个变量的解释性研究。随着中国对外直接投资研究的不断深入，部分学者开始在更为宽泛的层面探究中国对外直接投资对国内社会经济的影响，尝试对两个经济变量的互生影响关系进行梳理，主要研究内容包括中国对外直接投资与对外贸易的关系认知、基于中国对外直接投资的逆向技术溢出机制重塑、逆向技术溢出存在性验证的实证方法创新。

1. 中国对外直接投资与对外贸易的关系认知

关于对外直接投资与对外贸易的关系，早期对外直接投资（FDI）理论基本上都认同二者间存在替代关系。生命周期理论认为，随着产品步入成熟阶段，企业开始向收入水平、技术水平与本国相当的东道国进行对外直接投资（弗农，1966）。内部化理论认为，如果外部市场内部化的成本低于出口成本，跨国公司将实施对外直接投资（巴克利 等，1976）。国际化阶段理论认为，企业在国际化过程中往往遵循资源投入强度和控制力度的由弱到强，通常以直接出口作为起点，再逐渐步入直接投资阶段（约翰森 等，1977）。随着跨国公司的不断发展，尤其是商品贸易的大量出现，对外直接投资与对外贸易的关系亦发生了根本性改变，以海普曼（Helpman，1984）为代表的学者发现，在垂直性对外直接投资中，对外直接投资反而能够产生贸易创造效应，即二者存在互补关系。

关于中国对外直接投资与对外贸易的关系，学界在实证研究方法上主要沿用时间协整模型、面板协整模型和引力模型三种基本模型，研究结论显示两者关系或互补（曾寅初 等，2004；蒋冠宏 等，2014），或短期替代、长期互补（项本武，2009），或短期互补，长期不明显（宋勇超，2017），或没有显著影响（董楠，2014），在研究方法和研究结论上均未超出国外文献的既有知识存量。然而，部分学者在通过文献综述总结二者的关系时认为，纵向 FDI 和贸易的互补关系基本得到理论和实证的一致支持，冲突主要发生在横向 FDI，可能的原因是：支持互补关系的研究一般采用国家宏观数据，而支持替代关系的研究一般采用行业中观数据或企业微观数据，即从国家整体层面来看，对外直接投资对贸易有促进作用，从单个行业或企业来看，对外直接投资取代了出口，二者在时序的演进关系上存在明显的替代关系（杨湘玉，2006）。这一认识很可能抓住了二者关系的本质，或者正如陈立敏（2010）所言，互补和替代是对外直接投资与对外贸易的两种基本关系形态，二者究竟体现为替代还是互补关系，与其说这是一个理论问题，不如说是一个实证问题，因为受国际化投资程度、对外直接投资动机、对外直接投资方式、产业分类精细化程度、投资时效以及分析视角等不同因素的影响，二者所呈现出的具体关系亦不同。

更为重要的是，无论中国对外直接投资与对外出口贸易存在替代还是互补关系，其最终所显示的政策启示在一定程度上可能是一致的。首先，如果中国对外直接投资对出口贸易产生创造效应，显然这表明应该鼓励对外直接投资。其次，如果中国对某地区的对外直接投资替代了中国对该地区的出口，相应的启示意义也很可能是积极的：一方面，它可能同时替代了该行业其他竞争国家对该地区的出口，增强了中国在该地区的竞争优势；另一方面，退一步来讲，即便中国不在该地区进行对外直接投资，我国对该地区的出口也很可能被第三国竞争对手的直接投资所替代，所以结论仍然是，被对手替代还不如被自己替代。

2. 基于中国对外直接投资的逆向技术溢出机制重塑

对外直接投资对母国逆向技术溢出的存在性问题，无论是理论方面还是实证方面，在国外学界已得到证实。逆向技术溢出属于经济的外部性问题，是技术溢出理论的发展，主要指开放经济条件下企业、国家间由于生产要素流动和产品贸易所引发的逆向技术扩散效应。其核心理论的主张是，企业通过向研发资源丰富和技术发达的海外国家直接投资，可以促进母公司和母国技术进步（格特 等，1991；布兰施泰特，2000）。同一般意义上 FDI 促进东道国技术进步的技术溢出相比，这种技术溢出是逆向的，因此被称为逆向技术溢出。

20 世纪 90 年代末期以来，随着“走出去”战略的提出与持续推进，部分学者基于逆向技术溢出的理论基础以及中国经济发展水平的实际情况，从技术积累和竞争策略等方面对中国对外直接投资的发展进行规约性建议，构建起发展中国家对发达国家逆向投资的“学习型 FDI”模型（冼国明 等，1998），认为我国有实力的企业通过对外直接投资，到科技资源密集的地方设立研发机构或高技术企业，能够借助当地的技术扩散效应，实现技术升级，从而有助于开发生产具有自主知识产权的新技术和新产品，提升母公司的技术创新能力和国内整体技术水平（江小涓，2000；柴庆春 等，2016）。

在粗线条经验性分析的基础上，部分学者开始尝试围绕中国对外直接投资的逆向技术溢出展开系统性理论分析和规范性论证。他们在全面梳理国外相关文献的基础上，结合中国对外直接投资的具体特性，认为中国对外直接投资的逆向技术溢出机制主要包括要素吸纳机制、研发成果反馈机制、并购适用技术企业机制、研发成本分摊机制和收益反馈机制（赵伟 等，2006；陈菲琼 等，2009；蒋冠宏 等，2013）。具言之，要素吸纳与成果反馈机制主要指海外子公司在东道国广泛收集技术情报信息，了解相关技术领域的最新发展趋势，并充分整合吸纳东道国的高等级生产要素，以此研发形成新技术，然后回馈反哺给母公司。并购机制主要指企业通过并购的方式获取并购目标企业的既有研发资源和技术体系，以此增强母公司的研发能力和技术能力。成本分摊机制主要有两个：一是利用东道国企业研发要素，分摊母公司研发成本；二是通过规模经济降低单位产品的研发费用。收益反馈机制主要指通过海外子公司的建立，扩大公司的运营规模，增加母公司的财富，使得母公司有能力购买先进技术和引进高技术人员，提升母公司的自主创新能力。

从中国对外直接投资的流向来看，其流向不同，所产生的逆向技术溢出不仅在溢出路径上存在不同的机制，而且在溢出效益的明显程度上存在差异。首先，对于流向发达国家的 OFDI，逆向溢出效应已经开始显现，溢出机制主要包括研发要素吸纳机制、研发成果反馈机制和并购适用技术企业机制，具体路径包括把握技术发展动态、获取海外先进技术以及培养研发人员等（赵伟 等，2006；陈菲琼 等，2009；蒋冠宏 等，2013）；其次，流向新型工业化国家的对外直接投资，其以市场扩张型 OFDI 居多，逆向溢出并未明确显现，但可以推断的是，其溢出机制主要包括规模经济效应所形成的研发成本分摊机制（赵伟 等，2006）；最后，流向发展中国家的对外直接投资，其逆向溢出效应已经开始显现，溢出机制主要包括规模经济效应所形成的研发成本分摊机制（赵伟 等，2006）。此外，同发达国家 FDI 的逆向技术溢出机制相比，中国对外直接投资的剥离机制还不够明显，即很少有中国跨国公司通过研发型 OFDI，将母公司外围技术研发以外包的形式配置到海外，使得母公司能够聚焦核心技术的研发，强化母公司核心技术的创新能力（赵伟 等，2006）。由此看来，同研发成本分摊机制和剥离机制相比，通过对发达国家投资，吸纳当地的研发要素和购买先进技术的途径无疑是当前中国企业取得逆向技术溢出最为有效的现实选择。

3. 逆向技术溢出存在性验证的实证方法创新

在分析中国对外直接投资逆向技术溢出机制的同时，更多的学者将研究的重点放在对中国对外直接投资逆向技术溢出存在性的实证检验上。大部分学者在设计验证逻辑的理论进路时基本上都沿袭了国外文献的标准方法：通过 LP 模型或 CH 模型测算 OFDI 渠道溢出的外国研发资本存量，运用国际研究与发展（R&D）溢出回归方法，从整体层面研究中国对外直接投资是否显著促进了我国全要素生产率的提升。然而，遵循这一验证方法的研究结论却不太一致：部分研究发现，中国对外直接投资能够显著促进我国全要素生产率的提升（赵伟 等，2006；仇怡 等，2012；顾露露 等，2016；Li et al., 2016)；而更多学者的研究则表明，中国对外直接投资促进我国全要素生产率的提升的效应在当前并不明显（王英 等，2008；刘明霞 等，2009；王欣 等，2016）。对此，可能的原因是：尽管中国对外直接投资额在过去数十年中持续快速增长，但同我国巨大的经济体量相比，对外直接投资的存流量规模均偏小，逆向技术溢出很可能在部分企业所形成的有限空间内较为缓慢地产生、传递和扩散，还未能在整个社会层面集聚形成一种能够推动全社会技术变迁的强劲力量。

为此，部分学者转而将实证设计的理论进路转移至企业微观层面，并将样本选择限定为对发达国家进行战略资源获取型投资的企业，或者通过企业面板数据分析对外直接投资与母公司企业人力资本累积和技术创新绩效的相关性（常玉春，2009；Li et al., 2017；Huang et al., 2017），或者通过比较对外直接投资企业和未对外直接投资企业两个聚类群在创新能力上是否存在显著差异（蒋冠宏 等，2013），来验证企业对外直接投资是否显著促进了母公司生产效率的提升。这一路径具有较强的针对性，不同文献的研究结论也趋于一致：对外直接投资的逆向技术溢出明显。此外，以是否进行对外直接投资作为聚类划分标准，运用马氏距离匹配法匹配出与对外直接投资企业最接近的未对外直接投资企业，然后根据“实验组平均处理效应”（average treatment effect on the treated）进行滞后效应检验的验证方法（蒋冠宏 等，2013），不仅打破了 CH 模型和 LP 模型宏观验证的传统路径，亦在较大程度上绕开了回归分析的主流方法，具有一定的创新性。

需要说明的是，就中国对外直接投资对国内社会经济发展的影响这一研究主题而言，除了以上两个方面的研究内容外，部分学者亦探讨了中国对外直接投资对国内投资、国内产业升级、经济结构调整以及就业等方面的影响。但国内产业升级和经济结构调整实际上是逆向技术溢出问题的延伸，而就业与国内投资方面的文献极为有限，因此本书在此略去。

（四）促进中国对外直接投资发展的政策体系研究

促进中国对外直接投资发展的政策体系构建一直是中国学者研究中国对外直接投资的一个重要落脚点。研究的基本路径有三个：一是在同发达国家的比较框架下厘清中国政府在推动本国企业“走出去”中的政府职能；二是围绕对外直接投资在演进过程中的各个环节进行相应的政策体系构建；三是分析中国对外直接投资在当前面临的发展问题，并在此基础上提出针对性政策建议。

1.“走出去”战略的政府职能重塑

对于发达国家的对外直接投资而言，由于企业往往具有较强的利益内驱机制和较为突出的企业特定优势，政府在推进本国对外直接投资时的主要职能是营造良好的市场环境，即推动贸易投资自由化、保护投资和维护公平竞争（裴长洪 等，2010）。正因为如此，以发达国家作为研究样本的 FDI 理论都具有一个隐含的假设条件：一国的对外直接投资是充分自由的，母国的经济环境和政策对本国企业的对外直接投资既没有鼓励的作用，也不会产生约束，即对外直接投资只是一种企业行为和市场现象（王恕立，2003）。

然而，我国的“走出去”战略是中央政府推出的旨在推动社会宏观经济持续稳定发展的国家战略，充分体现了政府深度参与社会宏观经济发展的切实努力，属于“企业型政府”（哈瓦维尼 等，2004）的典型行为。同时，正是由于“我国政府长期积极参与我国的社会经济发展，在推动我国经济发展、实施国家发展战略、掌控资源配置等方面形成了极强的引导力和控制力，我国政府从而不仅有能力通过国家战略的方式号召和引导本国企业进行对外直接投资，而且也有能力调动一切可能的因素对企业的对外直接投资提供直接支撑”（宋泽楠，2014）。此外，对于大多数中国企业而言，它们在前国际化阶段的资源累积并不充分，国际化运营管理能力较为薄弱，因此它们的对外直接投资不仅仅是基于企业优势利用的自然扩张和基于企业微观利益的内驱行为，而更多地表现为对“走出去”宏观战略的微观响应，这在“走出去”战略实施初期尤其明显。受这三方面因素的综合影响，“中国跨国企业正在和即将形成的微观竞争优势需要国家的引导、服务和组织才能转化为企业对外直接投资的综合竞争优势，政府不仅有能力而且也需要形成一套企业境外投资的规划发展体系、政策体系、服务体系和管理体系”（裴长洪 等，2010）。这一理论主张是国内学界关于“走出去”战略中政府职能定位的代表性观点。

2.“走出去”政策体系构建

在政府职能重塑的基础上，更多学者、业界专家和政府职能部门的决策人员基于对外直接投资演进过程中的各个环节，围绕法律法规和具体操作程序展开理论探索和提出政策建议，形成了两个导向和多个方面的政策探索，在理论层面构建了促进我国对外直接投资的政策体系。

两个导向分别是政策导向和服务导向，前者主要指政府需要在“走出去”战略中提供政策导向，包括制定产业、科技、财政、税收、投资、金融等方面的鼓励和扶持政策，引导和支撑对外直接投资发展；后者主要指政府需要以公共产品的形式为本国企业的“走出去”提供服务，包括创办境外经济合作区和特殊监管区、优化市场环境、建立健全监管体系、完善基础设施、规范投资行为等，为中国企业对外直接投资创造条件（陈漓高 等，2007；张洁颖 等，2007；裴长洪 等，2010）。多个方面是两个导向的具体细化，主要包括境外投资审批制度、外汇监管制度、境外国有资产管理制度以及对外直接投资财税支撑制度等具体环节的制度体系构建。

具体的政策建议主要包括以下几个方面：第一，需要围绕对外直接投资所涉及的各项事宜，在国家层面建立和不断完善以对外直接投资法律为基石，以行政法规和部门规章为配套性规范的海外投资法律体系（程慧 等，2010）；第二，强化多部门分头审核体制的内部协调机制，集中审核职能，提升审核效率，逐步建立一个由各部委组成的海外投资审核委员会并向备案制过渡（张洁颖 等，

2007)；第三，设立支持企业“走出去”的各项专项资金，并强化财税支持政策在投资方向、产业结构规划等方面的宏观导向激励作用(宋康乐，2013)；第四，借鉴国际通行税收理论与实践经验，按照企业对外投资筹划准备、投资运营、成长发展以及利润分配等环节，系统梳理和归集存在的涉税问题，有针对性地研究和制定相关税收政策（宋康乐，2013)，进一步细化我国境外企业的税收抵免制度，通过双边税收协定对更多东道国的税收优惠实行税收饶让，并强化税收优惠政策对特定产业和特定对象的导向激励作用（张毅峣 等，2011)；第五，通过提升现有境外国有资产监管的法规级别，建立境外资产信息披露制度，成立境外资产监管部，提升国企治理水平和整合多元化监督系统等手段对境外国有资产的流失风险进行管控(周煊 等，2012)；第六，建立包括投资国别地区项目数据库、外商投资条件、投资程序、政策法规、合同形式及其他基础信息在内的对外直接投资信息服务系统，结合驻外机构和专业机构设立非营利性的对外直接投资服务机构，提升政府的对外直接投资服务能力(王宏新，2011)。

3. 基于中国对外直接投资发展问题的对策建议

从现有文献来看，中国对外直接投资在当前存在的发展问题主要有中国跨国企业的全球竞争力问题以及中国企业海外投资所面临的风险与利益保护问题。与此同时，一些发达国家广泛认为中国对外直接投资以国有企业为主，而且中国企业，尤其是国有企业或是获得低成本的银行贷款或是获得直接的资金扶持，从而在并购中显示出优势，这不仅对市场中的其他竞争者不公平，而且在中国成为全球第二大经济体的现实背景下，亦会在全球范围内扭曲资本的有效配置，降低全球经济的运行效率（冯明，2012)。正因为如此，中国企业，尤其是国有企业的海外并购频频受阻，在制度较为成熟的发达国家更是如此。张建红和周朝鸿（2010）的研究发现，制度因素是影响中国企业海外并购成功与否的一个重要因素。与此同时，随着中国资源寻求型 OFDI 的快速增长，以及制度差异在企业运营模式与发展方式等方面的形成，如中国企业对自身作为一个企业公民的身份认识不足，缺乏系统性和专业性的社会责任规划与实践，关于中国企业与中国经济的负面评论由此甚嚣尘上，“新殖民主义”“经济怪兽”等指责与批评频频见诸西方重要媒体，一些国外族群亦不时爆发针对中资企业的“反生产”行为，中国企业的国际化运营正面临着较为严峻的全球“正当性”与“认可度”考验。当然，这些批评很大程度上是由于西方对中国经济、中国企业缺乏客观认识引起的，有的批评与指责甚至是一种刻意的敌视与丑化行为。

基于中国对外直接投资所面临的以上问题，学界往往从政府和企业两个向度分别界定他们作为行为主体的基本职能，并由此分别提出相应的行动框架。概而论之，政府的行动框架主要包括三个方面的职能履行：一是积极参与全球治理，推动建立一个能够发出中国声音和包纳中国利益诉求的全球性制度框架，从公共产品供给的高度来保护中国的海外利益（王碧珺，2014）；二是通过双边政府高层访问、签订双边投资协定、保障运输通道安全、保护海外员工人身安全等外交、军事努力来保护中国企业的海外利益（李众敏，2012）；三是积极发挥企业的宏观引导作用，引导和敦促企业提升治理能力，强化其在东道国履行社会责任的意识（冯明，2012）。企业的行动框架也主要包括三个向度的战略努力：一是强化以市场为导向的资源配置和能力培育，构建海外“优势中心”反哺国内母公司，全面提升企业的治理能力和竞争实力（施宏，2012；宋泽楠，2013b）；二是建立长效风险防范机制，强化风险源头管理，完善风险评估机制，加速海外资产管理人才队伍建设（李友田 等，2013；陶攀 等，2013）；三是切实推进社会责任标识，充分尊重东道国的制度与文化，平衡不同主体的短长期利益诉求，以此为基础构建利益内嵌共生、风险共担的深度关联合作机制，并提升跨文化整合能力（宋泽楠，2012）。

近年来，随着“一带一路”倡议引领中国对外直接投资迈入新的时期，“一带一路”背景下的中国对外直接投资成为促进对中国对外直接投资发展的政策体系研究的一个新的研究主题，部分学者就“一带一路”背景下中国对外直接投资全球布局优化等提出政策建议，认为需要协调政府与市场的关系；协调中国与沿线国家的利益分享关系；协调经济目标与非经济目标的关系；协调对外开放与维护国家安全的关系（李向阳，2017）。在此基础之上，进一步加强对欧美等发达国家的学习型、技术导向型投资；加强对沿线国家和地区的战略型、资源合作型投资；加强对中东欧地区装备制造、基础设施等领域的投资（丁志帆 等，2016；张述存，2017；郭凌威 等，2018）；防范中国对外直接投资过快发展对国内宏观经济带来的外生金融风险冲击和产业空心化风险等（桑百川，2016）。

二、结论引申与展望

以上四方面的文献总结尽管不可能完整揭示过去十多年中国对外直接投资研究的全貌，但其所呈现出的信息量，尤其是中外学术界关于中国对外直接投资的意见分歧有助于我们就中国对外直接投资所存在的问题进行较为系统和全面的梳理和总结。

（一）结论总结与发展展望

从文献回顾来看，国内外学界关于中国对外直接投资的属性动机与优势体系等方面存在三个方面的现象认知共识：一是当前中国对外直接投资的资源寻求动机较为明显，既包括自然资源，又包括以先进技术为内核的战略资源；二是中国跨国企业在前国际化阶段的资源积累不够充分，企业特定优势与国际化运营能力较为匮乏；三是中国宏观经济体量巨大，政府拥有强大的协调宏观经济发展的能力，能够或应该对本国企业的国际化提供支持。

但是，国内外学界关于资源寻求型 FDI 以及政府对企业的支撑等方面持有不同的态度立场：一是部分国外学者认为中国对外直接投资以资源寻求型为主，从而将中国对外直接投资行为，尤其是向非洲的投资行为称为“新殖民主义”，并认为崛起的中国是一头

“经济怪兽”；二是部分国外学者坚决反对中国政府对企业，尤其是对国有企业的融资支撑，认为这违反了公平竞争的市场原则，在中国经济规模体量巨大、占全球经济的份额越来越大的现实背景下，这种不公平竞争必然在更大的层面带来资源配置扭曲，从而降低全球经济的运营效率。尽管西方学者的这些认识是彻头彻尾的错误，其本质上属于明显的认知偏误，但确实影响到西方社会、西方政府对中国企业对外投资的认识与决策。

因此，从以上三个方面的共识和两个方面的差异来看，笔者认为中国对外直接投资在当前及此后一段时间内所面临的主要发展问题有两个：第一个问题源于中西方学者的共识，即中国对外直接投资增而不强，中国跨国企业的市场竞争力亟须增强，从而提升中国企业、中国产业和中国经济主导全球产业链重构和支配全球价值链形成的能力。第二个问题源于西方学界的批评，即中国跨国企业的合规性需要逐渐增强，提升中国企业和中国经济在全球范围内的合规性与认可度，弱化中国对外直接投资的东道国阻力与减少国际批评。这两个问题对中国对外直接投资的发展意义重大，直接关系到规模庞大的中国经济和数量众多的中国企业能否以一种更具竞争力和更容易被接受的方式主动融入世界经济。这显然是中国对外直接投资，甚至可以说是崛起的中国在当前及此后一段时间内所面临的重要发展议题。

此外，随着中国对外直接投资的持续快速发展，中国海外企业的体量可能越来越庞大，对这些企业利益的切实保护将成为一个急待解决的治理难题。更为重要的是，如第一部分的文献回顾所述，当前中国对外直接投资具有较为明显的制度资源寻求动机，很大一部分对外直接投资流向了经济发展水平较低、制度环境较差的发展中国家。这样的战略选择，无论是从企业微观选择层面来看，还是从政府宏观决策层面来看，均具有其必然的现实基础。然而，在基于自身优势和现实条件进行差异化竞争与相机性决策的同时，可能使得中国海外资产的流失问题空前严重，中国海外利益保护的重任可能尤为艰巨，因为同制度成熟的发达国家相比，制度相对脆弱的国家，尤其是非洲、西亚一些国家更容易发生政治骚乱，存在更多的腐败。政府在本国企业、产业具有一定的发展规模和竞争实力后又更容易借用各种手段排斥和打击外资企业，致使投资企业面临更大的资产损失，甚至是被征收的风险。

综上所述，从现有文献共同形成的知识存量来看，中国对外直接投资在当前及此后一段时间内可能面临的主要发展议题有三个：第一，如何提升中国跨国企业的市场竞争力；第二，如何提升中国跨国企业的全球认可度；第三，如何保护中国跨国企业的海外资产。笔者认为，这三个方面的发展问题影响深远，因为它们不仅关系到作为经济大国的中国能否成为真正意义上的经济强国，更关系到崛起的中国如何以一种世人所公认和接受的发展理念和模式融入、推动并引领全球经济发展。

（二）问题分析与政策建议

从中国对外直接投资增而不强和全球认可度两个问题的内在关系来看，二者虽然彼此独立，但在更大的层面又相互统一、紧密关联：一方面，中国对外直接投资增而不强反映了企业在资产规模与竞争水平两个维度上的发展失衡，本质上源于一国经济的快速发展在一个缺乏充分竞争的庞大市场环境中能够造就一批世界级资产规模的企业，但无法形成一批极具内生创新能力的企业（宋泽楠，2014），所以中国跨国企业在整体层面所表现出的市场竞争能力偏弱在一定程度上与国内市场化程度不高相关；另一方面，也正是由于中国跨国企业自身的治理能力较弱、海外运营绩效偏低、全球竞争能力不强，政府在实施“走出去”战略的过程中才需要对企业的对外直接投资行为提供必要的支持。在中国经济崛起、各国利益博弈以及中西方经济发展方式和商业文明存在较大差异的背景框架下，这些支持可能被西方国家所利用，作为我国破坏公平竞争和影响全球经济运行效率的“证据”，并让西方企业能够大肆渲染“我们面对的竞争对手不是一个企业，而是强大的中国”这样的指责；也让经济合作与发展组织（Organisation for Economic Co-operation and Development，OECD）等西方组织以及美国等西方国家对国有企业进行专题研究，并提出“竞争中立”这一新的国际经贸规则。

作为中国经济发展所面临的新的治理议题，海外利益保护所面临的主要难题有两个：一是如何有效监管海外国有资产，二是如何保护中国在高投资风险国家的海外利益。由于海外国有资产分散于全球各地，各国历史、文化和商业逻辑也各不相同，信息不对称等问题更为严重。而且，驻外监管机构的缺失使得“委托-代理人”发生道德风险的问题可能更加突出。关于中国在高风险国家的海外利益保护，其最大难点是如何让这些国家，即便是在不同的政府管制下，也能够始终恪守发展本国社会经济的基本理念，坚持公平对待不同国家投资企业的现实实践。所以，切实高效保护中国海外利益的根本途径在于双方能够就全球治理框架下的开放发展达成共识，进而通过构建长效机制推动双边市场对等开放，即中国在海外投资寻求更大的市场开放和更多的投资保护时，也需要给对方提供更低的市场准入和更多的投资保护（王碧珺，2014），进一步打开改革开放局面由此势在必行。

以上分析表明，中国对外直接投资的发展问题实质上源于中国经济的发展问题。无论是中国对外直接投资增而不强、中国企业的全球认可度问题，还是海外利益保护问题，都在不同程度上指向了国内的市场化进程和更高程度的改革开放。鉴于此，各级政府需要坚定不移地深入推进国内市场化进程，减少对市场的干预，提高市场竞争程度，改变企业运营的外部环境，迫使企业不断累积竞争性资源和培育市场竞争能力，全面提升企业竞争力。这些措施不仅从根本上纠正中国企业在发展规模与竞争能力上的错位以及中国经济在发展速度与发展质量上的失衡，也在一定程度上增强中国企业的合规性，提升中国企业在全球范围的认可度。与此同时，政府亦需要进一步明确和坚守“引进来、走出去”的发展战略，推动对内、对外双向开放格局的进一步深入发展，从而能够以公平对待和切实保护其他国家在华利益的要约承诺来实现中国海外利益在其他国家得到对等保护。

当然，中国对外直接投资的发展问题亦发生于全球经济格局演变和各国利益的博弈框架之中，正如冼国明教授所言，中国企业走出去的问题实际上也是“中国企业面临的全球政治、经济等格局变化与国际机构及规则调整、各国利益博弈下的重大问题”。作为全球经济发展的重要贡献者和21世纪全球治理的重要领导者和参与者，我们需要认识到，随着贸易模式由最终消费品的跨国流动向对外直接投资驱动下的知识、人员、中间产品和资本在全球生产网络中的跨国流动转变，新的贸易规则必然由边境关税规则向由各国传统的国内政策管辖的领域延伸（东艳，2014），进一步深化改革开放势在必行。我国需要基于自身的历史轨迹、发展阶段以及人类自由、公平、高效和可持续发展的普遍性诉求，同西方国家恰当处理好知识产权保护、电子商务、劳工制度、国企竞争中立等新旧分歧，以此构建起一个以中美双边投资协定、中欧双边投资协定为骨干框架，在全球范围内具有普遍代表性、广泛约束力且全面覆盖投资促进、保护、便利和自由化的多边投资协定，从而从全球治理的高度倒逼各方就国内经济治理进行切实改革，以制度性安排的稳固机制全面保护各国海外投资。

需要强调的是，随着中国与美国人均GDP的不断收敛，中国与美国间的战略竞争关系必然长期存在。毋庸置疑，“市场经济”是双方长期战略竞争绕不开的话题。“中国需要在可以接受的范围内实行与发达国家可比的一套竞争标准和竞赛规则”（吴金铎，2018），充分尊重、努力维护并切实完善WTO框架，从而将中国崛起对既有经济格局和治理机制的冲击转变为一个双向的改变与被改变、适应与被适应、尊重与被尊重以及人类关于经济发展问题和社会治理方式的心理认知趋同性同构的良性探索过程。

通过文献综述的研究方法，本书遵循“存量知识总结和增量知识挖掘”的研究逻辑，围绕中国对外直接投资动机属性、优势体系和战略属性、对国内社会经济发展的逆向影响，以及发展战略与政策体系构建四个方面进行文献总结，并在四个方面的文献所共同形成的存量知识的基础之上，探索性识别中国对外直接投资在当前的核心发展议题。这种承上启下的叙事逻辑以及史学性质的理论进路，在一定程度上勾勒了中国对外直接投资研究在过去数十年中的演进图谱，以及中国对外直接投资实践在21世纪初叶以来的发展面貌，形成了具有一定学术价值的知识体系和一定现实意义的现象总结。然而，史学性质的理论进路注定了文献梳理工作略显艰巨，因为在过去数十年中，关于中国对外直接投资的研究文献可谓汗牛充栋，欲图穷尽所有学者的洞见实则不易。而且，受自身知识累积和认知能力的局限，粗线条凝练的概括总结很可能存在无意识的选择性叙事和片面性误读，主观偏差在所难免。此外，需要强调的是，文献回顾表明中国学者在思想的产生上并不输于西方学者（如国家特定优势、逆梯度FDI、企业国际化运营的工具性本质等可以说是东西方学界的同时突破），但立足思想构建的理论未达到预期效果以及其最终表现出的理论影响力也相对不足。因此，国内学界应该以稳定团队（academic school）的持续性力量将思考中国对外直接投资所产生的零散思想火花上升至系统性的理论体系，并不断推进中国理论研究成果和中国思想的“走出去”。

三、简要述评

从文献梳理来看，东西方学界在研究视角的潜意识选择上表现出集体性的偏好和差异。西方学界体现出的整体逻辑是对制度差异的关注和基于竞争优势的分析范式。而国内学者更多地从国家综合经济实力来为中国跨国公司寻求注解和提供建议。所以，站在任何一个文化原点、某个文化体系内再为客观、科学和严谨的学术研究都具有一定程度的主观偏好。因此，对中国对外直接投资现象进行客观解释并将其准确融入现有的FDI理论框架，需要中西方学界通过不断的学术交流来消除偏见和达成思想共识。

现有文献结合给定时点的全球政治经济格局、我国宏观经济形势以及企业整体竞争实力，围绕我国对外直接投资的发展战略与政策体系进行解释性研究和规约性建议，为促进我国对外直接投资发展以及利用 OFDI 推动国内宏观经济发展奠定了扎实的知识基础。然而，现有文献亦存在一定的不足：

第一，或受限于数据的可获得性，现有研究主要遵循“动机与优势”二元经典分析框架，长期拘泥于中国对外直接投资的动机识别与优势分析。但是，制度观等重要的分析视角可能并未客观揭示中国企业对外直接投资所拥有的真实竞争优势。

第二，中国对外直接投资对国内的逆向影响，包括与进出口贸易的关系、逆向技术效应、对国内投资的影响等，属于非常复杂和庞大的经济问题，需要学界基于更为严谨的研究态度和更为科学的研究手段做进一步深入研究。而且，目前学界缺乏就中国对外直接投资对国内宏观经济发展可能带来的负面影响进行分析探讨的研究。

第三，关于中国对外直接投资支撑政策的研究主要侧重于从政府层面论证支持企业“走出去”的职能与政策，且大多立意整体、着眼全局，难免粗线条，甚至是泛泛而谈，基于自身工业体系的对外直接投资发展规划的研究，尤其是针对区域发展战略（如东盟地区）进行的系统性、针对性研究较为缺乏。

第四，2013 年以来，国内宏观经济形势与开放型发展发生了深刻变化，集中表现为“新常态”发展阶段的到来与“一带一路”倡议的提出，这在很大程度上超越了现有文献的研究背景，形成了新的研究空间。

鉴于此，有必要就“一带一路”背景下中国对东盟投资战略及风险防范展开研究，以此继往开来，既能丰富和发展中国对外直接投资的研究，又为中国对外直接投资更好、更快的发展，尤其是实现同国内宏观经济的良性互动与协同发展做出一定贡献。

第二章　理论基础*

根据供给视角主流FDI理论的核心观点，外来者劣势是企业跨境运营面临的一个普遍性问题，企业在全球范围内整合不同资源的国际化扩张需要通过自身不断积累形成的垄断优势或所有权优势来支撑。需求视角主流FDI理论则认为，国内有效需求不足，预期投资利润下降是导致企业国际化扩张的根本原因。母国与东道国的需求、利润率差别则使企业扩张成为可能。然而，这些理论都无法完全准确地解释中国对外直接投资在21世纪初叶以来的持续性快速增长，我们需要回到我国社会经济发展的实际现状，对其进行相应改进与发展。

作为国际经济学的两大分支之一，国际投资理论在整个20世纪里，一直是经济学中一个十分活跃、极其重要的研究领域。对外直接投资天然具有两种研究视角，一是企业微观视角，主要从管理学角度研究企业的对外直接投资和跨国运营；二是国家宏观视角，主要从经济学视角探究一国的对外直接投资现象。正因为如此，其涉及的主要理论往往既称为国际投资理论（以下正文中简称“FDI理论”），又称为跨国公司理论。当然，对外直接投资也会涉及一些微观层面的风险抉择理论和国际政治经济学层面的政治、经济风险理论。

* 注：本章中供给视角FDI理论分析及发展的部分内容已在国内核心期刊发表。

一、国际投资理论

二战后，跨国公司如雨后春笋，数量与规模快速膨胀。反映在学界，一些学者开始尝试对这一新的现象进行解释，揭示跨国公司出现的原因，这也成为FDI理论构建的起点。不同的学者选择了不同的研究视角，如表2-1所示，大多数学者主要从企业自身着手，主要围绕对外直接投资的动机与优势两个维度进行研究。一方面，分析对外直接投资产生的原因；另一方面，识别支撑企业对外直接投资的优势体系，形成了供给视角FDI理论体系。另有一部分为数不多的学者另辟蹊径，他们分析和解释导致企业国际化运营的外部环境，形成了需求视角FDI理论体系。

表2-1 主流FDI理论框架

视角	出发点	主要理论	核心观点
供给视角	从作为供给主体的企业自身探究： ·企业为什么要国际化 ·企业为什么能国际化	·垄断优势理论（Hymer，1960） ·内部化理论（Buckley & Casson，1976） ·折衷范式（Dunning，1977）	外来者劣势是企业跨境运营面临的普遍性问题，企业在全球范围内整合不同资源的国际化扩张需要通过不断累积形成的垄断优势或所有权优势来支撑
需求视角	从企业所处的外部需求环境探究： ·企业为什么要国际化	·马克思（Marx）关于跨国公司的观点（Marx，1867） ·有效需求不足理论（Petlis，1996）	国内有效需求不足、预期投资利润下降是导致企业国际化扩张的根本原因。母国与东道国的需求、利润率差别则使企业扩张成为可能

资料来源：笔者根据跨国公司理论等材料整理。

（一）供给视角的国际投资理论及基于中国对外直接投资的理论拓展

1. 供给视角的国际投资理论的核心思想

20世纪70年代，国际投资理论就已经形成了三种代表性理论：1960年海默（Hymer）提出的垄断优势理论、1976年巴克利和卡森（Buekley & Casson）提出的内部化理论和1977年邓宁（Dunning）提出的折衷范式，构筑起主流FDI理论的骨干框架。此后，学界结合日本及一些发展中国家对外直接投资所呈现出的新特性，对主流FDI理论进行拓展，先后形成了Uppsala模型、天生国际化理论、边际产业扩展理论、小规模技术理论等新的理论。然而，后期的理论发展主要是基于国别异质性与时代异质性对折衷（OLI）范式进行必要的改进、丰富与完善，鲜有突破性或颠覆性的理论创新，学术界并没有产生全新的理论概念或分析框架（格里菲恩 等，2008）。

（1）垄断优势理论的核心思想。垄断优势理论（Hymer，1960）进行理论构建的逻辑起点是国内运营企业同跨国运营企业的区别，理论构建路径是通过考察跨国企业同国内企业的普遍性差异来解释为什么部分企业仅仅在国内运营，而部分企业经过一定阶段发展后会以对外直接投资的方式进行跨国扩张。两类企业的聚类比较结果表明，具有垄断优势是企业对外直接投资的决定性因素，而市场不完全是导致企业形成垄断优势的根本原因，主要包括商品差异或营销技巧等导致的最终产品不完全以及技术专利等形成的中间产品市场不完全。

（2）内部化理论的核心思想。内部化理论（Buckley & Casson，1976）将“为什么出现跨国企业”这一新的问题理解为“为什么出现企业”这一普适性问题在国际商务学科范畴中的一个具体衍生。该理论认为在以专利、技术诀窍、营销渠道、商标和信誉为代表的知识中间产品国际市场中，由于不确定性、有限理性以及资产专用性衍生的机会主义等因素，市场不能对交易的商品和服务提供完美的价格信号，知识中间产品国际市场出现自然性失衡，这促使部分具有先进知识禀赋和较高品牌声誉的企业跨越国界，将这些不完全竞争的国际市场内部化，由此形成了跨国公司。

可以说，垄断优势理论与内部化理论在实质上都是主要围绕知识中间产品进行理论构建的。非常巧合的是，知识中间产品天然具有两种属性：一方面，知识中间产品往往难以模仿，因而其是企业垄断优势最为重要的来源；另一方面，知识中间产品往往难以定价，因而其自然选择了企业内部交易而非外部市场交易的资源配置方式。知识中间产品的双重属性成为垄断优势理论与内部化理论形成思想性同构和解释力互通的独特基础，使二者能够围绕同一个研究内容进行差异化的理论构建，并形成异曲同工之妙。

（3）折衷范式的核心思想。OLI 范式（Dunning，1977）继承了垄断优势理论与内部化理论的基本思想，并引入东道国区位优势理论，从而将研究的范畴从"为什么出现跨国企业"的平面化探索拓展到"为什么要国际化""为什么能国际化"以及"去哪里国际化"的立体化探索，因而能够为发达国家对外直接投资的全过程提供较为全面的解释。当然，"去哪里国际化"实际上是由"为什么要国际化"决定的，所以，OLI 范式真正关注两个方面的问题：一是"为什么要国际化"；二是"为什么能国际化"。围绕这两个问题，主流 FDI 理论形成了动机理论与优势理论的二元经典分析框架。

动机理论与优势理论的分析框架隐含着一种内在的逻辑关联：由于企业国际化会产生额外的交易成本，因此跨国公司必然具有特定的优势体系。Hymer 认为具有垄断优势是企业对外直接投资的决定性因素，Buckley 与 Casson 认为不用刻意假定跨国企业的优势体系，因为知识中间产品的内部化自然意味着企业将竞争优势留在了企业内部，而 Dunning 也反复强调，所有权优势和内部化优势是企业对外直接投资的必要条件。

2. 基于中国对外直接投资的供给视角的国际投资理论拓展

供给视角的FDI理论主要是基于20世纪发达国家的对外直接投资现象提出的，这在根本上决定了其有限的理论解释力，即供给视角的FDI理论并非放之四海而皆准的理论。面对中国对外直接投资在20世纪初叶以来的持续快速发展，供给视角的FDI理论遇到一个重要困惑：普遍缺乏所有权优势的中国企业为什么能够国际化？要准确回答这一问题就必须回到中国社会经济本身，还需基于中国同发达国家的社会经济发展差异找寻理论改进的现实依据。

从对外直接投资的发生过程来看，无论是发达国家，还是发展中国家，任何国家的对外直接投资都必然涉及母国生成和东道国响应两个基本模块，本书将它们分别称为母国环境和东道国环境，见图2-1。为了实现术语的统一，本书在理论概念的选择上不使用供给视角的FDI理论中的所有权优势、内部化优势或东道国区位优势，而使用鲁格曼（Rugman，2010）理论体系中更为简洁和更具对称性的概念术语“企业特定优势”（firm-specific advantages，FSA）和“国家特定优势”（country-specific advantages，CSA），后者既包括东道国国家特定优势，也包括母国国家特定优势。

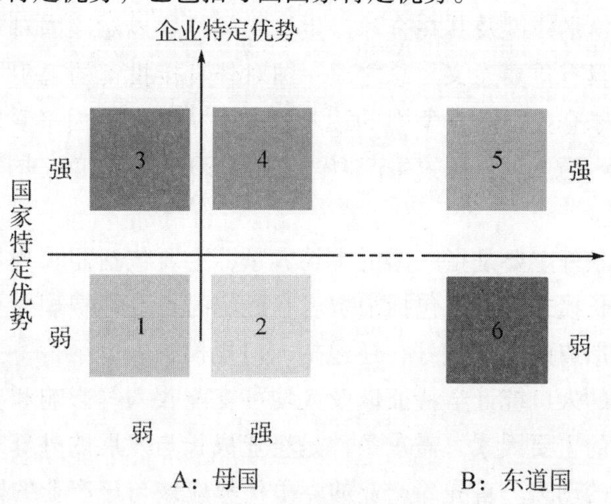

图2-1　对外直接投资综合分析理论框架

（1）母国环境。一国对外直接投资的出现，在根源上是由于该国经济制度的良性变迁、国民经济的整体发展、社会生产效率的全面提升、社会财富的不断积聚、企业及产业全球竞争力的逐渐增强。母国环境及其背后的运行机制就是指对外直接投资在国内的形成机制，即推动对外直接投资形成和发展的所有母国因素的总和，主要包括母国的总体供给能力、需求条件与制度环境。

供给能力是指整合利用各种生产要素进行生产和提供服务的能力，首先表现为自然资源、人力资源、知识资源、资本资源、基础设施等各种生产要素的富裕程度，在根本上则受限于各种生产要素的内部结构，即初级生产要素与高级生产要素的比例。一般而言，生产要素越丰富，尤其是以知识资源为核心的高级生产要素越丰富，该国的供给能力也越强。从微观层面来看，总体供给能力是企业竞争能力的函数。一国对外直接投资的出现都直接表现为该国出现一批资产规模庞大、运营能力较强、技术实力较为雄厚、竞争实力较强的大企业。随着全球经济的发展，企业通过供应、采购、战略合作伙伴等关系节点所积聚的网络资源的丰富程度也对企业的对外直接投资具有重要影响。与此同时，一国经济的对外开放程度、嵌入全球生产链的广度及其在全球产生链中的位置也对该国对外直接投资的形成具有重要意义。总之，一国对外直接投资的起步与持续快速发展源于企业国际竞争力的逐步提升。从国家层面来看，“竞争力”的唯一意义就是国家生产力（波特，2012），也就是国家的总体供给能力。

需求条件主要是指一国的市场容量，主要包括需求规模、需求结构和成长模式等，也包括消费者在既定时点受消费理念及预算约束等影响形成的消费偏好，还包括人口规模、人口结构、受教育程度等在内的人口统计学特征以及人均可支配收入等影响和决定一国需求条件的主要因素。需求条件是企业成长与发展的外部环境，是产业冲刺的动力。首先，产业的竞争优势应该与该产业的国内市场有关，内需市场凭借它对规模经济的影响力能够提高效率。一般而言，市场容量越大，越有可能孕育形成一批运营规模庞大的企业，尤其是一些自然垄断性或政策垄断性行业，伴随着一国经济的起步与腾飞，很容易形成一批世界级资产规模的企业。其次，国内市场需求特征也能影响企业和产业的竞争优势，如果国内市场的客户要求较多，要求较高，本地企业会在市场压力下努力改进和创新，形成更突出的竞争优势，进而使这些优势成为这个国家的产业竞争优势（波特，2012）。

受自身发展轨迹、发展阶段、传统文化等多方面的影响，国与国之间的制度环境往往存在较大的差异，发达国家与发展中国家尤其如此。制度环境对企业行为的影响主要体现在，市场竞争法则能够在多大限度上真正发挥企业筛选机制的作用（Peng，et al.，2000）。一般而言，发达国家制度环境相对完善，政府干预经济的行为较少，法律制度较为健全，知识产权保护相对全面，市场竞争较为充分。在这样的制度环境下，企业往往通过积累技术、管理知识与品牌等战略资源，在充分自由的市场环境中以公平的方式参与并赢得竞争（Peng，et al.，2003）。在一些制度相对不够完善的发展中国家，市场化程度、法律保护度、商业环境的透明度等方面有待进一步提高。在这样的制度环境下，企业在以市场为基础进行资源配置的同时，往往也会选择性地培育一些非市场化的资源与能力（宋泽楠，2013）。此外，如何理解、界定政府与市场在经济进程中的作用，也是国与国之间制度环境差异的表现之一。对于政府积极参与本国社会经济发展的国家而言，母国对外经济政策也为推动该国对外直接投资大规模出现提供制度性安排和支撑性环境。

母国环境（见图 2-1 中的 A 部分）主要包括国家特定优势和企业特定优势两个部分，二者在发展路径上相互支撑：一方面，既有国家特定优势是企业特定优势的基石；另一方面，企业的创新活动又是未来国家特定优势的源泉。在区间 1 和区间 4 两个区域中，企业特定优势与国家特定优势同步发展。在区间 1 中，由于国家特定优势和企业特定优势均非常弱，因此无法产生和形成对外直接投资。

处于区间 1 的国家主要是经济发展刚刚起步的小国。在区间 4 中，国家特定优势较强，企业特定优势也较强，主要形成了效率寻求型 FDI、市场开拓型 FDI 和资源寻求型 FDI。这种情况主要出现在当今世界的发达国家，如美国、德国和日本等。这些国家的国内制度成熟，市场竞争充分，企业在长期激烈的市场竞争中积淀了非常雄厚的产业资本和商业资本。与此同时，经过长期的经济发展，国民经济发展水平较高，人均收入较高，整个社会的教育水平和文化程度也较高。

尽管国家特定优势是企业特定优势的一个函数，但是国家特定优势同企业特定优势并不总是同步发展的。在图 2-1 中，国家特定优势与企业特定优势的错位发展主要体现在区间 2 和区间 3。在区间 2 中，企业发展打破了本国的国内环境限制或者超过了本国的经济发展水平。在区间 3 中，企业发展又并没有突破本国的国内环境限制或者低于本国的经济发展水平。这两种发展错位表明，单纯的企业分析或者单纯的国家分析都无法揭示一国对外直接投资的真实生成机制，我们从而需要结合国家特定优势与企业特定优势进行综合分析。

在区间 2 中，虽然国家特定优势较弱，但部分企业通过市场竞争的方式形成了较强的企业特定优势，主要形成了市场开拓型 FDI、效率寻求型 FDI 和资源寻求型 FDI。这种情况主要出现在经历了一定发展阶段但经济发展仍处于发展中国家中上水平的小国，如 20 世纪七八十年代的日本、九十年代末的韩国以及当今以瑞典为代表的北欧国家。这些国家要么疆域面积较小，要么人口数量较少，要么资源异常匮乏，但由于国内制度成熟，市场竞争充分，随着社会经济的发展，部分企业能够在激烈的市场竞争中形成极强的创新能力和突出的企业特定优势，并逐渐在个别产业形成全球范围内的竞争优势。

随着这些企业通过对外直接投资的方式在全球范围不断扩张，企业的成长由此突破了国内环境的资源供给限制，而本国国民经济的发展也突破了国内环境的发展空间限制，从而快速进入对外直接投资形成的“FDI 红利”时期。在这一时期，随着海外国民生产总值的不断膨胀以及跨国公司巨额利润的回流，这些国家逐渐开始向区间 4 迈进。

在区间 3 中，国家特定优势较强，但企业特定相对较弱，主要形成了资源（自然资源和战略资源）寻求型 FDI 和制度寻求型 FDI。这种情况主要出现在经历一定发展阶段但经济发展仍处于发展中国家中等水平的大国，如当今的中国、印度、俄罗斯、巴西等。由于这些国家的具体特性和全球化进程的特征，这些国家也能形成较大的对外直接投资规模。具体原因如下：

其一，这些国家往往疆域辽阔、人口众多、自然资源丰富，经过一定阶段的发展，国内巨大的市场潜力得以显现，国家经济规模较为庞大，尽管企业普遍缺乏企业特定优势，但如此巨大的市场规模、经济规模和资源储备能够培育出一批具有世界级资产规模的大企业，如中国工商银行、印度塔塔集团、巴西淡水河谷公司、俄罗斯天然气工业股份公司等。在全球经济逐渐金融化的今天，这些资产规模较为庞大的企业具备了在全球范围内参与并购的条件与优势，尤其是在市场经济出现周期性波动的调整期，它们能够以公平交易的方式将不完美的企业组织而非不完全的国际市场内部化。

其二，由于发展历史轨迹和发展阶段不同，这些国家的政府往往积极参与或深度干预本国的社会经济发展，在推动本国经济发展、实施经济发展战略、掌控资源配置等方面形成了极强的引导力和控制力，从而其不仅有能力调动一切可能的因素对企业的对外直接投资提供直接支撑，而且也有能力以国家战略的方式号召和引导本国企业进行对外直接投资。

其三，全球化进程不仅在一定程度上弱化了企业国际化运营的所有权优势依赖，也丰富了企业的国际化路径选择，影响当前企业全球化运营的最大困难可能已经不再是异质性国别环境所形成的外来者劣势，而是缺乏关系网络所导致的外部者劣势。同所有权劣势相比，外部者劣势对于区间 3 中的企业而言并不是一个非常严重的问题，因为区间 3 中的企业，它们的发展之路本身就是以被动融入全球生产链为切入点的，并在全球产业链和价值链中不断攀升，而且，它们以供应商的身份同发达国家的跨国企业建立了长期合作关系，并由此积聚了较为丰富的网络资源和较强的社会资本禀赋。

其四，随着发展中国家中的大国依靠自身要素禀赋优势逐步成为全球的制造中心，其作为全球供给者的身份必然衍生出其作为全球需求者的身份。由于自然资源等普遍存在国际市场不均衡，这些国家对特定资源产品的巨大需求可能引发产品价格的快速攀升，使产品价格远远偏离国际市场价格的真实水平。以中国为例，在 2005 年前后，随着中国对煤炭、铁矿石、原油等自然资源的需求上涨，一度出现了“中国买什么，什么就贵”的市场失灵现象。另外，中国很多能源型企业都为国有企业。在这样的背景下，这些大型国有企业迫切需要且能够，并有责任通过并购的方式将不完全的外部市场内部化，从而在世界市场的广阔空间内运营一个内部化的市场，以此服务于世界市场对“中国制造”的广泛需求。

其五，随着经济全球化和经济一体化的持续深入，各国企业在全球统一大市场中所面临的国际市场竞争愈发激烈。然而，由于各国经济波动的周期并不完全重叠，因此不同国家在同一时点的经济发展状况各不相同。一些传统优质跨国公司由于国内经济周期性衰退而遭遇流动性危机，便面临并购窗口期。一些新兴经济体的大型企业虽然在研发能力、管理水平、品牌运营等方面并不具有充分的所有权优势，但是能够基于国内经济持续发展和市场快速膨胀所积累的巨额资本和流动性优势，大肆扩张，在海外市场购买技术、品牌等各种优质资产。

（2）东道国环境。东道国环境是指 FDI 对不同区位条件的内部响应机制，它直接反映了一国或企业对外直接投资的区位流向和区位分布特征。本质上而言，对外直接投资的区位分布反映了母国因素与东道国因素基于互补或匹配等逻辑关系的选择性互动，因而能够提供两个方面的信息：其一，通过区位流向分析能够直接反映一国或企业对外直接投资对区位条件的偏好是什么，即能够直接反映对外直接投资的动机；其二，通过原因分析能够间接反映一国或企业对外直接投资为什么会更加偏好这些区位条件的母国因素。这两个方面信息展开的过程也就是 FDI 东道国区位响应系统内部机制发生作用的过程。

图 2-1 中的 B 部分代表东道国国家的特定优势，考虑到东道国环境在本质上是一国或企业对外直接投资基于母国因素与东道国因素的关联性互动，因此以 A、B 部分的结合来表示对外直接投资的区位选择与响应。

区间 2 与区间 5 的关联性结合主要代表了发达国家（尤其是发达国家中的小国）对发展中国家的对外直接投资，主要包括资源（自然资源）寻求型 FDI 和效率寻求型 FDI；区间 2 与区间 6 的关联性结合主要代表了发达国家（尤其是发达国家中的小国）对发达国家的对外直接投资，主要包括市场开拓型 FDI 和资源（战略资源）寻求型 FDI。

区间 3 与区间 5 的关联性结合主要代表了发展中国家（主要是新型经济体国家）对发展中国家的对外直接投资，主要包括资源（自然资源）寻求型 FDI 与市场开拓型 FDI；区间 3 与区间 6 的关联性结合主要代表了发展中国家（主要是新型经济体国家）对发达国家的对外直接投资，主要包括资源（战略资源）寻求型 FDI，即技术寻求型 FDI。

区间 4 与区间 5 的关联性结合主要代表了发达国家对发展中国家的对外直接投资，主要包括效率寻求型 FDI；区间 4 与区间 6 的关联性结合主要代表了发达国家之间的对外直接投资，主要包括战略资源寻求型 FDI 与市场开拓型 FDI。

整体来看，当前中国对外直接投资大致处于区间 3，并逐步向区间 4 稳步迈进。一方面，相对于发达国家实力雄厚的全球性跨国公司，中国企业的企业特定优势较弱，主要表现在品牌国际影响力、技术水平、国际化运营能力、全球资源整合等方面。另一方面，作为全球第二大经济体，中国经济的全球影响力要明显大于中国企业的全球影响力，国家特定优势非常明显。而且，随着我国社会经济发展推动要素资源禀赋结构由低等级生产要素向高等级生产要素逐步变迁，以及企业自身不断在更大市场和更为激烈的市场竞争中积累研发、品牌等竞争性资源和磨炼国际市场运营能力与竞争力，一批中国企业快速成长，推动整体层面的企业特定优势不断攀升，中国对外直接投资正向区间4稳步迈进。

（二）需求视角的国际投资理论及基于中国对外直接投资的理论发展

与供给视角较为丰富的研究成果及较为完善的理论体系相比，需求视角的研究空间相对较窄，这部分研究主要是探究企业国际化运营战略与企业所处的宏观经济关系的规律，将企业的国际化决策视为基于外部需求变化的内部反应。

1. 需求视角国际投资理论的核心思想

马克思应该是从需求视角宏观系统分析资本主义国家的跨国公司扩张动机的先驱者。在《资本论》中，他认为资本主义国家的企业面临两种长期压力：一是资本的不断积累与增加导致企业利润持续走低；二是供给的不断增加与过剩导致有效需求长期不足。这两个方面的压力迫使企业先是采取国际贸易的形式开拓国外市场，但受运输成本、关税壁垒等贸易条件的约束，又开始采取直接投资的方式在海外生产，跨国公司由此产生（薛求知，2007）。

此后，不知是否刻意而为，西方经济学并未对有效需求不足及利润下降导致企业国际扩张这一研究广泛关注。相应的研究成果较为单薄，散见于佩特里斯（Petlis）（1987，1996，2000）、鲍莫乐（Baumol，1982）以及考因（Cowling，1995）等学者的文献中。以Petlis为代表，他认为母国与东道国在社会经济发展特定阶段所存在的需求差异是企业海外投资的根本原因：一方面，国内需求下降，预期利润降低形成了企业扩张的推力；另一方面，东道国需求旺盛，利润率走高则拉动企业向这些国家投资，即国内需求不足和由此引发的预期利润降低及投资机会减少是促使企业国际化的根本原因（薛求知，2007）。

如表 2-1 所示，供给视角的国际投资理论主要分析了国际市场自发扩展过程中跨国公司出现的原因，其探究了在经济发展常态性、平稳性特征下，由于人类及企业活动地理空间的拓展，企业在更大的物理空间内进行跨国境、跨文化、跨制度运营的动机、阻力及优势，揭示了企业形态适应市场空间的内生性规律。

需求视角的国际投资理论立足于企业所处的国内运营环境，将企业的资源决策行为放置于国内外宏观经济在特定阶段所呈现出的需求条件及母国与东道国的需求差异之中，其主要探究了在经济发展特殊、极限特征下，即在有效需求不足的根本性矛盾困境及周期性产能过剩背景下，企业迫于国内有效需求不足，不得不通过国际化扩张来寻求新的市场空间，揭示了企业资源抉择及其组织形态适应外部需求条件的内生性规律。

2. 基于中国对外直接投资的需求视角国际投资理论发展

无论是供给视角，还是需求视角的主流国际投资理论构建皆以欧美发达国家的对外直接投资与跨国公司展开。然而，中国对外直接投资不仅具有传统国际投资的一般共性，亦具有自身的独特特性，这在一定程度上丰富了对外直接投资的种属、内涵和拓展了外延。截至笔者完稿时，学界已经基于中国样本就供给视角的国际投资理论进行了广泛探索，并提出了国家特定优势的概念与分析框架，但鲜有文献从需求视角识别中国对外直接投资与国内需求结构的关系规律。

自 21 世纪初叶中国对外直接投资持续性快速增长以来，中国对外直接投资就具有两个较为明显的属性与动机：一是资源获取，二是战略资源获取。从时间跨度来看，资源获取属性在 2012 年前更为突出，尤以 2008 年中国铝业以 140.5 亿美元（占当年中国 ODI 全年流量的 25%）的天量资金入股力拓为代表[①]；战略资源获取属性在 2012 年后相较而言更为突出[②]，主要表现为中国企业海外投资在产业结构上呈现出更为多元化的发展趋势，开始由收购石油和金属等自然资源，向发展农业、高端制造业、文化产业、房地产业、品牌与服务业等多元化扩展与转型。鉴于此，中国企业的海外投资大致可以划分为两个主要阶段：一是 2008 年前后，以资源寻求为主，主要满足国内社会经济快速发展对煤炭、石油、钢材等资源性产品的巨大需求，以此适度放缓国内资源产品价格的节节飙升；二是 2012 年前后，以战略资源寻求为主，主要满足国内消费升级产生的新需求，详见表 2-2。

表 2-2　中国 OFDI 的两个主要发展阶段及与国内宏观经济的关系规律

阶段	典型特征	国内经济形势	典型案例
阶段 1 2008 年前后	·以资源寻求型 FDI 为主 ·以国有大型企业为主 ·以并购为主要形式 ·在全球范围内并购铁矿石、铜矿、铝矿等资源型企业	·房地产、汽车市场迅猛发展，资源类产品需求持续走高 ·全球第一大出口国，多个资源产品的全球第一大进口国 ·资源产品供给体系受制于人，价格节节攀升	·2008 年 2 月，中国铝业以 140.5 亿元入股力拓集团 ·2009 年 6 月，五矿集团收购澳大利亚 OZ 公司 ·2009 年 4 月，中石油收购哈萨克斯坦曼格什套油气公司 ·2009 年 3 月和 11 月，中海油分别入股阿根廷石油公司 BEH 和美国能源公司

① 数据来源：《2008 年度中国对外直接投资统计公报》。

② 注：采矿业在经历多年的持续快速增长后，在 2012 年首次出现下滑，同比下降 6.2%，是 2012 年所有行业大类中流量减少的唯一行业，当年我国 ODI 流量同比增速为 17.6%。

表2-2(续)

阶段	典型特征	国内经济形势	典型案例
阶段 2 2012 年前后	·以战略资源型 FDI 为主 ·以并购为主要形式 ·获取先进技术和知名品牌等战略资源 ·培育具有行业影响力的跨国公司	·国内市场日益庞大，“消费型中国”逐步成型 ·消费升级引领新需求，急需提升工业体系的整体供给质量 ·结构性产能过剩，急需淘汰过剩产能	·2011 年 5 月，复星集团收购希腊著名时尚品牌 Folli Follie ·2012 年 4 月，三一重工收购全球混凝土机械第一品牌德国普茨迈斯特 ·2012 年 7 月，大连万达收购 AMC 影院 ·2014 年 10 月，中粮集团入股来宝农业

资料来源：笔者根据相关资料整理。

具体来看，2008 年前后，中国国内房地产市场、汽车市场等迅猛发展，对钢材、铝型材、石油等资源类产品的需求迅速增长。与此同时，中国已成为全球生产中心，是名副其实的“生产型中国”。作为全球生产网络体系的核心，中国在全球贸易格局中具有双重身份：既是终端产品的最大供给者，又是资源产品的最大需求者，作为全球供给者和全球需求者的身份是并存的（宋泓，2014）。然而全球资源产品供给体系主要由力拓、必和必拓、淡水河谷、嘉能可、英美资源，以及美国铝业等国际跨业巨头掌控，在进口贸易谈判中中国容易受制于人，价格高涨，从而增加了中国经济的整体运行成本。显然，国内社会经济发展和宏观调控目标需要中国企业在全球范围内构建自身的资源类产品供给体系。中国资源类企业需要以并购等方式将外部供给市场内部化，从而以内部化的运营方式参与、影响或是主导相关资源类产品的国际价格形成，大规模的资源寻求型 ODI 由此出现。

2012 年以来，中国社会经济发展迈入另一个结构性调整时期，国内经济面临着调结构、去杠杆、去产能等艰难挑战。同时，随着中国经济的持续性快速发展，社会财富快速聚集，2015 年，我国居民人均可支配收入达到 21 966 元，引领“生产型中国”“投资型中国”向“消费型中国”华丽转身，一个充满活力的世界级消费市场日益庞大、商机无限。恰如经济学鼻祖亚当·斯密 200 多年前的惊叹：中国国内市场的规模不亚于欧洲所有国家加在一起的市场规模；亦如张维迎教授所言，“中国本身就能创造出一个世界级的市场”(张维迎，2012)。在此背景下，入股海外企业，携手开拓国内市场成为部分中国企业投资海外的动机。复星集团[①]郭广昌就反复表示，中国企业海外投资之所以日渐兴盛，“最根本的不是我们有实力去收购这些企业，而是这些企业需要中国市场”（郭广昌，2016）。

鉴于此，中国企业的海外投资不仅仅是基于企业内部微观利益的外部决策行为，更是内嵌于国家经济整体利益的全局之中的，同特定阶段国内社会经济发展所呈现出的要素禀赋结构和需求条件变迁休戚相关。事实上，关于企业如何投资海外，复星集团董事长郭广昌在不同场所反复表示，复星集团的所有海外投资都围绕两条主线展开：“第一个是中国经济发展的不同阶段；第二是在这不同的阶段里面，中国人需要生活方式提升所带来的提升”（郭广昌，2016）。

综上所述，中国对外直接投资和跨国公司的中国样本并不完全支持需求视角的 FDI 理论。不同之处在于，截至 2015 年年底，中国企业海外投资的原因并不是国内需求降低。与之相反，中国企业海外投资的迅速发展源于国内需求在数量和质量上的攀升，中国企业需要通过整合全球自然资源、优势品牌、先进技术来满足国内需求攀升和消费升级。可以说，中国企业的海外投资内生于中国社会经济发展的形势演变，本质上是围绕国内社会经济发展在不同时期呈现出的要素禀赋和需求条件，基于自身内部资源的外部资源决策行为，其目的不仅在于持续性提升企业管理水平和技术能力、不断扩大市场优势，亦在于更好地服从和服务于国家经济发展全局与宏观

① 注：截至 2015 年年底，郭广昌旗下的复星集团在海外投资已经超过三百亿美元。

调控目标。这一内生关系反映了中国企业海外投资与国内社会经济发展的宏观关系规律，构成了当前我国企业投资东盟策略重塑的理论基础。

二、风险理论

企业运营总是在一个特定的政治、经济、社会与文化环境之中展开的。外部环境的复杂性、可变性以及认知理性的有限性致使企业面临各种各样的不确定，不确定性则导致事件结果的多样性，如现实偏离预期出现亏损等，运营风险便由此产生。经济合作和发展组织（OECD）将风险界定为“能导致违背主体意愿结果事件发生的概率”，概率越大，实际结果偏离预期结果的逆向偏差越大，风险亦越大。同国内投资相比，海外投资企业将自身放置于一个陌生的经济、政治、社会与文化环境，对东道国的语言、法律、政策缺乏深入了解，自然会遭遇更多的不确定性与运营风险。相应的风险理论主要包括内部控制理论以及风险治理理论。其中，内部控制理论的核心是风险评估与预警。

（一）内部控制理论与风险评级指标体系

内部控制理论的基本思想是将强化组织内部管理，进而提升企业内部运营绩效作为应对外部运营风险的根本手段。这一思路由科学管理之父泰勒在其巨作《科学管理原理》中提出，引发了西方学界与业界广泛关注。1936 年，美国会计师协会发布的《注册会计师对财务报表的审查》中首次提出“内部控制”（internal control）这一概念。此后经过不断修正与完善，美国全国虚假财务报告委员会下属的发起人委员会发布了《内部控制整合框架》，系统提出了内部控制的三大目标与五大要素模式。其中，五大要素模式包括控制环境、风险评估、控制活动、信息与沟通、检测活动，并将风险评估作为内部控制的核心环节（韩师光，2014）。该系统成为目前公认的企业内部控制理论和体系方面的最具权威性的框架，在美国及全球跨国公司管理实践中得到广泛推广（韩师光，2014）。

同一般意义上的风险管理不同，企业海外投资进行风险管理的重要工具之一就是风险评估。与海外投资相关的国家风险评估由来已久，目前，在全球范围内接受度最高的三家国家信用评级机构分别是标准普尔（Standard & Poor）、穆迪（Moody）以及惠誉（Fitch）。其中，标准普尔擅长国家和地区的主权信用评级，穆迪侧重资本市场的信用评级。同海外投资最为相关的国际风险评级机构中，经济学家情报单位（economist intelligence unit，EIU）、国际国别风险评级指南机构（ICRG）以及环球透视（HIS Global Insight）是最为专业的三家风险评级机构（张明 等，2015）。其中，ICRG 主要针对直接投资风险进行评估，除了标准普尔、穆迪等主要涉及的主权债务综合风险评估外，还涉及与东道国经营直接投资相关的风险评估，如治安环境等。正因如此，ICRG 的数据被学界广泛使用。

无论是标准普尔、穆迪，还是惠誉、环球透视，在构建评级指标体系时都围绕经济、政治与社会三大维度展开。经济维度往往运用国民生产总值、人均收入等指标衡量一国的经济基础，运用财政收入赤字占 GDP 比重、外债占进出口比重等指标衡量一国的短期偿债能力，以及将经济基础与短期偿债能力相综合来反映一国的总体偿债能力。政治维度主要评估一国由于政治不稳定导致经济违约的可能性，主要包括政治稳定性、治理有效性、民众参与度等指标。社会维度往往运用种群和谐程度、法律健全度等指标集中考察社会的弹性程度。

与这些由西方发达国家基于商业逻辑与理论体系所构建的国家风险评级指标体系不同，中国在充分借鉴这些指标体系合理之处的同时，亦针对中国经济的实际特性与中国对外直接投资决策的具体情况，引入“与中国关系”维度，构建具有中国特色，且专门针对中国对外直接投资的国家风险评级指标体系。该指标体系涵盖经济基础、偿债能力、社会弹性、政治风险、对华关系的 5 个一级指标及其他 40 个二级指标。

在依据指标体系采集完相关数据后，将运用利差标准化，使原始数据进行线性变化，从而对二级指标数据的数值差异进行标准化处理。在此基础上，5个一级指标的得分通过加权平均后得到一国的评级得分，得分为0至1，分数越高表示风险越低。为了更加直观地显示评级结果，中国海外投资国家风险评级（CROIC）报告根据分数的高低将风险由低到高分为九个级别，分别是AAA、AA、A、BBB、BB、B、CCC、CC、C。其中，A、BBB为中等风险级别，BB及以下为高风险级别（张明 等，2015）。

企业在进行海外投资区位决策时，国家风险评级等级能够提供粗线条的风险级别参考，引导企业规避风险级别高的地区。然而，作为对外直接投资的后来者，中国对外直接投资面临着发达国家跨国公司的空间挤压，所选择的投资空间相对有限，不得不将部分投资流向一些经济基础差、政治风险突出、社会弹性较低、偿债能力不足、风险等级较高的国家（张明 等，2015）。

从中国对外直接投资的存量分布来看，80%的投资流向了发展中经济体：2015年年末，中国在发展中经济体的投资存量为9 208.87亿美元，占83.9%。其中，流向东盟的存量投资达到627.16亿美元，超过流向美国的408.02亿美元，略少于流向欧盟的投资存量①。显然，中国企业海外投资有一种“明知山有虎，偏向虎山行”的果敢与无奈，粗线条的国家风险评级结果对中国企业投资东盟的风险防范并不能提供充分的风险信息。中国企业海外投资必须结合具体指标的原始数据，系统分析中国企业投资东盟可能面临的主要风险类型，尤其是重点考察与思考如何前瞻性规避与灵活应对在东道国的运营风险。

（二）风险治理理论

风险评估与预警的根本作用是为企业提供海外投资风险分布图，

① 数据来源：《2015年度中国对外直接投资统计公报》。

帮助企业通过风险区域选择在投资决策时主动规避高风险地区。与之相反，风险治理理论主要探究企业处于特定环境中，在治理风险时所面临的困境与内生性不足，进而为企业或政府提升风险治理能力指出方向与着力点。一般而言，往往从企业自身与政府两个维度来提升风险治理能力。

从企业层面来看，企业海外投资风险治理的困境主要有两个：一是委托代理关系由于海外投资被进一步延伸与分离，委托代理问题更加严重，公司的治理结构更加复杂，治理风险自然也就更大；二是母子公司权力分配面临新的困境与治理风险，主要表现为较小的子公司权力可能导致海外子公司无法及时灵敏而恰当地做出本地化响应，过大的子公司权利又可能增加海外子公司的机会主义行为或内部人控制风险（韩师光，2014）。

从政府层面来看，国家应通过构建完善的法制框架与管理机构，有效管理与服务本国企业的对外直接投资，进而帮助企业扫除或减少投资过程中可能遭遇的风险。从发达国家的成熟经验来看，相应的举措主要有三个：一是制定与适时完善统一的境外直接投资法律体系；二是建立协调性强的专门境外投资促进机构；三是建立健全境外投资服务体系，包括提供信息服务、海外投资担保或保险，开展人才培养等方面（韩师光，2014）。

第三章 “一带一路” 倡议的背景、内涵与发展前景

中国的丝绸之路誉满天下，早在公元前就分陆、海两路向外传布。两千多年后的今天，中国综合国力显著增强，中国工业体系不断升级，供给能力快速攀升，中国产品远销世界各国，中国企业纷纷加快了海外投资的国际化运营步伐，中国在国际世界的影响力明显上升，中国在引领全球经济发展和主导世界格局演变等方面呈现出越来越强的影响力。毋庸置疑，崛起的中国势必在不同方面和不同程度上对现有世界政治经济格局形成冲击；也必然更有能力承担更多的国际责任，扮演更为重要的国际角色，塑造21世纪的全球政治经济新格局。目前，包括新加坡在内的多个国家都视“一带一路”为正面的发展，认为“中国的影响力在扩大，‘一带一路’是中国与周边国家更多交往的建设性方式，会给相关国家带来许多机会”。

2013年9月7日，习近平总书记对哈萨克斯坦进行国事访问，其间在纳扎尔巴耶夫大学发表题为“弘扬人民友谊 共创美好未来”的重要演讲，倡议欧亚各国创新合作模式，共同建设“丝绸之路经济带”，以点带面，从线到片，逐步形成区域大合作，并加强政策沟通、道路联通、贸易畅通、货币流通和民心相通。2013年10月3日，习近平总书记在印度尼西亚国会发表题为“携手建设中国—东盟命运共同体”的重要演讲，倡议共同建设21世纪“海上丝绸之路”。自此，中国对欧亚各国及世界创造性地提出了“一带一路”（The Belt and Road，B&R）倡议的完整框架，引领我国开放发展与区域经济合作写下新的篇章。

一、"一带一路"倡议的背景

整体而言，"一带一路"倡议的提出既有古代丝绸之路与贸易繁华的历史渊源，也有世界经济疲软、全球经贸规则调整、大国博弈深化的国际背景，还有我国经济迈入又一个结构性调整周期的国内背景。

（一）历史背景

以长途贸易为载体的区域经济合作最早可以追溯到人类文明的起始阶段。作为四大文明古国之一，一直以来，中国因地大物博、物产丰富、人口众多而成为长途贸易的重要探索者、参与者与受益者。由于中华文明发源于黄河流域，绝大部分人口主要居住在中国北部，沿着黄河向东扩展至大海，向南扩展至长江流域，并继续四处蔓延。人口扩散与文明繁衍的这一地理走势也决定了古代中国探索长途贸易的地理空间：主要以长安（今西安）为地理中心，一方面向西拓展通往印度、西亚、中东欧的陆上贸易通道；另一方面向南拓展通往南亚及西亚的海上贸易通道。

陆上贸易之路的开辟与拓展可以追溯至西汉年间。汉武帝先后两次派遣张骞出使西域。张骞一行出陇西，经匈奴，过大宛（今费尔干纳盆地），至康居（今哈萨克斯坦东南部地区），经大月氏（今阿富汗），终抵大夏（今阿姆河流域地区）。张骞之后，汉朝继续派出西行使者，这些西行使者先后到达安息（其大部分领土位于现在的伊朗）、身毒（今印度）、奄蔡（今中亚咸海与里海之间）等地。张骞及其后继者的西行之旅意义重大，不仅是谋求睦邻友好的外交之行，更是地理科考的发现之旅和贸易通道的开启之旅。此后，汉朝与印度、中亚、西亚、东欧地区的贸易往来开始兴起与繁荣，以长安为起点，经甘肃、新疆至印度、中亚、西亚，抵达地中海各国的路上贸易通道逐渐形成，贸易产品主要涉及中国的丝绸与瓷器等工艺制品。后世学者对这一时期的贸易往来进行了广泛研究与高度总结：“1877 年，德国地理学家李希霍芬在其著作《中国》一书中，将从公元前 114 年至公元 127 年间，中国与印度、中亚、西亚、地中海各国间以丝绸贸易为媒介的这条西域交通道路命名为‘丝绸之路’”（人民网，2017）。

海上贸易有北线与南线两个通道。北线主要经东海至朝鲜和日本。早在周秦时期，我国的丝绸以及养蚕、丝绸制造等技术就从海路传到朝鲜，到汉代又从朝鲜传到日本。唐宋年间，我国与朝鲜、日本的海上贸易往来更加频繁：贸易方式由政府赠品扩展至民间贸易；贸易品类亦不断扩展至金、银、棉布、丝绸、香药等；贸易作为文化交流和文明融通的桥梁，作用亦更为突出（陈炎，1982）。

南线海上丝绸之路主要经广州、徐闻、合浦，再经越南、马来西亚等地抵达东南亚和南亚等地。《汉书·地理志》记载，汉武帝时，我国海船便从雷州半岛出发，带了大批黄金和丝织品，途径越南、泰国、马来西亚、缅甸，远航到印度洋的印度半岛南部黄支国（今康契普拉姆）去换取上述国家的特产：珍珠、宝石等物（陈炎，1982）。《广州通海夷道》记载，唐代我国海船从广州出发，经南海抵达波斯湾巴士拉港，输入的商品主要有珍珠、象牙、香料等，输出的商品以丝绸和瓷器为主。这条行程三个月的航线将当时全球经济、宗教和文化中心：中国、以室利佛逝为代表的东南亚地区、以印度为代表的南亚地区、以大食为代表的阿拉伯地区，通过海运丝绸贸易连接在一起，并有力地促进了各国间的物质交换、贸易繁荣、文化交流与文明融通（陈炎，1982）。

总之，无论是陆上丝绸之路，还是海上丝绸之路，虽均以外部交流、商品交换与贸易繁荣为初衷，但必然都围绕经济活动内核渐次突破延伸到包含政治、外交、宗教、文化、艺术等在内的诸多领域，从而在经济合作与贸易繁荣之上，催生和推动了世界文明的历史大融合。

（二）国际背景

改革开放以来，中国经济持续快速发展，国内人均收入由 1978

年的 180 美元跃升至 2016 年的 8 125 美元；国内生产总值占全球 GDP 总量的比值也由 1978 年的 2. 32%攀升至 2016 年的 14. 84%；进出口总额由 1978 年的 206. 4 亿美元飙升至 2016 年的 24. 3 万亿美元；对外直接投资由 1978 年的 0. 44 亿美元增加至 2016 年的 1 701. 1 亿美元（非金融类对外直接投资），稳步成为全球第一大经济体、第二大贸易国、第二大 FDI 吸收国和第二大 FDI 来源国。中国工业体系不断升级，供给能力快速攀升，中国产品远销世界各国，中国企业纷纷加快了海外投资的国际化运营步伐，中国经济成为推动和引领世界经济发展的一股强劲力量。

随着中国经济在全球经济中所占的份额越来越高，中国在世界的影响力明显上升，在引领全球经济发展和主导世界格局演变等方面呈现出的影响力越来越显著。毋庸置疑，崛起的中国势必在不同方面和不同程度上对现有世界政治经济格局形成冲击；中国的崛起也必然使自身有能力承担更多的国际责任，扮演更为重要的国际角色，塑造 21 世纪的全球政治经济新格局。

然而，在中国崛起的同时，西方世界与西方文明在历史演进的新进程中面临诸多新的发展难题与时代困境。2008 年全球金融危机以来，西方发达国家的经济发展在整体上呈疲软之势，需求萎缩，就业形势严峻，基于财政扩张的福利政策积累形成了越来越沉重的债务负担。这些问题的突然爆发与持续恶化，使得西方经济在 20 世纪中叶以来所积累的内生性与结构性发展问题纷纷凸显，集中表现在以下两个方面：

首先，西方发达国家以贸易、投资自由化推动的全球化面临着越来越大的内部阻力，“逆全球化”思潮开始抬头。究其原因，其根本在于发达国家跨国公司所构建的全球生产网络带来了全球性的产业转移和就业大转移，给国内的制造产业与产业工人带来了极为明显的挤出效应，导致那些未能更广泛地分享全球化福祉的群体对现实产生不满并开始反击。应该说，西方发达国家所推动的全球化虽然推动了本国资本和技术在全球范围内的利益拓展，但未能恰当对冲本国加入单一市场后由贸易条件波动和出口品类集中所带来的外生冲击和风险。这在一定程度上表明，任何一个深度参与全球化进程的国家，如果忽视了对本国要素所有者的风险对冲和社会保障的政策安排，则将必然遭受政治上的抵制和失败（佟家栋 等，2017）。

其次，在西方国家，作为人类政治文明重要组成部分的民主选举与社会经济发展的内生性困境开始显现。一方面，民主选举在一定程度上导致选举人为选票而迎合甚或讨好选民，从而必然提高民众的社会福利、选举成本；另一方面，当逐渐攀升的社会福利承诺大于社会财富创造时，基于财政扩张的高福利制度必然埋下过度赤字与爆发国家主权债务危机的隐患（蔡立辉，2012），并致使西方20世纪中叶以来的高福利制度面临巨大的挑战，难以为继。尽管西方债务危机是多种因素共同作用的结果，但债务危机的爆发显现了西方国家的民主选举制度、高福利制度、财政扩张与赤字三者间的清晰逻辑关系及其所蕴含的内生性社会经济发展缺陷。

鉴于大国实力的此消彼长是一种历史规律，大国崛起必然会触及国际秩序构建。国际秩序本质上是一种国际公共物品，是大国权力分配、利益分配、观念分配的结果，其实现载体是全球性国际机制（门洪华，2004）。在中国社会经济全面崛起和西方政治经济发展困境尽显的十字交叉路口，以美国为首的传统大国开始对中国的“和平崛起”频频设置各种障碍：

第一，奥巴马政府先后提出“再工业化战略”“重返亚洲”与“亚洲再平衡”战略，加入TPP谈判，试图重构全球经贸规则体系，从规则层面制约中国的和平崛起，并粗暴挑起“南海问题”，致使我国与周边国家的关系复杂化，为了配合这些战略，奥巴马政府还推动了对美国对外直接投资的东盟战略转向①。

第二，以美欧为代表，发达国家开始扭曲中国发展方式，认为中国国内劳工政策不合理，环境标准以及知识产品保护水平较低，

① 根据东盟官网统计，2011—2015年，美国全球对外直接投资年均增速为-6.75%，但对东盟地区的直接投资逆势增长，达到9.84%，高出近16个百分点。

形成了较低的生产成本优势和国家竞争优势，并认为中国国有企业往往能够直接获得政府财政扶持，从而在跨国并购中显示出优势，这会扭曲全球资源配置的效率（冯明，2012）。

第三，在此基础上，以美国为首的发达国家抛出了“管制的一致性”“竞争中立”等针对中国的全球经贸规则谈判议题，试图从制度的最高层面抑制中国的快速崛起。

（三）国内背景

2007年以来，我国社会经济发展迈入又一轮的结构性调整期。受全球经济周期性波动的影响，我国社会经济发展长期积淀形成的结构性矛盾日益突出，短期内集中体现为产能过剩问题，中长期则表现为结构调整问题。

首先，在需求下降以及前期投资扩张的累积效应下，传统行业出现了较为严重的产能过剩，全社会固定资产投资增速也开始下降。在未来一段时间内，大量的产能需要消化，大量的杠杆需要“去杠杆化”，大量的库存需要出清。

其次，通过结构性调整实现经济持续健康发展的任务较重，尤其是经济增长的驱动力需要实现结构性优化，即推动要素投入结构与经济增长动力结构发生实质性改变：由过去以要素投入为主转向以要素投入和创新驱动并重为主，由主要依靠投资、出口拉动向更多依靠消费拉动转型。在消化过剩产能和调结构的同时，更需要全面深化经济体制改革，全面厘清政府与市场的关系，合理推进国有企业改革，由此改革进入“攻坚期”和“全面深化期”。

最后，我国幅员辽阔，人口众多。改革开放以来，东部沿海地区通过大力发展加工贸易与制造业快速融入全球产业链，在外部资本的撬动下，经济发展开始起步。时至今日，以珠三角和长三角为代表，东部沿海地区的社会经济全面发展，由工业基础、产业资本、商业理念、市场经济水平等共同决定的综合供给能力以及由人均收入等决定的综合消费能力已经远远超出西部省区。受此影响，我国城乡二元格局更为明显，东西部发展差距更加凸显，我们亟须构建能够形成陆海联动、东西双向的新开放战略格局，既解决我国自身对外开放不平衡不充分的空间布局问题，又缓和东西部社会经济不平衡不同步的发展问题。

与此同时，随着我国经济的持续快速发展，我国综合国力稳步增强，在国际格局中主动作为的能力增强，转化不利条件、继续抓住用好重要战略机遇期的实力提升，这些集中表现为我国同世界各国展开经济合作的领域更为宽泛：一方面我国与发达国家在要素禀赋和产业结构上仍呈互补大于竞争态势；另一方面我国充裕的资本、完整的工业体系、强大的制造能力和素质不断提高的人力资本，又与大多数发展中国家以自然资源和非熟练劳动力为比较优势的要素禀赋形成明显互补。在当前及未来一段时间内，我国既是全球最为活跃的大市场，也是最高效的制造中心；既是最具吸引力的投资目的地，亦是最重要的资本输出国；“引进来”与“走出去”齐头并进的新开放格局已经明显形成。从产业层面来看，我国的部分产业，以高铁、工程、建筑等为代表，已经基于自身庞大的市场条件积淀形成了极为明显的竞争优势。这些因素共同作用，使我们在自我经济提升和全球经济增长的互动框架中享有内生于时代的发展能力与战略机遇。

综上所述，“一带一路”倡议源于中国历史、中国文化与中国思想，与汉唐时期主动开展对外经贸合作与文化交流的历史实践一脉相承；“一带一路”倡议也生发于全球政治经济新格局，是中国主动或被动应对大国利益博弈与全球经济下行的创造之举；“一带一路”倡议更内生于中国社会经济持续健康发展的实际需要，是中国主动调整经济结构、深化改革开放的应对之策。

二、“一带一路”倡议的内涵

随着“一带一路”建设的持续推进和不断深入，其内涵亦不断丰富，在国际经贸合作、各国文化交流、区域经济发展、全球经济治理等方面呈现出的时代意义极为深远，正如王亚军所言，“一带一路”源于中国文化与中国思想，其内涵、外延与功能具有极强的延展性。(王亚军，2017)。从“一带一路”的发展现状及发展趋势来看，其兼具区域合作、国际协议、国际公共品等特征，本质内涵与典范价值主要表现在以下几个方面：

(一) 兼具区域性与全球性的国际合作框架

“一带一路”倡议在提出之初，主要聚焦古代陆上丝绸之路与海上丝绸之路沿线国家，尤以西亚与东盟为主，因而更多地表现为跨越边境的次区域合作（柳思思，2014）。亚洲是全球经济增长最快也最具潜力的区域，但是同北美洲与欧洲相比，亦面领着诸多发展瓶颈，集中表现为各区域间发展不平衡，联系不紧密，经济一体化程度较低，尤其是缺乏顺畅的交通网络体系将不同区域紧密、高效地串接起来。同时，受全球金融危机以及全球经贸格局深度调整的影响，亚洲国家普遍面临着经济转型升级发展的艰巨任务。“一带一路”建设有助于连接南亚、东南亚、西亚与中亚地区，有利于拓展和促进不同区域间的经贸投资合作，推进不同区域间的经济一体化，助推亚洲整体振兴。

随着发展的不断深入，越来越多的国家积极响应“一带一路”倡议，快速推动“一带一路”倡议发展为一个跨越亚、欧、非的区域合作框架，并呈现出成为一个全球开放性发展合作框架的巨大发展潜能。毋庸置疑，在全球经贸格局深度调整与大国利益博弈深化的大背景下，“一带一路”倡议为区域性与全球性经贸合作提供了崭新思路，是首个跨亚、欧、非并兼具全球开放型的合作框架，甚至被外界称为“21 世纪最具有前途的全球发展战略和国际合作工厂”。

(二) 极具中国特色的复合型国际公共品

国际公共产品包括国际规则及其执行所需要的载体、平台、运行成本以及企业和私人机构优化全球经济治理时所承担的社会责任或服务。“一带一路”倡议作为极具中国特色的复合型国际公共品，其作用集中表现在两个方面：一是为沿线国家提供共享的区域性乃至全球性合作新平台，二是使基础设施建设及区域内外的互联互通水平提升。

“一带一路”倡议是中国为沿线国家提供的区域性乃至全球性合作新机制与新平台，其合作原则是“共商、共建、共享”，即这一合作机制及其合作成效为沿线国家所共享，因而是中国为沿线国家提供的通过区域内外经贸合作来实现自身经济发展的公共平台。同时，“一带一路”倡议将“设施联通”作为重要合作内容，重点建设一批港口、机场、高速公路和铁路干线，致力于全面提升沿线国家内部以及“一带一路”区域内的公共交通承载能力，提升区域内外的互联互通水平。这不仅能够形成一批新的贸易大通道，也将打破沿线国家基础设施落后对经济发展的制约。作为“设施联通”的支撑，中国政府积极倡议并成立亚洲基础设施投资银行，构建起又一个政府间性质的亚洲区域多边开发机构。

以东盟地区为例，中国多家企业在马来西亚和文莱等国积极承建黄金港、关丹港、摩拉港等重大基础设施项目，并同新加坡一道推动“国际陆海贸易新通道”（此前称为“中新互联互通南向通道”）建设。发展至今，从我国重庆出发，经由贵州，抵达广西北部湾港，再转达新加坡、泰国等东盟国家的“国际陆海贸易新通道”已初具规模。在此基础上，“国际陆海贸易新通道”同“渝新欧”国际班列相连接，一条连接中南半岛和中亚、西亚的新的物流通道和贸易通道开始显现。而且，货物经这一南北通道抵达广西后，既可以经海路抵达东盟国家，亦可以通过陆路从广西凭祥，经由越南抵达东南半岛。

（三）“一国一策”的国际协议体系

第二次世界大战以来，以美国为主导，西方世界以多边谈判与多边协议为路径，逐渐构建起“基于规则之上”的全球治理框架，这表现为多个在全球范围内具有广泛约束力的国际协议的达成与缔结。然而，多边协议在规则内容上的一致性必然超越不同国家的发展现状、历史轨迹，以及文化渊源，其谋求各国广泛差异之上的“管制一致性”也必然在自我深化的演进过程中制造越来越多的不公平和产生越来越多的前行阻力。

与之相反，“一带一路”倡议求同存异，开创国际合作新思路，并不以传统的区域一体化为目标，而是强调沿线国家的发展规划对接，强调基于互联互通基础之上的贸易与投资便利化，并不谋求一个涵盖沿线所有国家的统一经贸协议，而是强调多边协议，尤其是双边协议治理（王亚军，2017）。如果说，传统的区域经济一体化机制是以规则为导向的，那么“一带一路”倡议则是以发展为导向的，即在实现沿线国家共同发展的大前提下，“一带一路”合作框架包容和接受任何形式的规则体系或治理结构（李向阳，2018）。

（四）习近平总书记关于对外开放的重要论述的核心内容

“一带一路”倡议不仅仅着眼于国内经济不平衡不充分的发展问题，还特别强调区域间基础设施互联互通，实际是着眼于世界经济增长的大局。可以说，“一带一路”倡议内生于我国经济发展的历史新阶段与世界经济新环境，并由此引领了我国开放思想、开放战略、开放特点与开放格局的结构性转向。

在改革开放之初，我国经济发展落后，工业基础薄弱，人均收入较低，城镇化率低，大批富余劳动力囤积在农村。在这样的背景下，对外开放的基本思路主要站在中国经济发展的立足点来考虑与世界经济的联系，通过处理国内改革与世界开放经济体制的关系积极探索如何利用要素成本洼地积极融入全球产业链条（裴长洪 等，2018），从而以外部资本、技术和市场撬动经济发展起步。这一阶段改革开放的主要特点是努力地被动适应和追随国际经济贸易潮流和国际经贸体制。

经过四十多年的持续快速发展，在21世纪的今天，中国已经成为全球第二大经济体、第一大贸易国和第二大 FDI 来源国，已经有条件站在全人类命运的高度来观察和审视中国的改革开放大业，有条件、有责任也有义务站在世界经济持续健康发展、世界各国人民福祉的高度来重新部署中国的对外开放举措，来引领世界经济潮流，来构建和完善国际经贸规则，来塑造与完善国际经济体制。“一带一路”倡议正是符合这个历史要求的时代产物。“一带一路”倡议的构想者与积极推动者习近平总书记高屋建瓴，及时而准确地捕捉到这一内生于时代变迁的历史要求，并由此发展形成了习近平总书记关于对外开放的重要论述的核心内容。

三、“一带一路”的发展前景

随着中国政府不断向沿线国家和世界细心解释“一带一路”倡议，通过成立亚洲基础设施投资银行等举措诚心实意推进“一带一路”倡议，沿线国家对“一带一路”倡议的了解更为准确，响应也更加积极：包括新加坡在内的多个国家都视“一带一路”为正面的发展，认为中国的影响力在扩大，“一带一路”是中国与周边国家更多交往的建设性方式，会给相关国家带来许多机会；越南对“一带一路”的态度也由此前的不欢迎转变为谨慎欢迎；马来西亚在自己官方文件中公开表示，“‘一带一路’建设整体上有助于集成经济资源、协同经济政策，将为马来西亚带来巨大商机与多重红利，包括帮助马来西亚开辟新市场、扩大本地产品和服务销路及吸引外资、改善物流服务、提高融资效率、在多个行业创造大量工作机会及促进文化交流等”（人民网，2018）。

（一）贸易发展前景

整体来看，中国与“一带一路”沿线国家在经济发展水平、技术水平、资本积累、产业结构以及其他要素禀赋方面存在广泛差异，贸易互补性强。而且，随着互联互通水平的持续提升，国际物流成本将大幅降低，从而推动区域内外进出口贸易持续快速发展。更为重要的是，经济发展水平是影响一国贸易规模的决定性因素，随着“一带一路”建设的推进，沿线国家基于经贸合作推动各自经济发展的潜力巨大，相应而生的双边贸易前景必将十分广阔。除此之外，包括大力发展跨境电子商务、通关便利化，以及从2018年开始举办中国进口博览会等在内的一系列重大诚心合作之举也将在不同程度上推动双边贸易发展。

事实上，“一带一路”倡议提出以来，中国与沿线国家的进出口贸易合作持续向好，中国已经成为多个国家最大或最为重要的贸易伙伴。以2017年为例，中国与沿线国家进出口贸易额达到7.4万亿元人民币，同比增长17.8%，增速高于全国外贸增速3.6个百分点。其中，出口贸易额达4.3万亿元人民币，增长12.1%；进口贸易额达3.1万亿元人民币，增长26.8%。同时，“一带一路”倡议提出以来，中国基于“共商、共建、共享”的基本原则和“一国一策”的合作思路，加快了同沿线国家的自贸区谈判进程，如同摩尔多瓦、毛里求斯等的自贸协定谈判已在2017年正式开启。

（二）投资发展前景

随着中国社会经济的持续快速发展，综合供给能力、资本积累能力、企业技术水平、运营管理能力、全球竞争力等显著提升，外汇储备规模显著扩大，国际化视野显著拓宽。20世纪末，党中央、国务院审时度势，高屋建瓴，及时提出“走出去”战略，鼓励企业充分利用“两种资源、两个市场”，既开拓国际市场，又整合国际资源。2002年，中国首次建立对外直接投资统计制度。自此之后，中国对外直接投资持续攀升，尤其是金融危机爆发以来，很多实力雄厚的中国企业利用金融危机形成的并购机遇窗口期，积极整合国际优质资源。

惠及于此，中国对外直接投资年度流量已经逐年赶上并超越我国实际利用外商直接投资额，推动我国开放发展格局迈入“走出去”与“引进来”并重的新时代。发展至今，中国外汇储备基本保持在3万亿美元左右，中国对外直接投资年度流量维持在1 700亿美元上下，中国已经成功取代日本，成为全球第二大 FDI 来源国，年度流量约为美国的 2/3。毋庸置疑，崛起的中国必然更有能力推进国际产能合作，承担更多的国际责任，扮演更为重要的国际角色，“一带一路”倡议也必然蕴含着广阔的投资前景。

事实上，“一带一路”倡议提出以来，中国对沿线国家的对外直接投资快速增长，形成了结构性攀升的增长拐点。以 2017 年为例，中国对沿线国家非金融类对外直接投资达到 143.6 亿美元，占当年中国对外直接投资总额的 12%，较 2016 年提升了 3.5 个百分点，主要流向了新加坡、马来西亚、老挝、印度尼西亚、巴基斯坦、越南等国家；中国企业在沿线国家新签承包工程项目合同 7 217 份，新签合同金额达 1 443 亿美元，同比增长 14.5%。

（三）文化交流前景

文化交流包括人文交流、教育交流、卫生医疗合作、技术转移与合作以及共建友好城市群等多个方面。“一带一路”沿线国家大多是同我国山水相连的周边国家，有着与我国长期友好交流、和睦相处的历史，且与我国习俗相近、文化相通。而且，民心相通本身也是“一带一路”倡议重点推进的合作内容之一。毋庸置疑，如古丝绸之路的作用一样，“一带一路”倡议虽以外部交流、商品交换与贸易繁荣为初衷，但必然围绕经济活动内核渐次突破延伸到包含政治、外交、宗教、文化、艺术等在内的诸多领域，从而在经济合作与贸易繁荣之上，催生和推动区域内外各族人民群众彼此更加了解，相互更为尊重，共同恪守开放发展、友好合作、绿色发展、共商共建共享等基本发展理念，逐步实现区域内外的民心相通。

本篇小结

本篇围绕中国对外直接投资动机与区域分布、中国跨国公司优势体系、中国对外直接投资对国内的逆向影响，以及中国对外直接投资发展战略与政策规划四大方面详细梳理中国对外直接投资的现有文献，并基于现有文献形成的知识存量，提出了中国对外直接投资在当前及此后一段时间内可能面临的主要发展议题：一是如何提升中国跨国企业的市场竞争力，二是如何提升中国跨国企业的全球认可度，三是如何保护中国跨国企业的海外资产。这三个问题均在不同程度上指向了国内的市场化进程和更高程度的改革开放。唯有如此，方能在根本上纠正中国企业在发展规模与发展能力上的错位以及中国经济在发展速度与发展质量的失衡。

文献分析表明，有研究主要遵循“动机与优势”二元经典分析框架，拘泥于中国对外直接投资的动机识别与优势分析，而关于中国对外直接投资支撑政策的研究又侧重于从政府层面论证支持企业“走出去”的职能与政策，且大多立意整体，着眼全局，而基于自身工业体系就我国对外直接投资的发展战略，尤其是区域发展战略（如东盟地区）的系统性研究较为缺乏。

供给视角下的主流 FDI 理论认为，企业具备所有权优势是企业国际化运营的重要条件。这无法完全解释中国对外直接投资在 21 世纪初叶以来的持续快速发展。可能的解释是，中国非常明显的国家特定优势在一定程度上弥补了企业所有权优势的不足。

需求视角下的传统 FDI 理论认为，企业跨国投资的根本原因是国内需求不足和预期利润走低。跨国公司的中国样本并不完全支持这一观点。与之相反，中国企业海外投资的迅速发展源于国内需求在数量和质量上的攀升，中国企业需要通过整合全球自然资源、优势品牌、先进技术来满足国内消费升级产生的新需求。

第二篇
东盟投资环境概述

第四章　东盟投资环境分析*

中国—东盟自由贸易区谈判及建成以来，东盟成为中国对外经贸合作最为重要的伙伴之一。双方在国际贸易合作、国际投资合作、国际金融合作、国际文化交流等领域搭建了高效的合作平台，创建了良好的合作机制，建立了较好的合作基础。在“一带一路”背景下，东南亚地区是我国南向构建“21世纪海上丝绸之路”的核心区域，以柬埔寨、马来西亚为代表的东盟国家认为，“一带一路”建设整体上有助于集成经济资源、协同经济政策，蕴含着巨大商机与多重红利，能够帮助沿线国家企业开辟新市场、扩大本地产品和服务销路及吸引外资、改善物流服务，在多个行业创造大量工作机会及促进文化交流等。

一、东盟国际投资环境

一般意义上而言，根据宏观环境分析（PEST）模型，国际投资环境分析主要从地理环境、经济环境、政治环境以及社会文化环境四个方面展开。本书在此基础之上，还分析了东盟营商环境。

（一）东盟地理环境

东南亚地区东濒太平洋，南临印度洋，处于亚洲与大洋洲、太平洋与印度洋的“十字路口”，由中南半岛和马来群岛组成，战略地

* 注：本章节部分内容（课题负责人撰写）已编入《东南亚经济与贸易》（课题负责人参编）。

位非常重要。其中，老挝是东南亚唯一的内陆国，越南、老挝、缅甸与中国陆上接壤，菲律宾、越南、印度尼西亚等与中国海上接壤。

中南半岛北部同中国山水相连，因位于中国以南而得名。该区域地势北高南低，高山大河自北向南延伸，北部区域为河流的上游地区，水流湍急，水力资源极其丰富；南部区域河道变宽，形成了广阔的冲积平原和三角洲，是东南亚重要的农业区，人口稠密。马来群岛散布在太平洋和印度洋之间的广阔海域，是世界最大的群岛，共有两万多个岛屿。特殊的地理位置赋予了东南亚地区丰富而独特的物产，东南亚地区生产棕榈油、橡胶、海产品、木材、宝石、玉石、石油、天然气、金、铝土等各种资源，详见表4-1。

表4-1　东南亚主要资源

国别	主要资源情况
新加坡	自然资源相对匮乏
文莱	油气资源丰富，已探明原油储量为14亿桶，天然气储量为3 900亿立方米。林业资源丰富，森林覆盖率达70%，86%的森林保护区为原始森林
印度尼西亚	棕榈油产量居世界第一，天然橡胶产量居世界第二。石油、天然气、锡、铝、镍、铁、铜、金、银、煤等矿产资源非常丰富
马来西亚	盛产棕榈油、橡胶等农林产品，棕榈油产量居世界第二，为全球第三大天然橡胶出口国
菲律宾	铜、金、镍、钴等矿产资源非常丰富
泰国	钾盐、锡、钨、锑、铅、铁、锌、铜、镍、铀等矿产资源丰富，其中钾盐储量居世界首位，达到4 367万吨；锡的总储量居世界首位，约150万吨。天然气储量约3 659.5亿立方米；石油总储量2 559万吨；森林覆盖率为20%
越南	石油、天然气、煤炭、铁、铜、铝、稀土、钛、镍、镐、高岭土等矿产资源丰富。其中石油总储量达到2.5亿吨。盛产大米、玉米、橡胶、胡椒、椰子、腰果、咖啡、水果等。渔业资源丰富，各类海鱼1 200种类，虾70种，盛产红鱼、鲐鱼、鳖鱼等

表4-1(续)

国别	主要资源情况
老挝	铜、锡、铅、钾、铁、金、石膏、煤、盐等矿产资源丰富，且迄今为止这些矿产资源的开采量非常小；森林资源丰富，森林面积约 900 万公顷（1 公顷＝0.01 平方千米，下同），森林覆盖率为 42%左右，尤以柚木、酸枝、花梨木等名贵木材为主
柬埔寨	森林资源丰富，森林覆盖率为 61.4%，木材储量约 11 亿多立方米，以柚木、铁木、紫檀、黑檀等高名贵木材为主。矿产资源丰富，主要有石油、天然气、金、铁、铝土等。水产资源丰富，洞里萨湖为东南亚最大的天然淡水湖，西南沿海多产鱼虾
缅甸	矿产资源丰富，主要有锡、钨、锌、铝、锑、锰、金、银等，宝石和玉石在全球享有盛誉；油气资源丰富，储量分别约为 1.6 亿桶和 0.57 亿立方米；森林覆盖率为 41%，林业种类有 2 300 种，世界 60%的柚木储量和国际市场上 75%的柚木均产自缅甸；渔业资源丰富，主要有石斑鱼、鲳鱼、龙虾、黄鱼、带鱼、鲨鱼、比目鱼、虎虾、琵琶虾等

资料来源：中华人民共和国商务部《东盟投资指南》。

东南亚位于北纬 10 度至 23.26 度，东经 92 度至 140 度，地理位置较为特殊：一方面东南亚地处亚洲纬度最低的地区，是印度洋与太平洋的交汇点；另一方面东南亚连接亚洲和大洋洲，跨越南北半球。

独特的地理区位使得该地区具有赤道多雨气候和热带季风气候两种气候类型。马来半岛的大部分地区属于热带雨林气候，终年高温多雨，降雨量在 2 000 毫米以上，具有茂密的热带雨林和热带季风林自然植被，农作物随时播种，四季都有收获。

东南半岛北部和菲律宾地区属于热带季风气候，年降雨量1 500 毫米以上，分布着茂密的热带森林，大部分地区一年仅分为旱季与雨季，通常 6 至 10 月为雨季，11 月至次年 5 月为旱季，农作物一般雨季播种，旱季收获。

东南亚地区人口稠密，是世界人口比较集中的地区之一，且为海外华人和旅居华侨的主要集聚区之一。区域内民族结构复杂，有

90 多个民族，人种以黄色人种为主，东南亚各国人口数量及年龄结构详见表 4-2。

表 4-2　东南亚各国人口数量及年龄结构（2015 年）

国家	人口/万人	人口结构/%			
		0~14 岁	15~59 岁	60 岁以上	80 岁以上
文莱	42.3	23.1	69.3	7.6	0.7
柬埔寨	1 557.8	31.6	61.6	6.8	0.5
印度尼西亚	25 756.4	27.7	64.1	8.2	0.9
老挝	680.2	14.9	59.4	25.7	5.0
马来西亚	3 033.1	24.5	66.3	9.2	0.8
缅甸	5 389.7	27.6	63.6	8.9	0.8
菲律宾	10 069.9	31.9	60.8	7.3	0.6
新加坡	560.4	15.5	66.6	17.9	2.4
泰国	6 795.9	17.7	66.5	15.8	2.1
越南	9 344.8	23.1	66.6	10.3	2.0

资料来源：联合国《世界人口展望（2015）》。

（二）东盟政治环境

《东盟宪章》是东盟成立 40 多年来第一份具有普遍法律意义的文件。它确立了东盟的目标、原则、地位和架构，同时赋予东盟法人地位，对各成员国具有约束力。《东盟宪章》规定，东盟主要机构包括首脑会议、外长会议、常务委员会、经济部长会议、其他部长会议、秘书长、专门委员会以及民间和半官方机构等。

首脑会议是东盟最高决策机构，会议每年举办两次，每年轮流在成员国举行。东盟秘书处是服务东南亚 10 个成员国的行政机构，对由东盟启动的计划和纲领进行监督。秘书处常设在印度尼西亚首府雅加达，秘书长一职由各成员国轮流担任，东盟主要机构及其职能详见表 4-3。

表 4-3　东盟主要机构

机构名称	机构职责
首脑会议	东盟最高决策机构，每年举行两次会议，是东盟国家商讨区域合作重要事宜最主要的机构。首脑会议主席由成员国轮流担任
常务委员会	商议并具体落实东盟外交政策
东盟协调理事会	由成员国各国外长组成，亦称为东盟外长会议，是制定东盟基本政策的综合协调机构，每年举行两次会议
东盟共同体理事会	下设东盟政治安全共同体理事会、东盟经济共同体理事会和东盟社会文化共同体理事会，主要负责政治安全、经济和社会文化领域内的工作
东盟领域部长机制	具体制定和实施旨在推进各相关领域合作的协议和决定，支持东盟一体化和共同体建设
东盟秘书长和秘书处	协助落实东盟的协议和决定，并监督其在成员国的执行情况
常驻东盟代表委员会	由东盟成员指派的大使级常驻东盟代表组成，代表各自国家与东盟秘书处和东盟领域部长机制进行协调
东盟国家秘书处	东盟在各成员国设立的联络点
东盟人权机构	负责促进和保护人权与基本自由的相关事务
东盟基金会	与东盟相关机构合作，支持东盟共同体建设
与东盟相关的实体	各种民间和半官方机构

资料来源：中华人民共和国商务部《东盟投资指南》。

就东盟各成员国而言，主要的政治制度有四种，文莱、柬埔寨、马来西亚和泰国属于君主立宪制国家；缅甸属于人民民主共和国，越南与老挝为人民代表大会制度国家；新加坡为议会共和制国家，印度尼西亚和菲律宾属于总统共和制国家；缅甸此前为军政府，现已转变为民主共和制国家。

在构建一个内部共同体的基础之上，东盟从 20 世纪 90 年代开始逐步构建起一系列以东盟为中心的区域合作机制，如东盟与中国（“10+1”），东盟与中国、日本、韩国（“10+3”），东盟与中国、日本、韩国、印度、澳大利亚、新西兰（“10+6”）。

东盟积极与其他主权国家、区域组织和国际机构建立正式关系。截至2014年5月16日，东盟作为一个整体已与78个主权国家建立正式关系。东盟不断推进次区域合作。1992年，由亚洲开发银行倡议，中国、缅甸、老挝、泰国、柬埔寨和越南6国举行首次部长级会议，共同建立大湄公河次区域经济合作（GMS）机制，重点推动大湄公河次区域内交通运输、电信、旅游、能源、贸易、投资、环境、人力资源开发和农业9个方面的合作。

（三）东盟经济环境

整体来看，投资东南亚的经济优势主要表现在以下四个方面：其一，人口规模超过6亿，市场潜力巨大；其二，内部贸易快速发展，自东盟成立经济共同体以来，成员国间的贸易年均增长保持在30%左右；其三，内部经济合作的互补性非常强，从低成本制造业到现代生物科技领域，东南亚各国具有差异化的比较优势体系；其四，随着区域一体化的推进，预期增长潜力巨大，东盟内部和外部对东盟银行业、制造业、交通、通信以及高科技产业领域的投资不断增多，其消费市场在未来20年间将呈现快速增长的整体态势（中华人民共和国商务部，2012）。

近年来，东盟经济持续稳定快速增长，2009年至2013年的经济增长率分别为2.2%、7.6%、4.9%、6.0%和5.3%。2014年国内生产总值为25 735.9亿美元，经济增长率为4.6%。就各成员国来看，印度尼西亚、泰国、马来西亚和新加坡四国的国内生产总值最高；柬埔寨、老挝、缅甸和越南的经济增长速度最快，尤其是缅甸，2010年以来的经济增速基本保持在8%左右。东盟十国2014年人均GDP为4 135.9美元，其中新加坡、文莱、马来西亚和泰国人均GDP最高。

从对外贸易来看，2014年，东盟对外贸易总额（外贸和成员国间的贸易）为 25 289. 18 亿美元，同比上升 0.7%，其中出口额为 12 926. 34亿美元，同比上升 1.7%。从经常账户余额来看，文莱、马来西亚、菲律宾、新加坡和越南五国常年保持经常账户盈余，柬埔寨、缅甸、老挝、印度尼西亚和泰国五个国家则均产生经常账户赤字。各成员国由于经济发展水平不一，货币政策和供应水平差别较大，因此各国的通货膨胀率也存在较明显的差异。总体而言，印度尼西亚、老挝和越南的通货膨胀率较高。2013 年这三个国家的通货膨胀率分别达到 8. 1%、6. 5%和 5. 9%，文莱、泰国和新加坡相对较低，分别为 0. 4%、1. 7% 和 2. 4%（中华人民共和国商务部，2012）。

东盟各国的重点特色产业主要有三个，分别是加工制造业、旅游业和服务外包业。由于东南亚地区整体上属于发展中地区，以越南、老挝、缅甸和柬埔寨为代表，这些国家具有较为明显的劳动力比较优势。尤其是越南，目前是所有“经济北约”（Trans-Pacific Partnership Agreemeent，TPP）成员国中工资水平最低的国家。越南政府亦顺势而为，于 2014 年 7 月发布《2020 年前工业发展指导计划和 2030 年展望》，重点发展与机械和金属制品、化工、电子信息技术、纺织服装与制鞋、农林渔业生产相关的加工制造业，并优先发展配套工业，以增强越南参与全球产业链的能力（中华人民共和国商务部，2012）。

（四）东盟社会文化环境

东南亚地区有许多民族，是全球民族最为复杂的地区之一。以印度尼西亚和缅甸为最，前者有 300 多个不同的民族，后者官方公布的民族数也高达 135 个。越南确定的民族共 54 个，老挝有 49 个，菲律宾有 43 个，泰国和柬埔寨均有 20 多个民族。

复杂的民族结构形成了种类极其繁多的语言，多语种并存的现象在东南亚地区极为普遍。新加坡公布的官方语言有四种，分别是马来语、华语、泰米尔语和英语，其中马来语为国语，英语为行政用语；柬埔寨公布的官方语言有 3 种，分别是高棉语、华语和越南语，其中高棉语为通用语言；印度尼西亚有 200 多种民族语言，其中印尼语为官方语言；缅甸有 100 多种民族语言，官方语言为缅语和英语；菲律宾约有 70 多种语言，英语为官方语言，在菲律宾较为普及；泰国的官方语言为泰语和英语。东南亚地区的华人普遍使用潮州话、海南话、广东话以及闽南语等，大多数华人能讲普通话。

东盟地区宗教信仰存在较大差异，泰国、缅甸、老挝和柬埔寨四个北部国家以信仰佛教为主；菲律宾信仰天主教；马来西亚、文莱和印度尼西亚主要信奉伊斯兰教，印度尼西亚更是全球拥有伊斯兰教教徒最多的国家。

东盟地区历史悠久，民族种类繁多，且大多数国家的经济发展较为落后。为此，许多具有显著本国特色的习俗得以保留与传承。当然，由于宗教信仰，成员国间也拥有众多大致类似的习俗。

菲律宾人的生活方式受美国的影响较大，盛行“女士优先”，菲律宾人一般都习惯对女士给予特殊的关照。然而，在农村，由于男女比例失衡，女性人数多于男性，妇女的地位往往很低。菲律宾人有很强的家庭观念，一般都特别喜欢谈论他们的家庭。

在泰国、缅甸、老挝和柬埔寨这些佛教国家中也存在较多的习俗禁忌。在泰国，法律中有许多保障宗教的条文，如不能对佛像不敬；女性游客在公共场合应避免触碰僧侣；泰国人认为摸头是不礼貌的行为，不能随便摸小孩的头。

（五）东盟营商环境

整体来看，东盟十国社会经济发展水平存在较大的差异，各国营商环境亦各不相同。根据世界银行发布的《2018 年全球营商环境报告：改革以创造就业》，新加坡、马来西亚以及泰国的营商环境非常好，文莱、越南以及印度尼西亚的营商环境较好，而菲律宾、柬埔寨、老挝以及缅甸的营商环境则相对不好。世界银行依据开办企业、办理施工许可、获得电力、保护中小投资者、登记财产、获得信贷、纳税、跨境贸易、执行合同和破产处理十大指标体系，通过问卷调查的方式对全球近200个国家和地区的营商环境进行了调查和评估。马来西亚的营商环境较好，主要表现在跨境贸易流程简单、外商投资税率较低、易于获得施工许可、商业登记便捷高效，以及电力基础设施条件良好。

一直以来，新加坡的营商环境非常好，在世界银行有史以来发布的15次全球营商环境报告中，新加坡依靠自身的自由贸易、自由投资、自由企业、低税负等制度优势始终排在榜单前三。新加坡的金融市场成熟，资金可以流入流出，因此新加坡是全球四大金融中心之一。新加坡始终秉承亲商理念，实施自由企业制度，是世界上对企业干预最少的国家之一，并高度重视对企业投资者的各种服务。此外，新加坡是世界上税负最低的国家之一，不仅公司税税率单一，公司所得税税率为17%，而且所有内外资企业完全一致。

长期以来，马来西亚坚持走开放合作的经济发展道路，对对外经贸合作持积极态度，并制定了多项财税优惠政策，采取了多种营商环境提升措施，大力吸引世界各国的外商直接投资。早在2007年，马来西亚政府就成立特别工作组——首相署利商特工队（PEMUDAH），全力加快行政业务往来，简化行政审批流程，提高行政效率。惠及政府在提高效率方面的长期持续努力，马来西亚的营商环境不断改善。如表4-4所示，马来西亚的营商环境在全球排名第24位，整体营商环境优于世界大部分国家，既包括法国、日本、瑞典等发达经济体，也包括中国、印度、俄罗斯等新兴经济体。

表4-4　东盟十国的营商环境排名情况

国别	得分	排名	得分变化
新加坡	84.57	2	+0.04
马来西亚	78.43	24	+0.96
泰国	77.74	26	+5.68
文莱	70.60	56	+5.83

表4-4(续)

国别	得分	排名	得分变化
越南	67. 93	68	+2. 58
印度尼西亚	66. 47	72	+2. 25
菲律宾	58. 74	113	+0. 42
柬埔寨	54. 47	135	+0. 23
老挝	53. 01	141	+0. 43
缅甸	44. 21	171	+0. 30

资料来源：世界银行《2018 年全球营商环境报告：改革以创造就业》。

马来西亚良好的营商环境与投资环境得到外界广泛认可。2014 年 5 月，英国《经济学》旗下经济学人智库（EIU）公布“商业环境排名（2014）”，在参与竞争的 82 个国家和地区中，马来西亚排名第 19 位，较 2009 年的排名提升了 5 位，荣膺 2014—2018 年全球“投资者友好国家”前 20 名，甚至超过英国、法国、韩国和日本等发达国家。2017 年 6 月 2 日，全球知名商学院——瑞士洛桑国际管理发展研究院（IMD）发布《全球竞争力年鉴（2017）》，在年鉴覆盖的 63 个国家和地区中，马来西亚排在第 24 位，在东盟十国中紧跟新加坡之后，排名第二。2017 年 9 月 26 日，全球经济论坛发布《全球竞争力指数（2017—2018）》（GCI），在报告覆盖的 128 个国家和地区中，马来西亚排在第 23 位，在东盟十国中也是紧紧跟随新加坡，排名第二。

从表 4-4 来看，泰国、文莱、越南以及印度尼西亚等的营商环境近年来发生了明显改善。同 2017 年相比，泰国的营商环境整体评分增加了 5. 68 分，紧跟马来西亚之后，可见，泰国是东盟国家中营商环境第三好的国家，在全球参与评分的 190 个国家中也高居 26 位，超过法国、日本等发达国家。作为东盟十国中传统的柬老缅越（CLMV）国家，越南的营商环境却一枝独秀，远远优于缅甸、老挝和柬埔寨，这表明近年来越南的整体营商环境发生了非常明显的改善。相较而言，菲律宾、柬埔寨、老挝以及缅甸的整体得分较低，排名亦相对靠后，营商环境有待进一步改善。

二、东盟国际投资自由化进程与发展趋势

全球经济合作主要围绕国际贸易和国际投资展开，全球经济合作深化的过程实质上也是贸易自由化和投资自由化的过程。相较而言，投资自由化晚于贸易自由化，在 20 世纪 70 年代末随着跨国公司的涌现才作为一种现象、观念和政策逐渐浮现。投资自由化主要涉及外资准入的自由化、投资待遇的提高以及投资争议解决方式的国际化。

（一）东盟投资自由化进程

自 1967 年成立以来，东盟各国遵循区域经济一体化由产品市场统一、生产要素市场统一向经济政策统一渐进的基本进程，围绕区域内贸易、投资自由化两个基本方向，不断努力推进内部市场的经济一体化进程，试图构建起一个在自由化程度上能够比肩欧盟的一体化市场。投资自由化集中体现在“东盟投资区”概念的提出以及《东盟投资区框架协议》的正式签署与逐步实施。

1987 年，东盟成员国签署《促进和保护投资协定》，亦称为《东盟投资担保协议》，旨在促使跨国公司在东盟成员国间能够享受公平待遇。尽管这一协定收效甚微，但其树立了构建统一东盟投资目的地的基本理念。

1991 年 10 月，东盟第 23 届经济部长会议举行，与会成员国形成了在 15 年内建立东盟自由贸易区的建议，并一致同意将这一建议提交第 4 届首脑会议讨论。

1992 年 1 月，第 4 届首脑会议在新加坡召开，文莱、新加坡、马来西亚、菲律宾、泰国和印度尼西亚 6 国首脑签署《1992 年新加坡宣言》和《东盟加强经济合作框架协定》。6 国经济部长签署《有效惠普关税协定》（CEPT），该协定开启了东盟自由贸易区的建设之路。

1995 年 12 月，第 5 届东盟首脑会议在泰国曼谷举行，会议通过了《曼谷宣言》，并签署包括《有效普惠关税协定修正案》和《东盟服务业框架协定》在内的 38 项各类文件，旨在切实促进成员国间在政治、经济等领域的深入合作。尤为重要的是，本次首脑会议提出东盟投资区（AIA）的战略概念，决定建立更为便捷、更富自由、更加透明的东盟投资区。

1996 年 5 月，“东盟秘书在泰国曼谷组织召开旨在促进 FDI 流入的高层研讨会，研讨会基于东盟区内 FDI 全面调查的结论为建立东盟投资区提供了极具方向性的建议”（李皖南，2006）。同年，东盟修订《促进和保护投资协定》，较大幅度简化审批程序和投资手续，并提高投资法规的透明度。这些修订为改善东盟投资环境，建立一个单一的东盟投资区奠定了良好的基础。

1997 年 12 月，第 2 届东盟非正式首脑会议在马来西亚吉隆坡召开，会议提出极富战略性的“2020 年远景目标”，并决定在 2010 年建成东盟投资区及在 2020 年实现东盟内部投资自由化，即实现资本的自由流动。

1998 年 10 月，东盟第 30 届经济部长会议在菲律宾马尼拉召开，会议正式签署《东盟投资区框架协议》（*Framework Agreement on the ASEAN investment Area*，AIA）。该协议试图通过建设东盟投资区，整合东盟各国市场，形成一个能够创造规模经济、进行协同生产、降低交易成本的大市场，并最终打造一个较为统一的、自由的、透明的“单一投资区”。协议规定自 2010 年起，对区域内所有成员国的投资者适用国民待遇，对成员国投资者开放所有产业；自 2020 年起适用于世界各国（区域）的投资者。AIA 的签订不仅能够形成东盟区域内的资本自由流动，提升东盟的整体经济运营效率，也能提升东盟作为一个区域经济体的投资吸引力，增强其在全球 FDI 版图中的竞争力。

2001 年 11 月，第 7 届东盟首脑会议在越南举行，会议通过《河内行动计划》中期报告，并确定了包括东盟区域一体化、信息和通信技术及人力资源开发在内的多个优先合作项目。

2002 年 11 月 4 日，第 8 届东盟首脑会议在柬埔寨金边举行，会上各国首脑一致同意在东盟自由贸易区的基础之上，努力在 2015 年实质性建成“东盟经济共同体”（AEC）。

2003 年 10 月 7 日，第 9 届东盟首脑会议在印度尼西亚巴厘岛举行，会议发表《东盟第二协议宣言》，首次确定建立一个构筑于“安全共同体”“经济共同体”与“社会文化共同体”三大支柱之上的东盟共同体，引领东盟迈向更高程度的一体化：由相对松散的以经济合作为主题的地区联盟向关系更加紧密的一体化区域性组织迈进。会议宣布东盟共同体将于 2020 年建成。

2007 年 11 月 20 日，东盟各国领导人签署《东盟宪章》，首次明确写入建立东盟共同体的战略目标，并赋予东盟法人地位，为东盟共同体的建立提供了重要的法律保障。

2009 年 3 月 26 日，《东盟全面投资协议》（*ASEAN Comprehensive Investment Agreement*，ACIA）正式生效。《东盟全面投资协议》是 1987 年《东盟促进和保护投资协议》以及 1998 年《东盟投资区框架协议》的发展与完善。

（二）东盟投资区与《东盟全面投资协议》

1. 东盟投资区

从理论上来讲，国际投资与国际贸易是国际经济合作的两大重要内容。从具体的实践来看，投资区的建设往往纳入了自贸区的整体框架，投资区隶属于自贸区。世界贸易组织的制度性安排便是如此，其在法律文本框架上主要包括货物贸易的制度安排、服务贸易的制度安排和投资制度安排。主要有两个原因：其一，国际贸易与国际投资尽管相互独立，但随着跨国公司的快速发展，贸易与投资的互补性越来越强，自贸区框架下的贸易制度安排不仅能够促进贸易增长，也能够产生显著的投资创造效应，而基于全球资源整合的国际投资也能够促进贸易增长，即贸易投资一体化的趋势愈发明显；

其二，服务贸易与投资的界线越来越模糊，某些投资是与贸易相关的，或者是贸易本身［比如，服务业投资被认为是服务贸易总协定（GATS）下的第三类服务提供模式］（张智勇，2011）。

东盟内部的区域经济一体化在实践路径上仍然遵循这一基本的国际通行惯例。其首先于1991年提出建设东盟自由贸易区，然后于1995年提出建设东盟投资区，并把后者作为东盟自由贸易区建设的一个核心议题。目前，东盟自由贸易区已经实质性建成，其根本性的法律载体是《有效普惠关税协定》，主要致力于成员国间关税减免，大部分产品在各成员国之间的关税已经降至0~5%的水平。

值得说明的是，同降低或全面消除成员国之间的关税或非关税壁垒相比，东盟投资区不仅在于保护和促进成员国之间的相互投资，最终实现投资区域内的资本自由流动，更在于将东盟建设成一个在全球范围内更为便利、更加自由、透明度更高、竞争力更强的统一而非支离破碎的投资目的地，增强东盟作为一个统一的整体在全球投资版图中的FDI吸引力。或者说，保护和鼓励成员国间的相互投资并不是投资区建设的基本宗旨，其基本宗旨是提升东盟作为一个整体的全球FDI吸引力，吸引更多的外商直接投资流入东盟。

2.《东盟全面投资协议》

作为对《东盟促进和保护投资协议》以及《东盟投资框架协议》的修订、整合和完善，《东盟全面投资协议》（本章以下简称《协议》）成为东盟投资区最为关键性的法律文本载体。《协议》由49项条款、2个附录和1个例外表组成。

《协议》旨在将东盟建设成一个自由、开放和不存在歧视的统一大市场与生产基地，并由此最终实现东盟经济共同体的经济一体化目标。为了实现这一目标，《协议》规定各成员国：①逐渐推进投资自由化；②加大力度保护投资人以及他们的投资；③增强投资制度、规则和程序的透明度和可预见性；④作为一个区域整体，合力推进投资促进；⑤通力协作，为成员国之间的相互投资创设优惠条件。

《协议》将投资自由化、投资保护、投资便利化和投资促进作为构筑文本内容的四大支柱，其规定的四大基本原则是：①各成员国提供投资自由化、投资保护、投资促进和投资便利化；②各成员国使投资者及其投资能获得良好的财务收益；③维持和协调各成员国间的投资优惠政策；④全面履行《东盟投资区框架协议》与《东盟促进和保护投资协议》的承诺。东盟各国通过恪守以上四大基本原则，成为一个自由、便利、透明和富有竞争力的全球投资目的地。

《协议》议题广泛而全面，涵盖投资自由化、投资保护、投资促进和投资便利化等诸多方面。《协议》不仅适用于东盟以外国家（地区）在东盟各成员国的对外直接投资，也适用于东盟各成员国之间的相互直接投资。投资准入行业采用国际先进的负面清单模式，最惠国待遇自动扩展至所有成员国。国民待遇分阶段逐步实现，自2010年起对东盟各成员国的投资适用国民待遇，并向成员国的投资开放所有产业；自2020年起对所有投资者适用国民待遇。在投资争端上，实施全面而详细的投资人——国家争端解决机制（Investment Dispute between an Investor and Member State，ISDS）。《协议》遵循国际投资协定的发展趋势，增加禁止业绩要求条款（prohibition of performance requirements）。此外，《协议》新增Senior Management and Board of Directors（SMBD）条款，鼓励外籍高管、专家和熟练工人在投资区内的自由流动。

考虑到东盟各成员国经济发展水平差距较大，《协议》做出相应的例外规定，有关投资的限制及股权规定，仍受各成员国国内相关投资法规约束，同时各成员国可以提出全面例外、暂时例外或敏感清单等。

总的来看，东盟内部的投资自由化进程大致经过了东盟自由贸易区、东盟经济共同体和东盟共同体几个阶段。其中，东盟投资区直接以资本自由流动和投资便利化为建设内容；东盟自由贸易区围绕成员国间贸易零关税和投资自由化不断推进；东盟经济共同体除了致力于零关税和投资自由化，更致力于形成一个生产要素能够自由流动的统一大市场，实现全面的经济一体化；而东盟共同体构筑于安全共同体、经济共同体和社会文化共同体之上，旨在谋求一个更为全面和统一的东盟。从自贸区、投资区、经济共同体到东盟共同体的渐进性发展图谱中，东盟内部的投资自由化进程不断加快。

（三）东盟与其他国家（地区）的投资自由化进程

1. 东盟与周边国家的自由贸易协定（FTA）进程

在不断推进东盟内部投资自由化与一体化进程的同时，东盟先后与中国等亚太国家积极对话，加强与域外经济体的合作，逐步形成了“10+1”“10+3”“10+6”等区域经济一体化合作机制，并在多维合作的谈判逻辑和博弈框架中使东盟自身处于关键、核心或领导地位。2012年，由东盟倡议和主导的区域全面经济伙伴关系协定（Regional Comprehensive Economic Partnership，RCEP），俗称东盟版“10+6”谈判正式启动，该协定描绘出全球最大的自贸区蓝图：由16国组成，涵盖约35亿人口，GDP总和占全球总量的30%左右。

从表4-5来看，东盟作为一个统一的整体，依据“10+1”的自贸区建设与谈判逻辑，分别完成了与中国、日本、韩国、澳大利亚、新西兰以及印度6国的自由贸易区谈判，与亚太主要国家形成了基于各自经济发展水平的差异化、碎片化自贸区。在此基础上，2011年11月，东盟提出建立“区域全面经济伙伴关系”的倡议，即在东盟十国的基础上，对这些碎片化的自由贸易区协定进行统一整合，试图形成一个以东盟为核心，囊括更大范围的区域自贸协定。

表4-5　东盟与其他国家（地区）签订FTA统计

序号	协定名称	进程
1	中国—东盟自由贸易区协议	2002年11月签署《全面经济合作框架协议》； 2004年11月签署《货物贸易协议》《争端解决机制协议》，次年7月生效； 2007年1月签署《服务贸易协议》，7月生效； 2009年8月签署《投资协议》，次年2月生效

表4-5(续)

序号	协定名称	进程
2	日本—东盟经济合作伙伴协议	2003 年 10 月签署《全面经济合作框架协议》; 2008 年 4 月签署《全面经济伙伴（EPA）协议》，同年 12 月生效
3	韩国—东盟自由贸易区协议	2005 年 12 月签署《全面经济合作框架协议》及框架下《争端解决机制》，2007 年 6 月生效; 2006 年 8 月签署《货物贸易协议》（泰国未签字），次年 6 月生效; 2007 年 11 月签署《服务贸易协议》（泰国未签字），2009 年 5 月生效; 2009 年 5 月签订《投资协议》《关于泰国加入服务贸易协议的议定书》以及《关于泰国加入货物贸易协议的议定书》，同年 9 月生效。
4	澳新—东盟自由贸易区协定	2004 年《澳新—东盟纪念峰会领导人联合声明》提出建立 FTA; 2009 年 8 月签署《建立澳新—东盟自由贸易区协定》，次年 1 月生效
5	印度—东盟自由贸易区协定	2003 年 10 月签署《全面经济合作框架协议》; 2009 年 8 月签署《货物贸易协议》《争端解决机制》《全面经济合作框架协议的修正》，次年 1 月生效
6	欧盟—东盟自由贸易区协定	2007 年 5 月启动 FTA 谈判; 2009 年 5 月暂停 FTA 谈判

资料来源：中华人民共和国商务部《东盟投资指南》。

RCEP 谈判的基本原则是整合现有的以东盟为中心的五个“10+1”自由贸易区协定，将这些差异化的 FTA 在议题、内容与规则上实现统一。这在一定程度上决定了 RCEP 的整体标准要高于现有的所有五个自贸协议，必然涵盖货物贸易、服务贸易、投资、经济技术合作、知识产权保护、竞争原则、争端协调等多个传统与现代议题。表现在投资方面，RCEP 主要围绕投资促进、投资便利化、投资自由化和投资保护四个基本维度建设形成一个自由、便利和竞争的投资环境。

由于领土问题和经济发展水平的广泛差异，RCEP 很难达到其最初所倡议的高水平自由贸易区标准。但是，其毕竟是对当前东亚地区五个破碎化、差异化的“10+1” FTA 的整合，能够在不同程度上改变当前亚太合作所面临的“面条碗效应”，尤其是能够强化东盟在亚太区域经济合作中的中心地位。

在积极推进以东盟为中心的 RCEP 谈判的同时，东盟部分国家亦积极响应和加入了以美国为主导的跨太平洋伙伴关系协定（TPP）谈判。TPP 谈判已经顺利达成，新加坡、越南、马来西亚和文莱四个东盟成员国已经成为 TPP 成员。同 RCEP 相比，TPP 在管制的一致性、竞争中立、投资者-东道国解决机制以及环境与劳工规则等方面体现出更高的要求，“尤其是在治理内容上表现出由传统的边境规则或关税规则向社会领域、边境后规则等国内法制法规方面的结构性转向”（东艳，2014）。

2. 中国—东盟自贸区《投资协议》

2009 年 8 月，中国与东盟签署《投资协议》，次年 2 月生效。《投资协议》由 27 项条款组成，涵盖目标与原则，给予投资者及其投资的主要待遇，征收、损失补偿和投资转移的规定以及争端解决机制等主要内容。

（1）目标与原则。

《投资协议》第二条规定，其目标是“促进东盟与中国之间的投资流动，建立自由、便利、透明和竞争的投资体制”，为投资者及其投资提供了高水平的保护。考虑到中国—东盟自贸区成员国同时是数个双边或区域贸易安排的缔约方以及中国与东盟区域经济一体化的参与者，不同于《东盟全面投资协议》旨在将东盟建设为一个整体的投资区，《投资协议》谈判和签订的基本宗旨更注重通过透明度和便利化的提升，鼓励和保护对方投资，促进双边投资增长。自由化、便利化和透明度作为《投资协议》的建设目标，不仅规定了缔约双方的责任与义务，本身亦构成了《投资协议》的基本原则。

关于透明度原则，《投资协议》要求各缔约方“发布在其境内关于或影响投资的所有相关法律、法规、政策和普遍使用的行政指南”“及时并至少每年向对方通报显著影响其境内投资或本协议下承诺的任何新的法律或现有法律、法规、政策或行政指南的任何变化”，并建立或指定一个咨询点，其他方的任何自然人、法人和任何人可要求并及时获取前述法律法规的所有信息。这一规定能够提升投资相关法律的透明度，有助于投资者的投资与经营决策。

关于投资便利化原则，《投资协议》从四个方面明确提出了具体的便利化措施：①为各类投资创造必要环境；②简化投资适用和批准的手续；③督促包括投资规则、法规、政策和程序的投资信息的发布；④在各东道国建立一站式投资中心，为商界提供包括便利营业执照和许可发放的支持与咨询服务。这些措施有助于改善成员国的营商环境，促进双边投资，并提升中国—东盟自贸区作为一个整体在全球投资版图中对 FDI 的吸引力，即为形成中国—东盟投资区奠定了基础。

（2）给予投资者及其投资的主要待遇。

《投资协议》在第四、五、七条分别设立国民待遇、最惠国待遇以及公平和公正待遇三个独立条款，分别要求缔约方给予另一方投资者及其投资国民待遇、最惠国待遇、公平和公正待遇。协议议定的国民待遇涉及管理、经营、运营、维护、使用、销售、清算或此类投资其他形式的处置方式，属于准入后国民待遇，尚未涉及准入前国民待遇。

最惠国待遇要求，各缔约方在准入、设立、获得、扩大、管理、经营、运营、维护、使用、清算、出售或对投资其他形式的处置方面，应当给予另一方投资者及其相关投资，不低于其在同等条件下给予任何其他缔约方或第三国投资者及其投资的待遇。然而，该条第二款规定，如果任一缔约方在此后同第三方签订比《投资协议》议定更加优惠的待遇，该缔约方没有义务将更优惠的待遇给予对方。这一规定致使《投资协议》下的最惠国待遇存在一定的模糊性，可能导致自投资转移倾向。

不同于中国此前分别与东盟各成员国所签订的双边投资协定，中国—东盟自由贸易区《投资协议》将公平和公正待遇独立，与国民待遇和最惠国待遇并列，并作出了专门的规定，要求各缔约方给予另一方投资者投资公平和公正待遇，提供全面保护和保障安全。

（3）征收、损失补偿和投资转移的规定。

《投资协议》在第八、九、十条对成员国投资人及其投资的征收、损失补偿和投资转移作出了极为全面、具体和操作性强的规定。具体来看，在征收方面，《投资协议》规定，“任一缔约方不得对另一缔约方投资者的投资实施征收、国有化或采取其他等同措施（征收）”，但出于公共目的的除外，并对出于这些特殊目的的征收进行补偿。补偿应以征收公布时或征收发生时被征收投资的公平市场价值计算。

在损失补偿方面，《投资协议》规定，如果在一缔约方境内发生战争或其他武装冲突、革命、国家紧急状态、叛乱、起义或骚乱而遭受损失，该缔约方就此在恢复原状、赔偿、补偿和其他解决措施方面给予另一缔约方投资者的待遇不应低于其给予任何第三国投资者或本国国民的待遇。可以看出，损失赔偿适用于最惠国待遇和国民待遇，体现出较高的投资保护水平。

在投资转移和利润汇回方面，《投资协议》的规定非常具体，内容翔实，是协议全部27条中内容最多的条款之一，其允许正常、合法、合规的投资转移和利润汇回，能够以转移当日外汇市场现行汇率兑换为可自由兑换货币，不延误地自由汇入、汇出东道国领土。同时，《投资协议》明确规定了包括“破产，丧失偿付能力或保护债权人权利”等可以阻止或延迟转移的八种情况。

（4）争端解决机制。

《投资协议》第十四条是协议法律文本中内容最多的条款，其对缔约方与另一缔约方投资者之间的争端解决作出了十分详细的规定，适用于“任一缔约方与另一缔约方的投资者之间”，涉及其中一缔约方违反《投资协议》的国民待遇、最惠国待遇、投资待遇、征收、损失补偿、转移和利润汇回的规定，通过对某一投资的管理、经营、运营、销售或其他处置等行为给投资者造成损失或损害的投资争端。

《投资协议》规定，在磋商无果时，投资者可以寻求东道国救济或提交国际仲裁。国际仲裁的选择更为灵活，可以提交解决投资争端国际中心，可以根据联合国国际贸易法委员会规则进行仲裁，也可以由争端当事人双方同意的其他仲裁机构或其他仲裁规则仲裁。

（四）东盟投资自由化进程的发展趋势

在未来一段时间，能够影响东盟投资自由化进程的内外部力量主要涉及东盟投资区、已经达成的 TPP 框架与中国—东盟自贸区框架，以及由东盟主导谈判的 RCEP 框架。其中，东盟投资区以及东盟主导的 RCEP 谈判将成为影响东盟自由化进程的重要力量。

1. 东盟投资区的发展趋势

从东盟经济一体化议题的发展顺序来看，作为东盟共同体建设的三大支柱之一，经济共同体建设的难度相对较小，所取得的实际进展也最快，尤以货物贸易为最。根据泰国官方统计，自 1993 年到 2013 年，东盟内部成员国的平均关税税率由 13%到几乎为零，零关税的自由贸易区目标已经实质性实现。推动服务贸易、投资和劳动力流动成为东盟经济共同体建设的下一步任务和发展趋势。

从东盟经济一体化的整体经济水平来看，东盟大多数成员国属于发展中国家，经济发展水平滞后、劳动力成本低廉、资源丰富。在全球新一轮产业转移的大背景下，这些国家具有吸引大量 FDI 的条件，也迫切希望通过利用自身的比较优势体系快速融入全球价值链，以此增加国内就业，提高出口水平，实现巨额 FDI 流入和高速出口增长撬动与引领社会经济的全面繁荣。

可以预见，尽管各成员国经济发展水平各不相同，对服务贸易和投资自由化的需求层次也参差不齐，但是东盟投资区甚或东盟经济共同体的宣告建成，并不意味着东盟内部经济一体化进程的终结。东盟投资区在未来的发展方向仍将以提升东盟整体营商环境和增强 FDI 吸引力为根本宗旨，其必然将进一步开放市场和提高投资保护水平。受惠于此，一方面，东盟整体上的市场准入水平将更高，服务贸易的开放产业将更为宽泛，例外清单将越来越短；另一方面，其对外商及其投资的保护水平也将更高，关于投资相关措施的便利度和透明程度将越来越高。

2. 中国—东盟自由贸易区升级版下的投资自由化趋势

2015年11月22日，《中华人民共和国与东南亚国家联盟关于修订〈中国—东盟全面经济合作框架协议〉及项下部分协议的议定书》（以下简称《议定书》）正式签署，双方承诺在服务贸易和投资等领域向高水平自由贸易区迈进。

根据《议定书》相关条款，双方进一步扩大服务业开放领域，放宽设立公司的股比限制，扩大经营范围，允许对方设立独资或合资企业。东盟承诺在教育、环境、金融、旅游、运输、商业、通讯、建筑8个部门约70个分部门作出更高水平的开放承诺。中国则在工程、建筑工程、证券、旅行社和旅游经营者等部门作出改进承诺。

总体来看，基于中国和东盟主要成员国间的经济发展水平，中国与东盟的投资自由化进程将遵循渐进性自由化的基本原则，双边市场的开放程度将随着双方社会经济的不断发展逐渐提升，更多的双边投资责任与义务将主要聚焦于进一步增进投资和促进投资便利化合作，为投资者及其投资创造稳定、便利和透明的商业环境。

3. RCEP框架下的投资自由化趋势

从全球经贸规则重构的模式与路径来看，以WTO为框架的全球多边谈判进程受阻，取而代之的是诸边化谈判。目前，影响较大的三个诸边化区域性贸易投资协定分别是美国主导的跨太平洋贸易伙伴关系协定（Trans-Pacific Partnership，TPP）、美欧间跨大西洋贸易投资伙伴关系协定（Trans-Atlantic Trade and Investment Partnership，TTIP）和以东盟为中心的RCEP。前两个协定以发达国家居多，且由发达国家所主导。RECP的成员国以发展中国家居多，且主要由大多数为发展中国家的东盟主导，其谈判成果对东盟的投资自由化进程、发展中国家的投资自由化进程以及全球投资自由化进程及其规则体系将产生显著而深远的影响。

整体而言，大多数发展中国家间的区域投资规则制度基本上沿袭和遵循准入管制模式，并没有对准入自由化作出实质性规定。尽管 RCEP 具备基于东盟投资区位内核发展形成东亚投资区的潜能，但其在以市场开放为核心的准入自由化方面很难取得巨大的实质性进步，其发展方向也将主要聚焦于进一步增进投资和促进投资便利化合作，为投资者及其投资创造稳定、便利和透明的商业环境。

4. TPP 对东盟投资自由化的影响

尽管美国在推进 TPP 上不断反复，特朗普上任后即宣布美国退出 TPP 谈判，但此后其又表示出反悔之意。但无论如何，TPP 在很大程度上代表了全球经贸规则调整的趋势与方向。

新加坡、越南、文莱、马来西亚已成为 TPP 成员国。在未来一段时间内，随着缅甸等国国内政治经济改革的进一步深入，越来越多的东盟成员国很可能加入 TPP。事实上，如上分析，作为大多数成员国为发展中国家的东盟而言，其成员国加入 TPP 的意愿较为强烈：一方面，这些发展中国家愿意凭借自身以劳动力为代表的比较优势体系快速融入全球产业链，参与全球分工，推动国内经济发展；另一方面，这些发展中国家因经济发展水平较低，远未形成自身完备与成熟的工业体系，保护国内产业的需求并不大、能力也不足，向外资开放市场的主观阻力相对较小。

从 TPP 协定投资章节的内容来看，其“可以代表世界双边和多变协定的最高标准，也可以说是一个比较稳定的最终标准”。与《投资协议》相比，尽管后者已经前瞻性地采用了 ISDS 争议解决机制（Investor-State Dispute Settlement），并囊括了禁止业绩要求条款、高管和董事会成员条款等，但缺少 TPP 投资章节所纳入的投资与环境、医疗和其他管制目的条款，以及企业社会责任条款等内容。受此影响，在越来越多的东盟成员国可能加入 TPP 的趋势下，《投资协议》的文本内容将很可能以 TPP 协定投资章节的内容为蓝本进一步完善，健全投资者-国家争端解决（ISDS）机制，并纳入投资与环境以及企业社会责任等条款，从而提升东盟投资区对外商及其投资的保护水平，进一步增强东盟投资区在全球 FDI 版图中的竞争力和吸引力。

总之，投资自由化本身就是针对东道国的投资准入限制而言的，提升投资自由化的过程就是减少投资准入限制的过程，具有有限性与渐进性并存的显著特征。所以，受限于主权国家前提之下的区域经济一体化和经济全球化，投资自由化不可能是绝对意义上的完全自由化，即使是西方发达国家间投资自由化程度最高的双边或多边投资协定，其对投资开放的领域都允许以例外的形式进行合法保留。推进投资自由化，应全面考虑投资者和东道国双方的利益，不仅要强调保护投资者利益，也应尊重东道国的经济和社会发展诉求。同时，投资自由化的政策制定也应理性区别生产性资本和投机性资本，将二者严格、准确地区分开，大力鼓励生产性投资，严格限制投机性投资。

三、大国博弈下的东盟投资环境

经过改革开放以来四十多年的持续快速发展，中国已经成为全球第二大经济体，全球第一大出口国、第二大进口市场，世界第二大 FDI 来源国与投资目的地，彻底改变了此前基础设施、技术、教育落后，市场和金融体系不完善，工业基础薄弱的落后面貌。尤其是 2008 年金融危机以来，传统发达国家需求萎缩，经济发展持续低迷，中国持续稳定发展，成为世界经济增长的“火车头”。中国对外直接投资在近十年的持续快速发展，明显改变了全球 FDI 格局，引发了欧美传统发达国家的广泛反应。中国对东盟直接投资生发于全球政治经济格局演变和大国利益博弈的大框架之中，正如冼国明教授所言，中国对外直接投资的问题实际上也是“中国企业面临的全球政治、经济等格局变化与国际机构及规则调整、各国利益博弈下的重大问题”。就中国对东盟直接投资而言，主要受到美国、日本以及东盟自身的影响。

（一）东盟因素

自20世纪90年代以来，尤其是中国—东盟自由贸易区建成以来，中国与东盟合作驶入快车道，双方经贸合作持续快速深化。整体来看，东盟国家基本上都将全球第二大经济体的中国及其提出的“一带一路”区域合作倡议视为重要的发展机遇，并试图通过与中国在经贸领域的双赢合作实现本国社会经济的持续快速发展。显然，发展本国社会经济的理性需要决定了他们不会轻易发起与中国对抗的非理性行为。

然而，双方的经贸合作及文化交流亦受到包括历史关系、邻海争议、民族主义情绪等多种因素的影响与制约，面临着“战略互信缺失、国家治理乏力、多元文化冲突等结构性难题”（周方治，2015）。一直以来，中国始终坚定走和平发展道路。但是，作为全球人口最多的国家和全球第二大经济体，中国的综合国力显著提升，从根本上引发了地区秩序的深刻调整。东盟国家在国家实力上与中国差距悬殊，使得它们在同中国的合作中疑虑重重，顾虑颇多，分外谨慎，有所保留，难以形成有效对接与积极互动。受这些因素的综合影响，中国与东盟的合作因此也出现过不同程度的反复、波折甚至是倒退。以中越合作为例，由于缺乏足够的战略互信，越南政府的合作意愿不足，导致中方大力推进的中越跨境经济合作区建设迟迟无法完成，具有“两国一园”典型特征的跨境合作园区的建成遥遥无期，一批重大招商引资项目停留在规划层面。

更为重要的是，受限于中国和东盟各自的经济发展水平，双方的合作需求与意愿也存在一定程度的差异：东盟国家需要的不仅仅是资金，还包括先进技术以及就业机会。正如马来西亚总理马哈蒂尔所反复表示的，“我欢迎能够为马来西亚带来技术转移，创新机会以及创造本地就业岗位的外国投资。最重要的是，本国人民要从外国投资带来的经济发展中获益”。与马来西亚类似，越南政府也更欢迎具有更高技术含量的对外直接投资，而不仅仅是一些具有严重环境问题的低端制造企业或投资开采越南矿产资源的企业。

（二）美国因素

近年来，作为全球前两大经济体，中、美两国博弈持续深化，双方在地缘政治等诸多领域亦存在较为明显的分歧，崛起大国与守成大国的冲突在经济领域和传统的安全领域有所显现。

2008 年金融危机爆发以来，中美经济走势反差明显，从而改变了美国对东亚战略格局的基本判断（周方治，2015）。美国由此提出了“亚洲再平衡”与“重返亚洲”战略，力求遏制中国的和平崛起以及中国正当利益在东南亚的自发性扩展。受此影响，一方面，美国凭借自身对东盟庞大的对外直接投资规模及由此形成的强大经济影响力，鼓吹、煽动个别东盟国家与中国发生争端，引发了南海问题等“国际闹剧”，致使该地区成为中国周边外交最为复杂的区域之一，甚至影响了中国与这些东盟国家的正常经贸往来；另一方面，东南亚地区地缘政治格局在大国博弈下更加复杂，以新加坡为代表，东盟部分国家，甚至包括同中国有着长期传统友好政治关系的缅甸也开始采取大国平衡战略，在中国、美国、日本、印度、俄罗斯等大国博弈的缓慢过程中静观其变，待价而沽，相机抉择，从而影响中国—东盟合作的前进步伐。

更为直接的是，在经贸合作领域，为了与“亚洲再平衡”相匹配，2011 年以来，美国加大了对东盟的投资力度：2011—2015 年，美国全球对外直接投资年均增速为-6.75%，但对东盟地区的直接投资逆势增长，达到 9.84%，高出平均水平近 16 个百分点（本书第五章将对此进行详细论述）。与此同时，美国也加大了对柬埔寨、老挝、缅甸、越南四个东盟国家（CLMV 国家）的对外直接投资力度，引领美国对外直接投资的两个基本转向：一是美国全球投资的东盟转向，二是美国东盟投资的 CLMV 国家转向。由此可见，东盟在美国全球投资版图中、CLMV 国家在美国东盟投资版图中的战略地位愈发重要。毋庸置疑，美国加强对东盟投资，势必挤压中国在东盟的投资空间，这在不同程度上提升了中国在东盟的投资谈判成本。

同时，长期以来，柬埔寨、老挝、缅甸、越南由于自身欠佳的营商环境，很难吸收到美国的对外直接投资，但由于这四个国家同中国具有传统友好政治关系或同中国接壤，这四个东盟国家是中国在东盟投资的重点区域。美国加大对这四个国家的投资力度也将大大挤压中国的投资空间。

（三）日本因素

长期以来，日本对中国的经济崛起和综合国力提升都有所担心。反映在中国与东盟合作领域，则集中表现在两个方面：一是政治上，日本紧紧跟随美国，争做“亚洲再平衡”与“重返亚洲”战略的马前卒；二是经贸合作上，日本是东盟地区最为重要的 FDI 来源国和资金援助国。

20 世纪八九十年代以来，日本一直都是东盟地区最为重要的 FDI 来源国和资金援助国。以汽车产业为代表，日本企业对东盟投资由来已久，并在东盟构筑形成了以日本跨国公司为核心需求面，以东盟各国本土企业为供给面的区域生产网络体系。很多日本跨国公司依靠自身的技术与品牌优势，将东盟的众多企业纳入自身的全球供应链和价值链中，稳步推动东盟制造业发展，大大强化了东盟对日本的经济依赖性，固化了日本在东盟区域性开放合作格局中的不可替代性，也增加了东盟退出与日本经贸合作的成本。而且，很多日本跨国公司同东盟国家本地社区形成了良好的关系：一大批日本企业、日本品牌和日本产品已经深入人心，深得东盟国家消费者喜爱。同很多日本企业相比，中国企业在投资东盟上属于后来者。在一定程度上而言，中国企业在东盟投资和顺利运营要翻过的第一座大山就是必须要同日本企业展开正面竞争。

更为重要的是，与美国亦步亦趋，2011 年以来，日本也加大了对东盟的投资力度：2011—2015 年，日本全球对外直接投资年均增速为 4. 56%，但对东盟地区的直接投资却达到 18. 89%，高出平均水平 14 个百分点。而且日本对东盟直接投资占其海外投资的比例较高，年均占比高达12.56%，远远高出中国的6.52%（本书第五章将对此进行详细论述）。与此同时，日本也加大了对柬埔寨、老挝、缅甸、越南四个东盟国家（CLMV国家）的对外直接投资力度，引领日本对外直接投资的两个基本转向：一是日本全球投资的东盟转向，二是日本东盟投资的CLMV国家转向。由此可见，东盟在日本全球投资版图中、CLMV国家在日本东盟投资版图中的战略地位愈发重要。如上分析，与美国类似，日本加强对东盟投资，势必挤压中国在东盟的投资空间，这在不同程度上提升了中国在东盟的投资谈判成本。以缅甸为例，2011年以来，日本企业加快了对缅甸的投资步伐，多次组团到缅甸，甚至到中缅边境线的缅方一侧进行针对性考察。近年来，日本已经深度介入缅甸的对外开放合作，强势参与缅甸的三个经济特区建设，尤其是与泰国、缅甸一道，就三方共同建设土瓦经济特区展开深入谈判。

总之，在中美日大国博弈下，中国对东盟投资不仅面临着政治互信缺失、合作环境易变的问题，也将面临中国企业与美国企业、日本企业同台竞争的局面。在美日跨国企业整体国际化运营经验丰富、技术水平较高、品牌影响力较强的市场竞争环境中，中国企业的东盟投资与日常运营将面临较大的竞争压力。

第五章　东盟国家对“一带一路”倡议的认知、反应及态度

作为合作倡议，“一带一路”能否顺利实施、高效推进，取决于沿线主要国家能否客观认知与积极响应。从沿线主要国家的特定视角感知它们对“一带一路”倡议的认知与态度，能够加深双方对倡议的理解，不同程度地消除信息误读，增进战略互信，加快合作进程。

东盟是我国南向构建“21 世纪海上丝绸之路”的核心合作区域。然而，东盟各国在接受和欢迎中国“一带一路”倡议的程度上存在明显差异，大致可分为三种：泰国、柬埔寨、老挝持积极欢迎态度；印度尼西亚、马来西亚、文莱、新加坡持谨慎欢迎态度；菲律宾、缅甸、越南持保留欢迎态度（张锡镇，2016）。受篇幅所限，本书分别从每一种类型中选出一个代表进行针对性分析：持积极欢迎态度的东盟国家以泰国为例，持谨慎欢迎态度的东盟国家以马来西亚为例，持保留欢迎态度的东盟国家则以越南为例。

一、泰国对“一带一路”倡议的认知与态度

泰国法政大学张锡镇教授基于自身在泰国 6 年的教学生涯与生活经历，就泰国社会对“一带一路”倡议的态度进行了总结。他认为泰国各阶层对“一带一路”倡议的态度及未来可能的走势存在分化。整体来看，中泰关系主流是好的，但近年来随着中泰经贸合作、教育合作、双边投资的不断深化发展，“尤其是越来越多的中国学

生、商人、游客在泰国留学、经商或旅游，泰国民间对中国以及‘一带一路’的看法出现了一些新的转向与趋势，甚者有一种不可忽视的‘负面情绪’在不断蔓延，集中表现在三个层面：一是媒体对中国的负面报道增多，二是知识界对华反感情绪开始显现，三是在民众中波及范围广、影响大”（张锡镇，2016）。

（一）整体持积极欢迎态度

中泰关系源远流长，合作共识远远多于分歧或争议，经济联系日益紧密，人文交流日益增多。合作的逐渐深入推动中泰基于合作共赢的双边关系进一步稳固：中泰政治互信日益加深，经贸关系不断加强，人文交流更加密切。目前，中国是泰国旅游的最大客源国、留学生最大生源国和第三大投资来源国。2013 年以来，中国超越日本，连续多年成为泰国第一大贸易伙伴。

2013 年 10 月，李克强总理访问泰国。对于中泰关系，李克强总理用“中泰一家亲”予以高度评价：“中泰是好邻居、好亲戚、好伙伴。两国始终相互尊重信任，中泰关系走在中国与东盟国家关系前列，发挥了示范和引领作用。”受惠于双方良好的合作基础，泰国政府积极响应“一带一路”倡议。2014 年年底，泰国总理巴育明确表示，泰国欢迎并愿积极参与中方提出的“一带一路”等重大合作倡议，愿以泰中两国建交 40 周年为契机，积极推进铁路、农业、旅游等各领域合作，促进人员往来，增进传统友谊。此后不久，泰国政府推出重要的经济发展战略——批准在宋卡等五个地区设立边境经济特区，以此主动对接“21 世纪海上丝绸之路”。

除了良好的合作基础，泰国政府积极响应“一带一路”倡议的背后反映了政界广泛认同和普遍肯定“一带一路”倡议所蕴含的巨大发展机会，也反映出泰国期望通过“一带一路”倡议走出自身经济的发展困境，推动经济再次腾飞，逐步成为东盟经济中心的发展愿景与基本诉求。泰国央行行长张旭洲表示，“泰国位于东盟地区的核心地带，是东盟的物流、贸易和金融中心，也是东盟与中国之间天然的桥梁。中国需要通过泰国，进入东盟乃至大湄公河次区域，对产品供应链进行重新布局。泰中应抓住‘一带一路’建设的契机，实现双赢”（王天乐 等，2017）。

泰国地方政府也广泛认同和普遍肯定“一带一路”倡议能够带动本地社会经济发展。泰国宋卡府行政机构主席尼蓬·汶耶玛尼认为，“非常高兴宋卡能够成为‘21 世纪海上丝绸之路’的一站，通过加强与中国的合作，我们将成为‘一带一路’的受益者”（俞懿春 等，2018）。总的来看，泰国地方政府的基本诉求是，希望通过积极响应和主动对接“一带一路”倡议，借助中国的雄厚实力，大力吸引中国对外直接投资，既为本地基础设施建设筹集外部资金，又依靠面向中国的“招商引资”促进本地企业集聚与产业集群，形成和释放要素集聚效应，为地方社会经济发展注入新动力。

泰国社会整体也对“一带一路”持积极态度。2015 年 7 月，正值中泰建交 40 周年之际，第四届中泰展览研讨会在华侨大学厦门校区举行。会上，泰国国家研究院秘书长苏提蓬肯定了中泰两国在“一带一路”建设中的利益耦合点，并强调了泰国在“一带一路”倡议推进中的重要战略位置，“东南亚是 21 世纪海上丝绸之路的重要枢纽，而泰国是建设 21 世纪海上丝绸之路的重要一站。中泰两国可以共同努力，把建设 21 世纪海上丝绸之路作为促进彼此发展的契机，进一步推动基础设施互联互通”（海量，2017）。

总之，整体来看，泰国政府以及政界，包括在野党在内，广泛认同和普遍肯定“一带一路”倡议所蕴含的发展机会，相信通过积极参与“一带一路”倡议能够促进泰国社会经济发展，并希望通过与中方基于平等互惠的合作推动泰国社会经济发展，提高泰国对外经贸合作水平，提升泰国在东盟经济地位。

（二）一种“负面情绪”开始不断蔓延

尽管泰国政府对我国的“一带一路”倡议整体持欢迎态度，并显示出积极参与的姿态，但是“一带一路”具体项目的实际推进并非一路坦途，消极因素仍然存在，主要表现在三个方面：一是军政府上台，泰国民主转型暂时失败，长期走势仍不明朗；二是官方态度往往受到民意掣肘，项目的实施与推进较为曲折；三是政府与中国合作时有矛盾心理，其既希望能够与中国合作，又担心经济发展过分依赖中国。

首先，总体而言，泰国政局能否保持稳定，是决定泰国是否能够积极响应和切实推进“一带一路”倡议最关键的因素（王玉主等，2017）。2014 年巴育上将执掌政权以来，暂时缓解了泰国社会阶层分裂造成的社会动荡，维持了社会总体局面的稳定状态。这有利于泰国积极响应与参与“一带一路”倡议。然而，长远来看，军政府同泰国各大政党，尤其是代表新兴资本力量的党派的政治愿景与诉求博弈存在明显分化，集中表现为：军政府视图遏制各大政党，全面重建“国会无大党制衡，挟天子垂帘听政”的军人政治体制；以民主党为首的保守派政党则信奉和坚持在民主普选框架下构建起“两党制衡”的稳定格局；代表新兴资本力量的党派则希望维持“一党独大”，坚持通过大选，继续保持对国家政治的主导（王玉主等，2017）。可以说，暂时的社会稳定并未从根本上消除各派力量基于自身利益、治理认知以及政治愿景的力量博弈，而未能就国家基本政治构架达成共识，将成为影响泰国政局稳定的根本症结与长期隐忧。受此影响，虽然政局交替可能不会影响泰国对“一带一路”倡议积极欢迎的整体态度，但是政局更迭很可能对与“一带一路”相关的中泰重点建设项目带来诸多变数，包括增加谈判成本，拖延项目工期，抬高项目运营成本，甚至取消或废止合作项目。

其次，在具体重大项目的落地过程中，还是会有各种力量的博弈和多种因素的制约，也会存在不同的声音与变数。以中泰高铁项目为例，在英拉政府期间，中泰双方便签署了“优势互补、互惠共赢”的“高铁换大米”协议。然而，2014 年 5 月，泰国发生政变，巴育取代英拉成为泰国总理，组建新的泰国政府，中泰高铁项目也不得不因此暂停。同年 12 月上旬，在双方的共同努力下，中泰铁路项目重返议事日程，双方成功签署《中泰铁路合作谅解备忘录》。2015年以来，双方展开了密集会谈，敲定了中泰铁路的诸多事宜，确定规划路线、总长、设计时速与预留时速等，并确定中泰铁路为泰国首条标准轨铁路，全部使用中国技术、标准和装备。然而，2015年年底，中泰铁路由于谈判细节未达成一致，再次突生变数：泰方由于国内社会的反对声音，拒绝将铁路沿线的开发权赋予中方，中方则由此拒绝将贷款利率由2.5%降至2.0%。受此影响，“泰方决定不再谋求中方资金支持，全部自筹建设资金，并改变铁路规划线路，将原计划近1 000千米的中泰铁路缩短至250千米左右”（江玮，2017）。改变后的规划线路在泰国国内引发了广泛质疑，前总理阿披实致信巴育，认为新方案不具有经济可行性，要求政府对中泰铁路的修改方案进行重新评估。这些因素加上泰国即将到来的泰国大选，再一次增添了中泰铁路的变数。

最后，尽管泰国政府和政界对“一带一路”倡议整体持积极欢迎态度，并已经切实采取广泛措施积极主动融入，然而，与中国合作的矛盾心理与担心也普遍存在，即一方面希望通过与中国合作实现自身经济更上一层楼，另一方面又担心更多中国商人与中国企业介入泰国经济可能会对国内不同产业带来外生冲击，形成中国控制泰国经济命脉的危险局面，导致泰国对中国产生较强的经济依赖性。这种担心与顾虑不足为奇，内生于预期结果的不确定性，但这在一定程度上也反映出“一带一路”倡议可能由于战略性太强、具体性不够，导致泰国政府心存较大的担心与疑虑。或者说，外界对“一带一路”倡议的了解还主要停留在粗线条的整体认知层面，缺乏细节认知和全面解读。同时，同面向个体消费者的普通消费品相比，基础设施的公共产品必然更容易引发公众的关注、担心、误解、质疑，甚至是被用作政治题材进行操作。

从社会层面来看，近年来，泰国媒体对中国的负面报道较多，代表性事件包括“中国铁建贷款条件苛刻”“铁路沿线土地由中方管理”等传闻与负面新闻报道在泰国媒体中病毒式疯传（王玉主，

2017)。在中泰铁路谈判期间，针对泰国要求给予更为优惠的贷款利息，中方提出了获得铁路沿线开发权的要约条件。这一条件在敏感性较强的泰国引发了强烈反应：泰国媒体以“泰国要成为中国的一个省”为题“极力提醒国民”，认为中方要求获得铁路沿线的土地开发权无异于在国内建立新时期的租界，如果答应中方这一条件，就相当于泰国失去了自己的领土，许多泰国人对此非常敏感，亦更加反感。对于这一“严重问题”，该报道最后大声疾呼，“至今，还没有看到政府机构采取任何相关措施对此作出积极应对，难道要等到泰国变成中国的一个省之后方才觉醒?”（张锡镇，2016）受这一负面报道的影响及其背后民意的掣肘，泰国政府不得不在谈判中拒绝了中方要求，并不再寻求中国资金支持，转而进行自主融资。

随着越来越多的中国商人在泰国投资经商，中国企业同当地企业由于市场竞争而多次产生矛盾，有些矛盾在经媒体大肆报道后产生了较为严重的负面影响。例如，中国商人在泰国拜县违法违规经营酒店、中国商人提前一年买断泰国榴梿货源、中国商人在普吉岛承包傀儡公司等。矛盾的激化让普通民众对这些中国商人在泰国反客为主、垄断泰国本土产业感到不满、忧虑与反感。同时，一些中国游客在泰国旅游不够文明的事件经过媒体报道后，泰国民众一片哗然，这在一定程度上滋生或助长了民间的“负面情绪”，也在一定程度上影响了一般民众、基层服务业商会以及一般从业者对“一带一路”前景的看法，甚至已有少数人将中国商人、中国游客的具体事件与“一带一路”联系在一起，这种负面情绪的产生和传播，需要中泰两国政府给予足够的重视（王玉主，2017)。

年轻人的思想往往代表了一个社会的新声音，泰国大学生的思想可能代表了这个社会正在形成和蔓延的思潮。朱拉隆功大学和法政大学是泰国最为著名、实力最为雄厚的两所大学，其在泰国的教学、学术水平与影响力类似于我国的北京大学与清华大学。两所大学每年都会举办一次校级足球比赛。在正式比赛前，两校学生会进行主题游行活动，每一年的游行主题由两校学生共同议定，主要反映当前国内外的重点、热点、敏感政治社会问题。在2016年度的足球比赛前，两校学生抬着他们自制的道具进行主题游行。道具是一条盘踞着的巨龙，龙爪向上张开，在龙爪的中央站着一个小小的泰国人。游行的主题非常明确：泰国的命运被控制在中国的手中，毫无动弹之力，毫无反抗之力（张锡镇，2016）。由此可见，泰国社会对中国的态度非常复杂，他们在同日益强大的中国日益紧密的双边关系中获得的不仅仅是经济利益，还有越来越多的担心，这种担心反映出小国对大国的内生性畏惧和不自信。但无论如何，这是泰国社会对日益紧密的中泰关系的一种真实情感的反映。

二、马来西亚对中国的认知

中国与马来西亚关系源远流长，具有深厚的历史传承与稳固的民间基础。近年来，随着中国经济持续快速发展以及中国—东盟自贸区的建立，尤其是“一带一路”倡议提出以来，双方基于强劲经贸投资关系的全面合作日趋活跃、更为紧密。然而，随着越来越多的中国企业投资马来西亚，部分马来西亚人对中国企业家、中国企业、中国经济以各种方式介入马来西亚开始担心、忧虑甚至反感。

（一）整体对中国及中国在马来西亚投资持积极态度

马来西亚是一个多元种族、多元文化的社会。2016年，马来西亚人口总数为3 166万，其中马来人为1 948万，超过总人口数的六成，华人为664. 8万，约占21%，印度人为199. 2万，约占不到7%。这一基本人口结构对中马关系意义重大，在一定程度上影响了中马关系的过去、现在及未来走势。

1974年5月，马来西亚同中国正式建立外交关系，成为东盟所有成员国中第一个同我国建立外交关系的国家。建交以来，两国关系总体发展顺利，双边关系不断拓展和深化。2004年5月，正值中马建交30周年之际，巴达维总理对中国进行正式访问，访问期间，两国确立战略性合作关系。2013年10月，在两国建交40周年前夕，国家主席习近平对马来西亚进行国事访问，访问期间，两国领导人一致同意将中马战略合作关系提升为全面战略伙伴关系。

受惠于稳定的双边政治关系，中马经贸合作不断深入。2009 年以来，中国连续 8 年成为马来西亚最大贸易伙伴。根据马来西亚统计局的相关数据，2016 年中马双边货物贸易额为 581.1 亿美元，中国是马来西亚的第一大进口来源地，且紧跟新加坡之后，是马来西亚的第二大出口地。自“一带一路”倡议提出以来，中国对马来西亚直接投资快速增长，中国已经成为马来西亚最大的制造业 FDI 来源地。2017 年，马中关丹产业园和中马钦州产业园、东海岸铁路、南部铁路等双方重大合作项目稳步推进，阿里巴巴数字自由贸易区在马来西亚顺利启动。此外，中国也是马来西亚最大旅游客源国之一。

马来西亚民众对来自中国的投资并有没有太大意见与批评。但是，在执政党与在野党的激烈竞争中，近年来，中国投资被夸大为一个政治问题。马哈蒂尔指责中资项目“森林城市”是“外国飞地”，并由此大肆批评时任吉布政府。除此之外，在上届大选中，超过 80%的马来西亚华人支持反对党，令外界认为华人不支持政府，导致执政党甚至整个马来西亚政治圈，对华人的信任有所下降，加上中国企业收购马来西亚主权基金一马发展公司股份，有人借此炒作中资企业会收购更多马来西亚企业。

受此影响，马来西亚社会各阶层对中国投资的疑虑与担心开始显露。在 2016 年 10 月至 11 月，马来西亚独立调查中心——默迪卡民调中心就马来西亚人如何看待中国在马来西亚投资这一问题展开全面调查和客观评估，结果显示，76%的马来西亚华裔、65%的马来人，认为中国投资带来的好处多于坏处。在被问及中国不断增加投资让马来西亚经济受益还是滋生更多国债时，49%的受访者认为是前者。

2017 年年底，马来西亚公布 2017—2018 年度经济报告。报告首次将“一带一路”倡议列入其中，并认为“一带一路”建设整体上有助于集成经济资源、协同经济政策，将为马来西亚带来巨大商机与多重红利，包括帮助马来西亚开辟新市场、扩大本地产品和服务销路及吸引外资、改善物流服务、提高融资效率、在多个行业创造大量工作机会及促进文化交流等。这在很大程度上表明，当前马来西亚政府对中国经济的全面崛起、“一带一路”倡议、中资企业在马投资、日益深化的中马经贸合作及其前景，整体持肯定态度。

此外，槟城州首席部长、民主行动党秘书长林冠英先生对中国经济崛起的肯定态度，也在一定程度反映了不少马来西亚华裔和马来西亚国民对中国的态度。林冠英先生在接受英国媒体采访时表示，中国三年小变、五年大变，很敬佩中国的经济发展。林冠英先生进一步表示，这一伟大经济奇迹的出现需要三方面因素的共同支持：第一是制定出正确的发展政策，第二是人才储备充分并全力以赴，第三是政府高效且有决心去执行正确的政策。

（二）对中国及中国在马来西亚投资有担心和隐忧

马来西亚是一个民主国家，执政党与反对党的斗争此起彼伏，一直存在。由巫统（UMNO）主导的马来西亚执政联盟国民阵线自20世纪90年代成立以来一直连续执政，多年来一直面对各种争议。由民主行动党（DAP）、伊斯兰党以及前副总理安瓦尔领导的人民公正党等政党组成的反对党联盟——人民联盟（简称民联）目前在国会拥有超过1/3的议席，并且在吉兰丹、槟城以及雪兰莪三个州执政。

随着中国对马来西亚投资快速增长，涉及领域越来越多，投资规模越来越大，中国企业与中国投资开始成为反对党联盟对执政联盟的指责对象。2017年1月，土著团结党党魁慕尤丁在接受马来西亚中文媒体联访时指出，纳吉布前往中国招商将导致中国企业抢走马来西亚国民的工作机会。马哈蒂尔对此遥相呼应，指责依斯干达特区的碧桂园“森林城市”为“外国飞地”。反对党联盟的另一个重要党派——民主行动党对中国投资也进行了批评，但态度相对理智。他们认为，“对来自任何国家的FDI，政府都有责任基于国家安全利益与经济利益进行甄别和监管，中国对马来西亚投资也不例外”(张淼，2018)，因此，执政党应该根据马来西亚不同产业的实际发展情况，制定差异化的FDI产业政策，谨慎向中国资本开放市场，而不是大量吸引中国资本自由进入各种项目。

除此之外，部分马来西亚政界人士担心，“一带一路”倡议可能会弱化东盟机制，甚至会取代一些区域性合作机制。一些马来西亚中小企业担心大量中国企业的进入可能会弱化本地企业的市场竞争力，可能对这些本地企业形成比较明显的挤出效应。这些担心、指责与批判在马来人聚居的乡村地区具有极强的煽动性。

值得注意的是，反对党对中国企业与中国投资的指责，绝不仅仅出于政党利益之争或选举考量，这确实也在一定程度上反映了马来西亚对崛起的中国越来越多的介入感到担心，开始质疑，开始反对。

总之，中马关系在整体上一直以来进展较为顺利。当前，面对市场规模庞大、资本实力雄厚、技术水平攀升的中国，马来西亚相信通过与中国的经贸合作，能够推动马来西亚实现发展本国社会经济、迈入发达国家行列的发展目标。显然，推动本国社会经济发展、迈入发达国家行列的宏大愿景在根本上决定了正常时期的马来西亚政府很难拒绝与中国展开互利共赢的经贸合作，决定了当前及未来一段时间内中马关系的基本面。

三、越南对“一带一路”倡议的认知与态度

越南与中国同为社会主义国家。因此，相对于西方国家而言，越南民众对中国有一种本能的亲近感，认为中越是命运相连的共同体，越南应该向中国学习改革发展的优秀经验。但是，由于历史原因，越南一些民众也对中国抱着不信任和戒备的心态。整体来看，对中国的“一带一路”倡议，“越南官方层面经历从怀疑到谨慎欢迎的过程；学者层面欢迎与疑虑并存；商界与普通民众对‘一带一路’不关心或不甚了解，故谈不上支持或反对”（顾强，2016）。

（一）官方：谨慎欢迎

越南于1986年实行革新后，开始学习和借鉴中国的改革开放经验，积极发展对华贸易，承接中国的产业转移，搭乘中国经济发展快车，视中国为其经济发展的借鉴和榜样。然而，由于历史关系以及双方存在领土争议，尤其是美国在2011年挑起南海问题以来，中越政治关系出现波动和反复。受此影响，在“一带一路”倡议提出的初期，越南官方迟迟未就“一带一路”倡议进行任何表态，对中国倡议建设的亚洲基础设施投资银行也并不非常积极，故越南是东盟国家中较晚加入的国家。2014年5月，“981钻井平台事件”发生，越南国内爆发了“5·13暴力事件”，中越关系变得更加紧张，部分具有官方背景的越南媒体甚至质疑“一带一路”倡议的提出是否主要针对南海问题。由此可见，受领海争议及南海问题的影响，在“一带一路”倡议提出的初期，越南比较冷淡，甚至持有不同程度的怀疑与担忧态度。

但自2015年下半年以来，南海局势逐渐趋于缓和，中越关系及其走向亦出现明显改观。与此同时，“一带一路”倡议推动区域经济共同发展的真实愿景逐步被沿线各国所了解，包括新加坡在内的多个国家都视“一带一路”为正面的发展，认为中国的影响力在扩大，“一带一路”是中国与周边国家更多交往的建设性方式，会给相关国家带来许多机会。这也成为沿线国家乃至全球其他国家对中国及“一带一路”倡议的基本判断。受这些因素的共同影响，越南对“一带一路”倡议的态度亦发生了较为明显的转变。

2015年9月18日，越南副总理阮春富参加第12届中国—东盟博览会，并在开幕式上公开表示：“越南欢迎并积极研究参与中国在相互尊重、互利基础上提出的增进区域交流与合作的有关倡议，其中包括‘一带一路’倡议”（王刚 等，2015）。2015年11月5日至6日，习近平总书记访问越南，越共中央总书记阮富仲进一步表示：“越方赞成推动双边贸易可持续增长，推进‘两廊一圈’与‘一带一路’发展合作”（杜尚泽，2015）。2017年11月10日至13日，习近平总书记参加在越南举行的亚太经合组织第二十五次领导人非正式会议，并应邀对越南进行国事访问。双方发表《中越联合声明2017》，此次声明的一个重要内容是：越方欢迎并支持推进“一带一路”倡议，愿同中国落实好已签署的共建“一带一路”和“两廊一圈”合作文件，推进双方政策沟通、设施联通、贸易畅通、资金融通、民心相通，为两国全面战略合作提质升级创造条件。至此，越南官方对“一带一路”倡议的态度有了明显改变，但是从官方表态所使用的“积极研究参与”以及强调“中国在相互尊重、互利基础上提出的增进区域交流与合作的有关倡议”等外交辞令来看，越南的欢迎态度还带着谨慎。

（二）学者：欢迎与疑虑并存

根据顾强（2016）对越南学者的问卷调查，85.7%的受访者认为“一带一路”倡议对南亚经济发展利弊并存，14.3%的受访者认为“一带一路”倡议有益，但益处不大。具体来看，越南社会科学院翰林政治研究所所长朱德勇认为，“一带一路”建设如能取得成功是一件很好的事情，对中国、对亚非国家，乃至对全世界都是好事。但中国对“一带一路”倡议的阐述不够清晰，过于宏观，且“一带一路”倡议的制定主要是基于中国自身的角度而非世界的角度，并未充分考虑他国的感受（顾强，2016）。同时，朱德勇所长还对“一带一路”倡议表达了两个疑虑：一是质疑“一带一路”建设能否取得成功，因为“一带一路”沿线国家存在包括恐怖主义、政局动荡、领土纠纷等诸多问题；二是质疑“一带一路”倡议的背后是否存在军事目的，特别是与中国存在领土纠纷的国家不得不考虑这一问题（顾强，2016）。

无独有偶，越南社会科学院的中国研究专家也认为，“一带一路”倡议以及中国对越投资有利也有弊。有利方面主要体现在：中国投资为越南经济发展带来了相对充足的外部资本；有利于越南经济结构调整，实现工业化和现代化；解决部分就业问题，提高劳动者收入；有助于越南融入亚洲和全球经济等。弊端主要体现在：中国投资集中流向矿产资源等领域，流向农林渔业的投资相对较少，不利于越南相关地区和行业的规划与发展；大部分投资项目以落后工艺居多，缺少先进技术转让，且可能造成环境污染，在缺乏科学有效管理的情况下可能导致严重的环境问题，影响越南的可持续发展；大部分项目为劳动密集型产业，设备技术含量不高，主要是利用越南低廉劳动力成本。

（三）社会：不甚了解“一带一路”，但对中国抱有复杂的态度

除了少数研究中国问题的越南学者外，越南商人和民众对“一带一路”倡议知之甚少，很多普通民众几乎是一无所知。与之相反，相较而言，越南普通民众和商界人士更关注 TPP，对 TPP 的认识与了解也更多，且对 TPP 能够推动越南经济发展持普遍乐观态度，广泛认为 TPP 能够帮助越南扩大出口，带来更多的工作机会（顾强，2016）。

虽然越南社会对“一带一路”倡议了解不多，但历史原因、领土纠纷和其他原因使越南人对中国普遍存在一种矛盾而复杂的态度：一方面，越南人对中国抱有一种戒备甚至是反感的心理；另一方面，随着越来越多的中国企业和中国产品进入越南市场，包括电影电视节目等文化产品，越南人在生活、工作、休闲娱乐等各个方面又摆脱不了中国的存在与影响。总而言之，越南人对中国，就是一个矛盾的综合体。而造成这一现象的原因主要有：历史、对自身发展的焦虑、强邻带来的压力以及区域外大国的影响等。

综上所述，随着“一带一路”建设的深入推进，沿线国家乃至世界大多数国家对“一带一路”倡议形成了一个基本判断：中国的综合国力空前提升，中国的影响力在扩大，“一带一路”是一个新的发展机遇，是中国与周边国家更多交往的建设性方式，会给相关国家带来许多机会。毋庸置疑，这也是包括东盟在内的沿线国家对“一带一路”倡议的代表性观点。然而，值得注意的是，正如马来亚

大学中国研究院张淼先生所言，在当今的马来西亚，中方资本大量涌入的惊喜消散过后，质疑铺天盖地而来。在马来西亚的选举政治中，在反对党的推波助澜下，在中小企业受中方资本强大挤压的窘境与无奈中，对中国投资的质疑，似乎有逐渐成为主流声音的趋势。（张淼，2018）。此外，正如越南社会科学院翰林政治研究所所长朱德勇所言，“一带一路”倡议的制定主要是基于中国自身的角度而非世界的角度，并未充分考虑他国的感受。这个典型声音可能代表了东盟国家对“一带一路”倡议的负面评价。当然，不仅在马来西亚、越南、泰国等东盟国家，甚至几乎大多数沿线国家，或多或少，都对“一带一路”倡议持有质疑、担心甚至是忧虑。虽然这些意见还远远无法掩盖主流观点，但也为我国扎实推进“一带一路”建设提出了新的工作要求，值得我们认真对待。

本篇小结

在未来一段时间，东盟各国的国内政治形势、经济发展前景较好，以新加坡、马来西亚和泰国为代表，这些国家具有全球较好的营商环境。整体来看，东盟国家视中国以及中国提出的“一带一路”区域合作倡议为重要的发展机遇，并试图通过与全球第二大经济体的合作来实现本国社会经济的持续快速发展。发展本国社会经济的理性需要决定了东盟国家不太可能轻易非理性地与中国全面对抗。但双方经贸合作及文化交流亦受到包括历史关系、民族主义情绪、邻海争议等多种因素的影响与制约。更为重要的是，随着越来越多的中国企业到东盟投资，东盟国家对中国企业的质疑也必然增多：一是东盟国家需要的不仅仅是资本，更需要技术转移与就业机会，即“一带一路”倡议的推进需要切实对接东道国的合作需求；二是东盟国家试图提升自身在“一带一路”倡议中的参与度和话语权，即“一带一路”倡议的推进需要切实落实“共商”这一基本原则。

第三篇
投资东盟战略概述

第六章　国家战略：基于中、美、日的比较视角*

中国对东盟投资远小于美国和日本，且集中在房地产，日本则以制造业为主；2011 年以来，美国、日本对东盟投资发生了两个转向：一是全球投资的东盟转向，二是东盟投资的 CLMV 国家转向，东盟在美国、日本海外投资版图中，CLMV 国家在美国、日本东盟投资版图中的战略地位愈发重要。美国、日本跨国企业已在东盟构筑起以美国、日本企业，全球市场为核心需求面，以东盟企业为核心供给面的区域或全球生产网络，中国企业的竞争优势主要体现在工程与基建领域。究其根源，当前的中国还缺乏将中国—东盟经济供需关系内生化的技术水平、产业结构、消费实力、管理能力及强有力的东盟战略意识。为此，应以“一带一路”统领对东盟投资，有意识且有针对性地增强对东盟投资的战略强度；鼓励制造业、零售业等对东盟投资，适度约束中国资本在东盟房地产领域的过度逐利；创新对东盟的投资制度，实现区域经贸制度在形成机制上的内生化和规则内容上的本土化。

经过四十多年的持续快速发展，我国社会经济全面发展，产业结构不断完善，技术水平不断跃升，工业体系空前完善。尤其是 21 世纪初叶以来，企业与社会财富在经过长期稳定的渐进性增长后出现结构性攀升，中国由“制造型中国”在全球范围内向“投资型中国”

---

* 注：本章节的部分内容已在国内期刊发表。

演变。为与之相适应，党中央、国务院审时度势，前瞻性提出“一带一路”倡议，推动中国经济在更大的区域合作空间内引领世界经贸形成合作新格局。

长期以来，东盟是我国最为重要的经贸合作伙伴之一，“一带一路”倡议提出后，东盟则成为我国南向构建“21 世纪海上丝绸之路”的核心区域。然而，近年来，随着我国经济崛起，各种力量反应不一，尤其是美、日凭借自身对东盟庞大的对外直接投资规模及由此形成的强大经济影响力，鼓吹、煽动个别东盟国家与我国发生争端，致使该地区成为我国周边外交最为复杂的区域之一，以此阻碍中国利益在东盟地区的正当扩展。

鉴于此，本书从比较视角综合分析中国—东盟、日本—东盟以及美国—东盟对外直接投资现状，既在比较框架下判断和识别我国面向东盟投资的重点方向，又为我国如何通过经贸合作途径提升对东盟的影响力寻找突破口①。笔者希望通过这一研究能够形成一些基于事实、富有针对性和可行性的政策建议，在一定程度上贡献于“一带一路”倡议在东盟的顺利实施，助推双方形成更为广阔的互惠共赢合作前景，并增强中国与东盟深化区域经济合作的向心力。

一、中、美、日与东盟对外直接投资现状

长期以来，美国与日本因都是东盟最为重要的投资来源国。21 世纪初以来，我国对外直接投资持续快速增长，对东盟的投资规模也随之扩大。根据《世界投资报 2016》的统计，2016 年美国对外直接投资年度流量高达 3 000 亿美元，日本为 1 290 亿美元，中国紧跟日本之后，达到 1 280 亿美元，美国、日本、中国分别成为全球第一大、第二大和第三大 FDI 来源国。然而，三国在对东盟直接投资的整体规模、行业分布以及投资企业对东盟产业的发展作用上还存在较大差异。

① 事实上，一方面，经贸合作以及“一带一路”倡议能够在一定程度上形成和平效应，增强双方政治互信；另一方面，政治互信的增强又能为经贸合作以及“一带一路”建设提供一个良好的外部环境。二者相辅相成。

（一）中、美、日对东盟投资概况

长期以来，日本对东盟年均对外直接投资始终维持在100亿美元左右而成为东盟地区最为重要的FDI来源国。近年来，美国加大了对东盟直接投资的力度，逐步成为东盟地区的第二大FDI来源国。21世纪初以来，中国持续快速增加对外直接投资，也逐步成为东盟地区的一个重要FDI来源国，但同美国和日本对东盟直接投资相比，无论是流量还是存量，均存在较大的差距。

从整体规模来看，如图6-1所示，日本与美国对东盟直接投资要远远高于中国对东盟直接投资。2004—2015年，中国对东盟直接投资每年均明显少于日本对东盟投资，尤其是2013年，日本高出近150亿美元。同美国相比，除了2013年略高于美国，其他年份均少于美国。十二年来，中国向东盟累计直接投资498.7亿美元；美国为1 014.2亿美元，是中国的2倍；日本则高达1 341.8亿美元，是中国的2.7倍。事实上，考虑到中国对外直接投资起步较晚，其快速持续增长主要出现在21世纪初以来，中国对东盟直接投资的历史总存量应该远远少于日本和美国。据统计，仅1985—1989年，日本向东盟地区的直接投资就高达265.13亿美元（王勤，1992）。

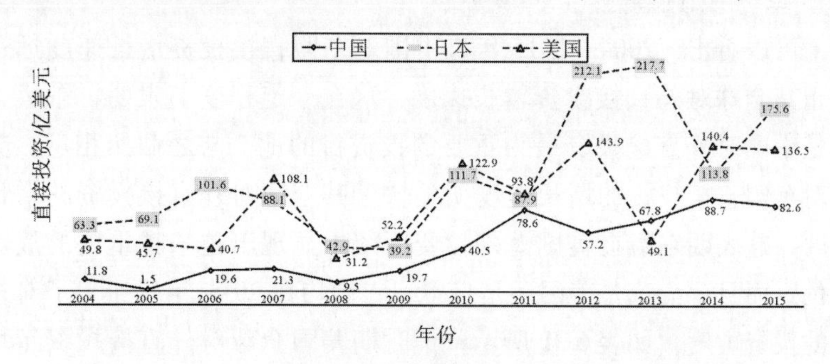

图6-1　中、美、日对东盟直接投资（2004—2015年）①

① 资料来源：笔者根据*ASEAN Statistic Yearbook*（2015）与*ASEAN Statistic Database*整理。

从流向东盟地区对外直接投资占该国海外直接投资的比例来看，如表6-1所示，2004—2015年，中国对东盟直接投资占中国海外直接投资的比例并不高，除2004年之外，其他年份基本上在10%以下，12年总投资占中国海外投资的比例为6.52%。相较而言，日本对东盟直接投资占其海外投资的比例较高，除了2008年和2009年受金融危机影响外，日本对东盟直接投资占其海外直接投资的比例基本都在10%以上，12年总投资占比高达12.56%，这表明东盟在日本海外投资版图中一直都具有非常重要的战略意义。美国的比例相对最低，12年总投资占其海外投资的比例仅为2.95%，但是，其呈现出逐年走高，且越来越高的趋势，这表明东盟在美国海外投资版图中的战略地位越来越重要。

从年均增长速度来看，2004—2015年，中国对东盟直接投资年均增长19.31%，日本年均增长9.87%，美国年均增长9.59%。同期，中国全球对外直接投资年均增长33.08%，日本年均增长13.82%，美国年均增长0.15%。2011—2015年，日本对东盟直接投资年均增速高达18.89%，美国也到达9.84%，中国仅为1.24%。同期，日本全球对外直接投资年均增长仅为4.56%，美国更是低至-6.75%，中国则高达14.33%。

可以看出，2004—2015年，中国对东盟直接投资增长速度远远慢于其全球对外直接投资增长速度，这在一定程度上表明，东盟并不是中国对外直接投资最为重要的投资目的地。与之截然相反，美国对东盟直接投资的增长速度明显快于其全球对外直接投资的增长速度，这表明东盟在美国海外投资版图中显现出越来越重要的战略地位。而且，无论是美国还是日本，它们均在2011年后加大了对东盟的投资力度，如表6-1所示，该时期美国全球对外直接投资年均增速为-6.75%，但对东盟直接投资逆势增长，达到9.84%，超过16个百分点；日本该时期对东盟直接投资年均增速也高出其全球对外直接投资增速的14.33%。这再一次表明，可能是受全球经济版图变迁以及地缘政治利益重新考量的双重影响，美国与日本明显加大了

表 6-1　中、美、日对东盟直接投资占其海外投资的比例及年均增速（2004—2015 年）

年度			2004	2005	2006	2007	2008	2009	2010	2011	2012	2013	2014	2015	总计
中国	占比/%		21.53	1.23	11.10	8.04	1.69	3.48	5.88	10.52	6.51	6.28	7.20	6.47	6.52
	增速/%	东盟	19.31（2004—2015 年）　1.23（2011—2015 年）												
		全球	33.08（2004—2015 年）　14.08（2011—2015 年）												
日本	占比/%		20.14	15.09	20.20	11.96	3.35	5.25	19.85	8.17	17.30	16.03	11.78	13.65	12.56
	增速/%	东盟	9.87（2004—2015 年）　18.89（2011—2015 年）												
		全球	13.82（2004—2005 年）　4.56（2011—2015 年）												
美国	占比/%		1.68	29.75	1.81	2.75	1.01	1.81	4.42	2.36	4.5	1.60	4.44	4.55	2.95
	增速/%	东盟	9.59（2004—2015 年）　9.84（2011—2015 年）												
		全球	0.15（2004—2015 年）　-6.75（2011—2015 年）												

资料来源：根据 ASEAN Statistic Yearbook（2015）与 ASEAN Statistic Database 整理。

对东盟的投资力度。无独有偶，东盟官方的《东盟投资报告（2016）》也认为，21世纪以来，美国向东盟累计投资总额已经超过向中国、日本和韩国三国的投资，东盟已经取代中国、日本和韩国，成为美国在亚洲最具吸引力的直接投资目的地。

值得说明的是，无论是存量还是流量，东盟对中国直接投资均超过中国对东盟直接投资。根据商务部公布的统计数据，截至2014年12月底，中国和东盟累计相互投资1 269.5亿美元，其中东盟国家对中国投资总额917.4亿美元，中国对东盟投资总额352.1亿美元。2014年，东盟国家对中国直接投资流量为63亿美元，中国对东盟直接投资流量为58.5亿美元。

（二）中、美、日与东盟FDI产业结构

根据东盟官网公布的统计数据，2012—2015年，中、美、日三国对东盟直接投资分别为297.42亿、553.96亿和728.66亿美元。显然，中国对东盟直接投资规模远远小于日本与美国。

从表6-2所提供的信息来看，2012—2015年，中、美、日三国对东盟直接投资在产业结构的差异集中体现在：将近一半的中国对东盟直接投资流向了房地产业、金融与保险业，美国对东盟直接投资主要流向了金融与保险业，日本对东盟直接投资则以制造业为主（见图6-2）。尽管这一统计同我国公开发布的数据存在差异，但无论如何，房地产业是中国对东盟直接投资的第一大行业，东盟官网发布的这一统计数据确实令人深思。

表 6-2　中、美、日对东盟直接投资的八大产业（2012—2015 年）

单位：亿美元①

中国		美国		日本	
行业	金额	行业	金额	行业	金额
房地产业	73.97	金融与保险业	278.10	制造业	320.16
金融与保险业	61.28	汽车与摩托车维修业	74.47	金融与保险业	213.77
交通运输/仓储业	28.24	其他	70.26	汽车与摩托车维修业	83.60
制造业	27.98	制造业	32.92	其他	39.84
其他	23.62	未列明行业	27.38	采矿业	15.57
采矿业	22.31	科学研究与技术服务业	26.02	房地产业	15.55
汽车与摩托车维修业	21.28	房地产业	17.87	信息与信息传输业	6.37
电力/燃气/热力供应业	10.32	采矿业	12.61	科学研究与技术服务业	5.31

数据来源：东盟官网（http：//asean.org/resource/statistics）。

具体来看，2012—2015 年，中国流对东盟房地产业的直接投资达到 73.97 亿美元，占该时期中国对东盟直接投资总额的 26.47%。流向房地产业、金融与保险业的直接投资达到 135.25 亿美元，占投资总额的 45.47%，可见将近一半的中国对东盟直接投资流向了房地产业、金融与保险业。《东盟投资报告（2016）》的统计数据进一步显示，2014—2015 年，中国对东盟直接投资的第一大产业均为房地产业，总金额分别为 21 亿美元、18.22 亿美元，分别占当年中国对东盟直接投资总额的 23.68%和 22.06%，所占比例开始呈现下降态势，意味着同其他产业相比，我国房地产业对东盟直接投资的速度有所放缓。

① 注：东盟官网仅仅统计了 2012—2015 年在中、美、日三国对东盟对外直接投资的行业数据。《2015 年度中国对外直接投资统计公报》统计的中国对东盟投资行业数据与本表中的数据存在较大的差异，但考虑到本文更需要了解东盟眼中日本、美国、中国对东盟的投资现状，因而采用东盟统计的数据进行现状梳理与识别。

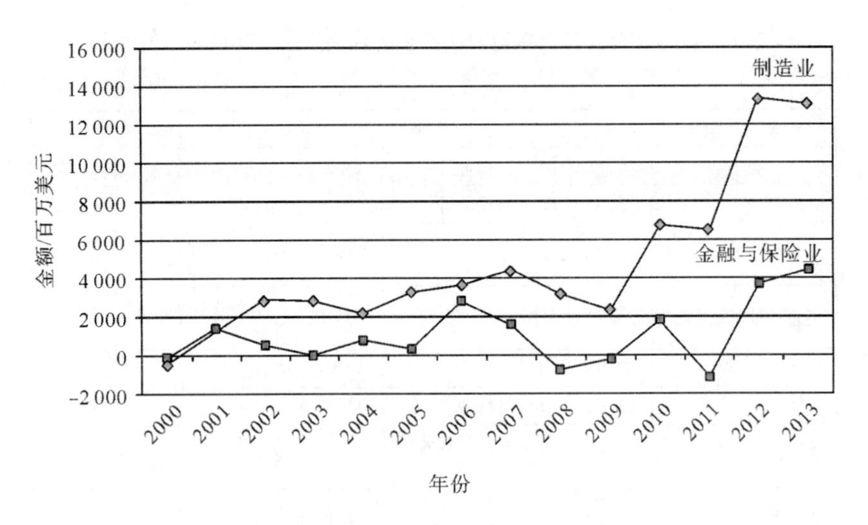

图 6-2　日本对东盟直接投资（2000—2013 年）

资料来源：*ASEAN Investment Report*（2013—2014）。

美国流向东盟金融与保险业的直接投资达到 278.10 亿美元，占该时期美国对东盟直接投资的 50.20%，金融与保险业成为美国向东盟直接投资的第一大产业。显然，这与美国作为全球经济最发达的国家，服务业极为发达，服务业 FDI 规模最为庞大的身份是相一致的。

值得一提的是，美国与日本对东盟科学研究与技术服务业的直接投资规模均较大，美国为 26.02 亿美元，日本也超过 5 亿美元。与之相反，中国在该领域的投资规模较小，实际额度不足 5 000 万美元，排在十大产业之外。此外，除了房地产业、采矿业、交通运输/仓储等少数几个行业外，其他行业的中国对东盟直接投资均明显少于美国和日本对东盟直接投资。

当前，东盟的整体工业化水平不高，劳动力充足，要素成本优势明显：一方面，东盟具备吸引制造业 FDI 的优势与条件；另一方面，东盟也迫切需要通过利用制造业 FDI，不仅为本地创造更多的就业机会，提高整体收入水平，亦可以利用外部资金、先进管理理念与技术提升本地的工业化发展水平，融入全球产业链。从这个意义讲，日本以制造业为主的FDI流入大大强化了东盟对日本的经济依赖性，固化了日本在东盟区域性开放合作格局中的不可替代性。

美国面向东盟的直接投资主要流向金融与保险业，这符合美国作为全球最发达经济体的投资身份。更进一步，在日本主要投资东盟制造业，助力东盟实体经济发展的前提条件下，美国流向东盟金融与保险业的巨额资本能够服务于东盟的实体经济发展。此外，美国也有32.98亿美元流向了制造业，高于中国的27.98亿美元；有74.47亿美元流向了批发零售、汽车与摩托车维修业，高于中国的21.28亿美元；有26.02亿美元流向了东盟的科学研究与技术服务业，对东盟的技术水平与研发能力提升产生积极影响。而且，根据《东盟投资报告（2016）》的全面统计数据，截至2014年年底，美国对东盟直接投资存量为2 260亿美元，其中服务业为1 600亿美元，占72%；制造业为458亿美元，占20%，采矿业为169亿美元，占8%。

作为整体经济发展水平还处于发展中国家行列的中国，其面向东盟的直接投资主要流向了房地产业，不仅相对份额远远高于美国与日本（房地产业FDI占该时期中国对东盟直接投资总额的26.47%，美国为3.20%，日本仅为2.13%），而且即使在中国对东盟直接投资总额远远小于美国与日本的现实条件下，房地产业FDI的绝对值也远远高于美国与日本：中国流向东盟房地产业的直接投资为73.97亿美元，美国为17.87亿美元，日本为15.55亿美元。

总之，从2012—2015年的数据来看，在中国对外直接投资持续快速增长的新背景下，中国给东盟地区带来的外部资金仍然少于美国和日本。而且，日本与美国对东盟地区的对外直接投资更契合东盟国家当前以相对低廉的要素成本优势融入全球产业链，进而实现工业发展与经济腾飞，更能够为东盟地区创造较多就业机会，更能够推动东盟地区基于实业繁荣与技术进步稳步发展经济。

（三）中、美、日与东盟投资国别分布

表6-3是2004—2015年中、美、日三国投资东盟的具体国别分

布。可以看出，日本对东盟直接投资的国别分布相对均衡，而中国和美国，尤其是美国的国别结构非常集中。这可能与中国、美国对东盟直接投资主要流向了房地产业、金融与保险业有关系。

表 6-3　中、美、日对东盟直接投资国别分布（2004—2015 年）

		文莱	柬埔寨	印度尼西亚	老挝	马来	缅甸	菲律宾	新加坡	泰国	越南
中国	金额/亿美元	0.25	26.58	46.08	16.93	6.54	47.70	0.98	289.54	35.48	28.62
	比例	0.05	5.33	9.24	3.39	1.31	9.56	0.19	58.06	7.12	5.73
美国	金额/亿美元	0.99	2.95	59.18	0.13	72.81	1.03	74.43	631.27	96.82	64.53
	比例	0.09	0.29	5.84	0.01	7.18	0.10	7.34	62.25	9.55	6.36
日本	金额/亿美元	5.68	3.05	394.72	1.41	174.95	2.03	35.88	231.82	372.53	124.48
	比例	0.42	0.23	29.41	0.1	13.04	0.15	2.67	17.28	27.76	9.28

资料来源：根据 ASEAN Statistic Yearbook（2015）与 ASEAN Statistic Database 整理。

2004—2015 年，中国对东盟直接投资主要流向了新加坡、印度尼西亚、缅甸、泰国、越南、柬埔寨六个东盟国家。其中，289.54 亿美元的直接投流向了该地区最发达的经济体新加坡，占中国该时期东盟直接投资总额的 58.06%，而且，这一集中趋势呈现出逐渐强化的态势：2010—2015 年，中国向新加坡累计直接投资 247.91 亿美元，占中国该时期对东盟直接投资总额的 61.38%。然而，除了新加坡、文莱和马来西亚外，中国在印度尼西亚、缅甸、泰国、越南和柬埔寨的直接投资相对均匀。

2004—2015 年，美国对东盟直接投资的 80%集中流向了新加坡、泰国和菲律宾。新加坡一国就吸收了 631.27 亿美元，占美国对东盟直接投资总额的 62.25%。可以看出，中国、美国对东盟直接投资有较相似的国别分布，基本都流向了新加坡、泰国、越南和印度尼西亚四个国家。但是二者的区别是，除了这个国家外，中国对柬埔寨、老挝和缅甸三国投资相对较多，美国则对菲律宾和马来西亚投资相对较多。但值得注意的是，近年来，美国企业开始向缅甸、柬埔寨和老挝投资，如惠普公司于 2015 年宣布向柬埔寨、老挝和缅甸扩展；可口可乐公司也在柬埔寨修建了第二座工厂。

与中美相反，日本在该地区的直接投资分布较为均衡，主要流向了印度尼西亚、泰国、马来西亚、新加坡、越南和菲律宾六个国家，尤其是印度尼西亚和泰国，这可能与这两个国家大力发展汽车产业，积极吸引日本汽车制造业的 FDI 有关。与美国类似，日本在文莱、柬埔寨、老挝和缅甸的投资比例也非常小，但近年来，部分日本企业也开始向这些国家的制造业与基础设施等领域扩张，如 2015 年，铃木汽车在缅甸投资新建了在该国的第二家工厂；东芝为缅甸发电站建设供应设备；三井在缅甸建立合资企业，生产与销售化肥；养乐多在缅甸建立工厂生产牛奶饮品等。

（四）投资企业与东盟产业发展

从微观层面来看，企业投资东盟，对当地产业发展起到了较为明显的推动作用。虽然没有具体翔实的数据，但东盟官方发布的东盟投资系列年度报告对此进行了持续的详细分析，我们总体认为跨国企业，尤其是美国、日本、欧洲与韩国的跨国企业投资，逐渐形成了区域产业链和价值链，并使东盟的许多企业融入这些跨国公司的全球价值链中，稳步推动东盟制造业发展。《东盟投资报告（2016）》中也明确表示，受益于各国跨国企业在东盟的巨额直接投资，东盟制造业快速发展，作为全球制造中心的角色正在逐渐形成，且日益明显。

作为东盟最大的 FDI 来源国，日本及日资跨国企业对东盟产业发展的带动作用明显。首先，得益于日本多家汽车巨头在东盟地区的长期持续性投资，泰国正由区域性汽车生产中心向全球生产中心发展，丰田、本田、尼桑、三菱、马自达等日本汽车巨头均在泰国建有工厂。印度尼西亚紧跟泰国，是东盟地区第二大汽车制造中心，丰田、通用等在印度尼西亚都设有工厂。近年来，多家汽车巨头在印度尼西亚建厂或新增投资，尼桑投资 2.5 亿美元，铃木投资 8 亿美元，大发投资2.46亿美元，克莱斯勒投资1亿美元[①]。东盟官方统计数据显示，截至2013年年初，日本汽车企业在东盟有71家工厂，直接雇佣当地员工14.5万人。受这些企业的强势推动，东盟汽车与零部件企业快速集聚，美国Axle & Manufacturing总裁与首席执行官（CEO）预测，东盟将在2018年成为全球第六大汽车市场。其次，以三垦电气、东芝、索尼等为代表的电子产业巨头对东盟的点子产业发展也起到较大的带动作用。2015年，三垦电气在泰国投资6 800万美元新建工厂，生产感应器晶片；东芝在马来西亚建设工厂，生产诊断成像系统设备等。此外，以日本住友为代表的工程类企业也继续在东盟拓展与扩大市场业务，2015年，住友先后在印度尼西亚、越南、缅甸和泰国等地获得电力工程EPC合同，包括项目设计、采购与施工；在越南建立工业园区；在柬埔寨投资建立电力设备工厂等。在零售业领域，永旺集团通过绿地投资和并购等方式已在越南等国开设了多家大型购物超市。

东盟官方认为，日本企业作为东盟最为重要的海外投资者由来已久，发展至今，不仅很多新的日本企业开始到东盟投资，而且很多已在东盟建立海外分支机构的日本企业也开始在东盟成员国之间稳步扩张，尤其是由新加坡、泰国、马来西亚等国家向老挝、柬埔寨、越南和缅甸扩展，以日本企业最为集中的泰国为例，2013—2014年，日本企业在泰国新增投资项目350个，扩张项目884个（中国企业在泰国新增项目68个，扩张项目51个；美国企业在泰国新增项目52个，扩张项目77个）[②]。通过新旧项目两个维度的投资，日本逐年增加在东盟的企业数量，稳步形成了庞大的企业群体，构筑了日本跨国企业在东盟的区域性生产网络体系，对东盟企业集聚、产业提升与经济发展贡献巨大。《东盟投资报告（2013—2014）》的统计数据显示，2012年，日本在东盟共有约5 500家日企分支机构，这些企业创造了超过5 400亿美元的销售额，并为当地带来了大

① 资料来源：《东盟投资报告（2016）》。
② 数据来源：ASEAN Investment Report（2015）。

约 190 万个工作岗位。

美国在东盟拓展业务，由来已久，很多公司甚至在东盟成立前就已进入该区域。目前，1 500 多家美国公司在东盟投资设厂，包括 100 家左右的福布斯 500 强企业。东盟已成为英特尔、希捷、西部数据、德州仪器等电子公司以及陶氏化学、埃克森美孚、杜邦的等化学公司的重要生产基地。耐克、苹果、盖璞等美国公司，通过外包和制造合同继续在东盟强化自身的供应链体系；希捷公司在东盟拥有多家生产工厂，在新加坡投资建有研发 2.2 英寸小型硬盘和混合硬盘的研究中心；国际商业机器公司（IBM）在泰国提供认知计算、人脑思维模拟等专业咨询服务。此外，花旗银行、博莱克·威奇、哈利佰顿等巨头对东盟地区的能源、建筑、基础设施发展贡献巨大。2015 年，博莱克·威奇公司获得越南、印度尼西亚和马来西亚等地的电力设施建设工程总承包（EPC）合同。

东盟官方认为，美国企业投资东盟，以效率寻求型居多，很多企业是资本密集型和知识密集型企业，主要以东盟作为企业区域性或全球市场销售的生产基地，对东盟经济发展做出了巨大贡献：一方面，美国企业投资东盟，引领众多供应商紧紧跟随其到东盟投资建厂，而这些供应商又在东盟本地采购原材料、零部件、配件，以及其他初级产品或半成品，从而将东盟本地小企业纳入区域性或全球供应链，并通过供应链管理，帮助这些企业提升产品质量和技术标准；另一方面，美国企业投资东盟，直接为本土小型企业提供了大量的外包业务，如生产鞋子与服装配件等，从而带动东盟本土企业不仅在数量规模上实现膨胀，而且在技术水平与管理能力上持续攀升。受这两方面的影响，东盟部分国家的部分区域快速实现了企业集聚、产业集群和经济繁荣，很多东盟企业渐渐融入这些美国企业的全球产业链与价值链，自身实力不断提升，稳步推动东盟成为全球重要的生产基地。

近年来，中国企业加大了对东盟的投资力度，除了大量金融与保险业投资集中流入新加坡外，其他投资则以采矿业与轻工业为主，且主要流入 CLMV 国家（柬埔寨、老挝、缅甸与越南四个东盟国家）。东盟官方认为，“中国企业在东盟的运营业务主要有二：一是在中国开发银行和中国进出口银行融资支撑下，部分企业投资东盟资源富集区，寻求自然资源；二是部分企业基于自身竞争优势，尤其是在建筑与基础设施领域的竞争优势，在东盟投资建设一些标志性基础设施工程项目”①。在采矿业领域，2002 年，中国石油天然气股份有限公司与印度尼西亚国家石油公司签署合作谅解备忘录，收购美国戴文能源公司在印尼全部石油资产，拉开了中国石油与印度尼西亚乃至中国资源类企业与东盟国家的合作序幕。近年来，中国资源类企业继续在东盟寻找投资机会，如泛华集团获得印度尼西亚铀质矿山开采权；万宝铜业获得缅甸一个铜矿的开采权；胜利油气管道控股越南采矿企业等。在工程承包领域（注：工程承包单独统计，不计入一国的对外直接投资），涵盖港口、水电站、大坝、铁路、公路、桥梁、城市轨道交通网络、高速铁路、油气管道、工业园区、通信设施等基础设施建设项目，主要涉及缅甸、柬埔寨和老挝三个国家。例如，中钢设备在印度尼西亚建设燃煤电站，中国信托在缅甸获得深水港建设与工业园区建设项目，中国水利水电对外公司在柬埔寨建设水电站，中铁在老挝修建铁路项目，云南省能源投资公司在老挝投资水泥生产项目，云南海程在老挝开发建设工业园建设等。此外，中国企业也在东盟投资涉足了其他行业，如广东恒福糖业集团在柬埔寨投资建立糖厂，山东鲁泰纺织在越南投资建厂，上汽集团与五菱汽车在印度尼西亚建立生产微型商务汽车与多用途汽车工厂等。

东盟官方认为，中国企业在东盟的竞争优势与发展贡献集中体现在基础设施建设领域，并呈现出越来越强的竞争力。《东盟投资报告（2015）》的统计数据显示，中国工程类企业的全球竞争力越来越明显，2014 年，在全球 250 家海外收入最高的工程承包商中，中

① 资料来源：ASEAN Investment Report（2012—2013）。

国企业独占64席。这些企业大多广泛参与东盟的基础设施建设，它们中有的不仅是工程承包商，还是一些项目的投资商和拥有人。尤其是在CLMV国家，中国工程类企业、通信企业已经成为基建项目最大的投资者和承包商，促进这些国家以及东盟完善基础设施建设，对助推当地的经济发展与起飞起到了不可替代的巨大作用①。

表6-4为中、美、日三国的企业在东盟投资的典型案例。

表6-4　中、美、日三国的企业在东盟投资的典型案例

国别	企业	市场地位
中国	中国交建	东盟业务广泛覆盖缅甸、印度尼西亚、马来西亚、缅甸、菲律宾、新加坡和越南等国家
	中国水电	东盟业务广泛覆盖文莱、印度尼西亚、老挝、马来西亚、新加坡、泰国和越南等国家
	上海建工	东盟业务广泛覆盖柬埔寨、印度尼西亚、老挝、马来西亚、菲律宾、新加坡、泰国和越南等国家
	华为	在东盟各国广泛参与通信设施建设
	中兴	在东盟各国广泛参与通信设施建设
美国	美孚	美孚化工新加坡工厂是公司全球最大的综合石化产业群
	西部数据与希捷	西部数据与希捷公司一半的硬盘在泰国生产
	英特尔	全球80%的个人电脑处理器由越南英特尔工厂生产；英特尔（马来西亚）是公司在海外最大的制造测试基地
	通用	通用马来西亚iCenter是通用公司在全球的三个iCenter之一，负责检修27个国家的涡轮机与压缩机
	宝洁	宝洁泰国护发工厂是宝洁公司全球最大的护发产品生产基地；宝洁菲律宾工厂是宝洁公司在亚洲最大的多品类生产基地

① 资料来源：ASEAN Investment Report（2015）。

表6-4(续)

国别	企业	市场地位
日本	住友集团	在东盟国家广泛参与基础设施项目建设，主要涉及电站及设备等
	三井住友	广泛参与东盟基础设施项目，如承建越南最长的跨海大桥等
	尼桑	在印度尼西亚、马来西亚、泰国、菲律宾、越南均建有工厂，近期又获批在缅甸建设汽车组装工厂，产品销往缅甸市场
	铃木	在柬埔寨、印度尼西亚、老挝、马来西亚、菲律宾、泰国和越南均建有工厂，近期在缅甸设厂，开设生产小型卡车及其零部件
	永旺	在柬埔寨、印度尼西亚、马来西亚、缅甸、菲律宾、新加坡、泰国和越南均有市场业务，近期又在柬埔寨投资2.5亿美元开设分店，并计划至2020年在越南投资15亿美元，新开设20家大型购物超市

资料来源：根据ASEAN Investment Report（2013—2014、2015、2016）整理。

当前，在大力发展传统制造业的同时，东盟各国也积极谋求产业升级与高端制造业发展。泰国正努力发展电子、机器人、航天航空与医疗技术等产业。马来西亚正努力从电器与电子元件向高端消费品、光伏电池、ICT产品[①]等升级。新加坡也奋力加速制造业升级，凭借自身良好的基础设施与高素质的人力资源，吸引了包括默沙东（MSD）等在内的全球30多家生物产业巨头，帮助新加坡成为全球活性生物药、生物营养产品的制造基地。毋庸置疑，在东盟产业升级的过程中，东盟将更加依赖美国、日本的高端制造业、科学研究与技术服务等行业，也更为欢迎美国、日本的这些行业的直接投资。尽管微观层面的数据与信息量非常有限，但是管中窥豹，可见一斑。总的来说，来自美国、日本企业的投资更有助于东盟构建21世纪“全球制造中心”，更有助于当前东盟完成制造业升级的阶段性发展任务。

① ICT是一种向客户提供的服务这种服务是IT与CT两种服务的结合，通信、电子信息、互联网、传媒业都将融合在ICT的范围内。

综上所述，投资整体情况、产业结构、国别分布和微观层面的比较分析表明：第一，中国对东盟直接投资的整体规模仍然远远小于美国与日本，且中国对东盟直接投资的流量与存量均小于东盟对中国直接投资；第二，2011 年以来，美国与日本，尤其是美国加大了对东盟直接投资的力度，东盟在美日海外投资版图中的战略地位愈发重要；第三，中国对东盟直接投资的前两大产业分别是房地产业、金融与保险业，而日本则是制造业；第四，中国对东盟直接投资主要流向了新加坡，但日本对东盟直接投资主要在印度尼西亚、泰国、马来西亚、新加坡、越南和菲律宾六国均匀分布，尽管中国在缅甸、柬埔寨、老挝三国占有一定的领先优势，但美、日企业也已经开始向这些国家扩张；第五，当前中国企业的优势集中体现在基建工程领域以及廉价资本方面，对区域间的互联互通具有较大的积极作用，而日本的制造业优势，美国以电子、生物与化学为代表的高端制造业优势可能更加契合东盟当前基于要素成本优势融入区域性的全球产业链的需求，进而实现自身产业发展与经济起飞的愿望。

二、中国对东盟投资落后于美、日的原因剖析

毋庸置疑，一国的外部经济活动是内部经济活动的延伸，一国的经济影响力是内生于本国经济发展水平与实力之中的。同美国、日本相比，中国对东盟的直接投资整体规模偏小，且制造业投资比例不高，其本质上反映了中国经济仍然缺乏站在一个发展高点、技术高点和产业高点对东盟生产要素进行全面或深度整合利用，对中国—东盟经济供需关系内生化，进而较大幅度推动东盟经济快速发展的能力。

（一）尚缺乏内生化中国—东盟经济供需关系的明显技术优势

从经济发展现状来看，中国是全球第二大经济体，是名副其实的经济大国，但经济规模毕竟是人口的一个简单函数，剔除这一因

素后，中国人均收入水平在全球排名仍然不高，企业在整体层面所表现出的全球竞争力、全球要素整合能力和全球影响力并不强，因而中国并不是真正意义上的经济强国。同美国、日本相比，当前的中国缺乏在东亚范围内重构区域性产业链的技术优势、经济实力和企业能力，还无法对东盟国家形成以效率寻求型 FDI 为核心的对外直接投资，亦无法主导形成一个以中国企业、中国品牌和中国市场为核心需求面，以东盟为核心供给面的区域性分工体系。总之，当前的中国缺乏重构区域性产业链条的技术优势，缺乏将中国—东盟经济供需关系内生化的技术能力与消费结构，这在一定程度上将致使东盟国家对中国缺乏一种真诚的认同和坚定的追随。

（二）尚缺乏重构区域性产业链的企业竞争能力

经过四十多年持续快速发展，我国社会经济全面发展，工业体系与供给能力空前强大，居民人均可支配收入逐年走高，社会财富快速聚集，这些引领"生产型中国""投资型中国"向"消费型中国"华丽转身，中国在全球范围内展现出极强的国家竞争优势。然而，在企业微观层面，尽管社会经济发展逐步培育形成了一批以华为、中车集团等为代表，在世界范围内具有领先技术优势和全球竞争力的中国跨国企业。但是，中国企业在整体层面所具有的全球影响力与竞争力要弱于中国经济在整体层面所表现出的全球影响力与竞争力（宋泽楠，2014）。很多中国跨国企业，尤其是部分中国国有企业的对外直接投资并不仅仅是基于优势利用的自然扩张和基于企业利益的内驱行为，也是对"走出去"战略以及"一带一路"倡议的微观响应，要么是强大国家特定优势支撑下的全球资源整合，要么是相对资本优势支撑下的行业领先技术获取，要么是"抱团式"走出去支撑下的海外市场开拓。正因为如此，中国企业的海外投资大多采用了并购的形式，以资源寻求型 FDI、技术寻求型 FDI 和市场开拓型 FDI 为主，效率寻求型 FDI 则较少，整体层面的技术优势、国际运营管理能力及全球竞争力同美、日跨国企业相比还存在一定的差距。

（三）尚不是东盟产品终端意义上的最大消费市场

从当前的贸易网络来看，中国是全球生产制造中心，其作为全球产业链供给者的角色可谓坚不可摧。与此同时，中国作为全球需求者的角色也开始显现。因此，一方面，中国还联系着中间品和零部件的供应地——亚洲四小龙和日本，并和这些经济体长期保持着贸易逆差；另一方面，中国联系着欧美等发达国家市场，并和这些国家和地区保持着巨额的贸易顺差。中国既是亚洲工厂，也是世界工厂，通过以自身为核心供给者的全球生产网络，从2003年以来，将很多资源丰富的国家纳入国际生产和消费体系中（宋泓，2014）。所以，中国仅是庞大全球生产链的最后一环，负责把来自全球各地的零部件组装成最终产品（汪建新，2013），其作为全球需求者的角色在很大程度上衍生于全球供给者的角色，即中国的进口主要服务于中国的出口。

就与东盟的具体贸易关系而言，中国对新加坡等经济较发达东盟国家的直接进口是东亚生产网络的一部分，以零部件与中间品为主，中国对其他东盟国家的原材料或制成品进口则在很大程度上服务于中国对欧美市场的出口。东盟流向中国的产品很大一部分实际上最终流向了欧美市场，中国作为东盟第一大出口市场的贸易关系是表面化的、中介性的和过渡性的，具有明显的脆弱性和极强的可替代性。在中国劳动力成本逐渐走高和更高等级生产要素优势尚未形成的空档期，这种表面的贸易关系很容易被美国的再工业化战略，崛起的南非、巴西和印度，甚至东盟自身所瓦解。

三、“一带一路”背景下我国面向东盟的投资战略

基于以上对中、美、日三国投资东盟的比较分析，结合“一带一路”的大背景，中国应强化对东盟投资，提升东盟在中国海外投资版图中的战略地位，应以“一带一路”倡议统领、规划新时期对东盟投资，强化制造业、零售业等面向东盟的效率寻求型与市场开拓型投资，继续强化与东盟在基础设施方面的投资合作，并加大资

源利用型投资力度，即通过投资利用东盟优质供给资源，如优质农产品等，既能满足国内消费升级产生的新需求，又能提升中国作为东盟产品终端消费市场的重要性。

（一）以“一带一路”倡议统领新时期对东盟投资

一直以来，东盟都是我国区域经济合作的一个重要伙伴。2013年以来，随着“一带一路”倡议的提出，东盟更是成为我国南向构建“21世纪海上丝绸之路”的核心区域。上文分析表明，2011年以来，美国和日本对东盟直接投资的年均增速远远快于它们对其他地区的投资增速，东盟在美日海外投资版图中的战略地位愈发重要。这可能与美国“重返亚洲”及“亚洲再平衡”战略直接相关，但其本质上更多地表现为美国和日本欲以强化对东盟投资为手段，对冲中国的区域利益扩张和区域影响力提升，阻碍中国和平崛起。

出于以上两个方面的考量，中国应该提升东盟在中国海外投资版图中的战略地位，将面向东盟的投资战略与南向构建“21世纪海上丝绸之路”相统一，将“一带一路”建设，尤其是“21世纪海上丝绸之路”建设与东盟整体及东盟各成员国的产业现状、发展愿景、中远期发展规划相对接。在此基础上，中国应加快编制面向东盟和服务“21世纪海上丝绸之路”建设的投资产业目录，以产业目录为蓝本，有针对性地制定面向东盟的差异化对外直接投资政策。总之，在美国和日本加大对东盟投资力度以及我国推进“21世纪海上丝绸之路”建设的双重背景下，中国应该有意识且有针对性地加大对东盟投资的力度。

（二）强化制造业对东盟的市场开拓型与效率寻求型投资

当前，尽管中国企业在整体层面所表现出的技术优势、国际化运营能力与全球竞争力同美、日传统跨国企业相比仍然存在一定的差距。但是，中国毕竟已经形成了一批世界级规模的工业企业，它们的技术较为成熟，资本实力相对雄厚，生产供给能力已大大超出了国内市场的需求状况，如家电产业、汽车产业、电子产品、服装等行业。中国政府可以引导和鼓励这些企业战略性构建面向整个东亚市场的区域性生产网络体系，以直接投资的方式投资东亚市场，既能形成较低成本的生产制造中心，亦能逐渐开拓当地市场，逐步培育和形成区域性国际知名品牌。与此同时，这些企业也为当地带来外部资金和就业机会，培育不同类型的中间品供应商，帮助当地形成以上下游供需关系为纽带的产业集聚，从而逐渐强化当地企业、当地经济、当地社区同中国企业的多维度前后关联。这样的经济依赖关系通过一批中国企业在多地形成，逐渐发散，必将在根本上改变中国同东盟国家的经贸关系。

具有深远意义的是，中国制造业加大在东盟地区的效率寻求型、市场开拓型对外直接投资力度，必然形成中国跨国企业与美、日跨国企业在东盟各国市场同台竞争的市场主体格局。在激烈的市场竞争中，尽管中国跨国企业不可能很快赢得彻底胜利，但将以分割市场份额的方式逐渐减小美、日跨国公司在东盟国家的市场占有率，逐步弱化美国和日本等国对东盟国家的经贸影响力，并逐渐增加东盟国家退出中国—东盟经贸合作框架的成本。

（三）针对性优化中国对东盟投资的国别与产业结构

目前，中国建筑工程企业已在多年的发展积淀中培育形成了全球性竞争优势，在“一带一路”建设、互联互通先行的大背景下，中国企业应充分利用建筑工程业的竞争优势，加快推进同相关国家的项目谈判，切实落实一批港口、机场高速公路、快速或高速铁路与水利电力基建项目。事实上，近年来，东盟非常注重基础设施建设和区域内外的互联互通，如印度尼西亚岛屿众多，交通物流成本高昂，因此印度尼西亚（以下简称“印尼”）急需强化海洋基础设施建设与海洋连通性。联合国贸易和发展会议（UNCTAD）预计，2015 至 2025 年，东盟每年投放于基础设施建设的投资将高达 1 100 亿美元，其中包括交通（道路、铁路、海港港口与机场）、电力、电信以及饮用水与环境卫生。为此，中国企业应进一步加强在东盟基础设施领域的投资，尤其是利用中国与东盟国家毗邻的天然优势，推动边境合作的基础设施建设。

与此同时，针对日本在东盟投资国别分布较为均匀的现状，中国政府应积极制定相关政策，通过政策引导中国企业对外投资的逐步调节与优化。在投资国别分布上，中国企业应继续保持在缅甸、老挝与柬埔寨的投资领先地位，有意识地防范美国和日本对这些国家的战略转移与资本渗透。在此基础上，中国企业应逐步弥补在菲律宾、马来西亚以及在制造业领域的投资不足。更为重要的是，中国政府应通过制定对东盟投资的差异化产业政策，适度收紧面向东盟房地产业的对外直接投资。

（四）逐渐从东亚区域内外经济枢纽向地区内部经济命脉转换

自南海争端发生以来，菲律宾、越南等国之所以能够很快成为美国“重返亚洲”战略的首要选择，其根本原因在于：一是美国是东亚区域性公共产品的主要供给者；二是美国在东亚地区拥有高达24%份额的最终产品消费市场，可以通过最终产品消费市场优势，在一定程度上对东亚生产分工网络形成控制力。

鉴于此，中国需要结合国内的供给侧结构性改革，加快利用中国资本整合东盟以农产品、海产品、水产品为核心的优质生产性、生活性供给资源，如泰国与越南的橡胶，泰国的大米，柬埔寨的名贵木材、玉石，马来西亚的棕榈油、橡胶，越南的大米、腰果、红鱼等优质资源，一方面既满足国内消费升级所产生的新需求；另一方面也提升中国对东盟产品的消费量。中国通过更多吸收东亚资源的最终消费品生产能力来帮助提升整个地区的内需水平，使东亚各国逐渐发展为对内相互依赖、对外各自独立的生产链，从而使中国最终实现从东亚区域内外经济枢纽向地区内部经济命脉的角色转换。同时，中国零售企业也应大力布局东盟市场，既要搭建中国日用商品进入东盟市场的日常化平台，又要在东盟构建高效供应体系，将东盟优质产品引入中国市场。

（五）加快实现双边经贸制度形成机制的内生化及规则内容的本土化

随着国际贸易模式由最终消费品的跨国流动向对外直接投资驱动下的知识、人员、中间品和资本在全球生产网络中的跨国流动转变，新的国际贸易规则必然由传统的边境关税规则向边境内规则扩展，由贸易领域更多地向各国传统的国内政策管辖的领域延伸（东艳，2014）。为顺应这一趋势，美国提出TPP建设议案，积极构建面向21世纪的高标准国际贸易规则。据分析，越南很可能成为TPP的最大受益国[①]。

从这个意义上讲，以中国为单一主导的东亚经济秩序能否形成，东亚各国能否在未来形成具有自我深化和扩展能力的相互依赖和紧密合作状态，关键取决于东亚经济的管控规则能否实现制度形成机制的内生化以及规则内容的本土化。为了实现这一目标，中国需要首先积极努力寻求泛亚洲认同，推动东盟各国进一步追求更大区域经济一体化的原动力，引导各国切实走向经济繁荣，逐步淡化对政治强权与战乱的历史回溯，并由此将引领亚洲未来发展的力量死死地焊固在经贸合作上，而非历史与民族主义甚至意识形态之上。

同时，客观分析要素跨境流动、知识产权保护、电子商务、劳工制度、国企竞争中立等新旧发展议题，结合东盟各国和中国的实际经济发展状况，以国别发展规划、亚洲货币稳定体系、投融资合作体系、信用体系与经济管控制度对接等为核心内容，积极推动中国—东盟命运共同体建设，以中国资本驱动高标准中越跨境经济合作区（区内实现生产要素自由流动）建设为突破口，逐步构建起一个能够平衡不同主体利益诉求、推动各方共同发展、具有普遍代表性和广泛约束力的高标准、区域性、本土化贸易制度框架，并逐步

① 注：尽管美国前总统特朗普上任后快速退出了TPP谈判，但政策是否具有持续性还有待观察。而且，更为重要的是，随着全球经贸投资合作的深入，各国确实也需要重新调整和构建面向21世纪的全球经贸投资规则。

引导这一制度框架向自生自发演变，实现贸易投资制度在形成机制上的内生化。

综上所述，长期以来，美国和日本是全球最为发达的两个经济体，对东盟投资规模自然远远大于中国。随着中国经济的快速全面崛起，美国提出了“亚洲再平衡”与“重返亚洲”战略，日本亦千方百计为中国的和平崛起设置重重障碍。表现在东盟经贸合作领域，2011 年以来，美国和日本均纷纷提升了对东盟投资的战略强度，尤其是日本，加大了对制造业领域的投资力度，并在东盟形成区域性生产链的基础上开始向柬埔寨、老挝和缅甸等 CLMV 国家拓展。受此影响，日本成功取代中国，成为东盟国家民众心中“最重要的伙伴”①。在此背景下，中国应以“一带一路”倡议统筹对东盟投资的战略规划，有意识且有针对性地提升东盟在我国海外投资版图中的战略地位，稳步加大制造业、零售业等对东盟的效率寻求型与市场开拓型投资力度，并逐步优化中国对东盟直接投资的产业结构与国别分布。当然，中国能否加快对东盟的制造业投资，能否不断完善对东盟的投资结构，能否同东盟展开更为宽泛的产能合作，在根源上取决于内生于中国社会经济发展水平的比较优势体系能否沿着更高等级生产要素的方向在短期内实现质的突破，并同东盟整体层面实现结构性互补，即中国能否在短期内通过自身的技术创新、产业升级与结构调整，形成将东南亚经济供需关系内生化的技术水平、产业结构与消费能力。所以，解决外部发展问题与解决内部发展问题在路径选择上是一致的，符合国际政治经济问题的一个根本逻辑：外部问题仅仅是内部问题的延伸。

---

① 2014 年 3 月，日本外务省委托中国香港调查公司益普索在东盟 7 个国家中展开问卷调查，对于“现在的重要伙伴”（可多选），答案为日本的高达 65%，其次是中国（48%），美国紧跟中国之后（47%）；对于“将来的重要伙伴”，日本仍然排第一（60%），中国排第二（43%），美国排第三（40%）。在 2008 年进行的调查中，中国排第一。

第七章　省域战略的实证分析：基于各省对外直接投资*

基于2003—2009年各省份对外直接投资的实际流量建立三个面板模型，对中国OFDI的区域异质性进行分析，结果发现：其一，市场化进程较快的地区，其对外直接投资的规模也越大；其二，具有对外经济合作区位优势能够显著促进对外直接投资的发展；其三，出口和对外直接投资还未呈现出非常显著的内生演进关系。鉴于此，各省份在推进对外直接投资的过程中，包括对东盟投资，各级政府需要继续推进市场化进程，增强对外直接投资的内生发展能力；企业需要基于自身的资源结构、战略目标和微观利益做出正确的国际化行为抉择，避免盲从地“走出去”；边境各省份，尤其是比邻东盟国家的云南和广西壮族自治区，需要利用自身地缘优势积极推动区域经济一体化，既要通过积极“走出去”推动自身的开放发展，又要服务“周边外交”战略，为我国的和平崛起奠定最为坚实的区域稳定基础。

张维迎先生曾在《市场的逻辑》一书中论及，从我国的31个省级区域经济体来看，部分省份无论是在经济规模上，还是在人口数量上，都远远超出了全球部分国家，以2008年的GDP总量为例，经济规模最大的广东省可以排在世界的第18位，超过波兰、印度尼西亚等国。从人口数量来看，常住人口最多的广东省超过了菲律宾、越南以及德国（张维迎，2012）。因此，基于省级区域经济体间的国

---

* 注：本章节的部分内容已在国内核心期刊发表。

内贸易具备创造一个世界级市场的发展潜力。这一基于客观事实的基本判断在反映国内市场巨大潜力的同时，也折射出中国经济系统本身的复杂性。

从这个角度来看，各省份对外直接投资（OFDI）的差异源于它们在经济发展水平、市场化程度和区位条件方面的广泛异质性。然而，笔者梳理中国对外直接投资的现有文献可以发现，中国对外直接投资的研究主要遵循和沿袭 OLI 范式，大致形成了以下三方面的文献：其一，立足中国对外直接投资的实际区位分布，通过分析中国对外直接投资的区位分布来识别对外直接投资的动机；其二，立足中国社会经济发展水平和企业实力来识别企业国际化运营的优势体系；其三，立足集成产品开发（IPD）理论分析中国对外直接投资所处的发展阶段以及从国家整体层面，分析影响中国对外直接投资发展的国内因素。

由此看来，关于中国对外直接投资的现有研究在研究视角的选取和研究内容的覆盖上，并未呈现出均衡发展和全面推进的平衡态势：一是现有研究过分关注并长期停留在中国对外直接投资的区位决定因素分析和投资动机识别，而对中国对外直接投资的母国影响机制缺乏应有的细致分析与本土化解释；二是为数不多的母国影响因素研究主要停留在国家层面的因素分析上，很少从省级区域经济体这一维度来更为细致地分析中国对外直接投资的区域异质性。鉴于此，本书试图利用省级区域经济体所提供的研究样本和有效信息，分析中国对外直接投资的区域异质性，以期在现有文献的基础上拼接形成一个较为完整和本土化的解释图谱。

一、假设推演

自 2002 年以来，商务部、国家统计局和国家外汇管理局每个年度均会联合发布中国对外直接投资统计公报，在统计各省份对外直接投资时，该公报将中央企业的对外直接投资单独列出，而没有将其计入企业总部所在的省份。中央企业是中国对外直接投资的主导力量。截至2011年年末，中央企业的对外直接投资存量占中国对外直接投资总存量的76.2%。因此，剔除中央企业的各省份对外直接投资数据能够较为准确地反映省级区域经济体对外直接投资的真实水平，尤其是基于市场自发秩序的民营企业的对外直接投资状况。此外，中国有的辽阔疆域，在东西南北方同多个国家和地区接壤，具有开展区域性对外经济合作的丰富地缘潜质。基于这两方面的考虑，本书的理论分析与假设推演主要围绕各省的市场化进程、对外经济合作的区位条件和对外贸易规模三方面展开。

（一）市场化进程

市场化是市场机制在经济体制对资源配置发挥的作用持续增大，经济对市场机制的依赖程度不断加深，市场机制从产生、发展到成熟的演变过程（陈宗胜，1999）。自改革开放，尤其是1992年中央明确提出建设社会主义市场经济的目标以来，中国的市场化取得了非常显著的成就，中国走上了发展社会主义市场经济的轨道。然而由于各地在经济发展与法治化发展上并不平衡，市场化进程存在明显差异，显著影响区域经济发展（徐虹，2012）。就对外直接投资而言，市场化进程所产生的直接作用主要体现在以下两方面：

首先，从一般意义上而言，企业创新和进步的力量，来自市场中各类产业间的激烈竞争。本地企业的活跃竞争还会对其他关键要素形成正面的效应，从而使它们逐渐磨炼出对外界市场的渗透力（波特，2012）。

市场化程度的差异主要表现为企业运营外部游戏规则的差异，即市场竞争法则能够在多大程度上真正发挥企业筛选机制的作用（Peng，2002）。市场化程度较高的区域，企业往往不得不以市场为导向进行资源配置和能力累积，始终将如何积累竞争性资源和提高核心竞争力作为战略决策的核心（Tan et al.，2010）。企业生存与成长的基本方式是在相对自由的市场环境中以公平的方式参与并赢得竞争（Peng et al.，2008）。这显然有助于企业不断累积和培育以先进技术和管理理念为内核的企业特定优势。与此相反，在市场化进程缓慢的区域，以市场为基础的资源配置方式和以市场为主导的企业竞争手段并不是企业得以生存的根本途径，社会经济发展还提供了某些获取资源和培育能力的特殊途径（阎大颖 等，2009），不少企业也会有选择性地培育一些非市场化的资源与能力，从而导致企业创新能力不足、运营效率不高、整体竞争实力薄弱。

其次，就处于转型期经济体中的企业而言，市场化进程的加快不仅能够通过改变企业外部运营环境的方式提升企业的内生创新能力，而且能够显著提升企业的学习能力，提高外生技术外溢的效率。

对我国各地的企业而言，企业在以对外直接投资（OFDI）的形式主动实现国际化之前，往往会经历一个被动的国际化过程，即由于外商直接投资（FDI）的大量流入和大批外资企业在境内投资设厂，国内企业不得不参与国内环境下的“全球竞争”。对国内企业而言，这一过程提供了获取技术外溢的绝佳机会。然而，FDI 的技术溢出是有条件的，其中一个重要前提是东道国须具备基本的市场制度（申朴 等，2012）。既有研究表明，市场化程度较低，经济制度不完善对 FDI 技术溢出存在严重钳制（蒋殿春 等，2008），而市场化进程的逐步推进和国内市场经济制度的不断完善能够有效地提升 FDI 技术溢出的效率。由此可见，市场化程度较高的地区，FDI 技术溢出的效应也就越显著，当地企业借助外生知识进行技术创新的效应也就越显著，从而也就更能提升企业的整体竞争能力。

以上分析形成了本章的第一个假设：

假设 1：省级区域经济体的市场化程度越高，则该省的对外直接投资规模也越大。

（二）对外经济合作的区位条件

空间经济学认为，宏观经济活动的空间模式是微观层次上的市场接近效应和市场拥挤效应共同作用的结果。微观经济主体追逐市场接近性优势的自发行为促进了经济活动的产生和生产行为的聚集

（安虎森 等，2006）。较短的空间距离能够降低交易成本，是接近性优势的主要内容之一。因此，较短的空间距离所形成的地缘优势实质上就是一种接近性优势，能够对经济活动的产生和生产行为的聚集产生非常显著的推动作用。

中国有辽阔的疆域，毗邻多个国家，沿边沿海省级区域经济体较多，具备开展区域经济合作的天然优势。目前，较为成熟的区域经济合作主要有海峡两岸暨香港、澳门四地组成的大中国经济区、亚太经济圈和中国—东盟自由贸易区，较为成熟的次区域经济合作主要有三个：一是西南地区的澜沧江—湄公河流域次区域经济合作，二是上海合作组织，三是东北地区的图们江地区开发合作（于立新等，2003）。这些区域经济合作较为显著地推动了区域经济发展，形成了大规模的区域内贸易与投资。

随着区域经济合作在程度上的不断加深，区域内贸易与投资的规模不断扩大，那些毗邻周边国家或香港、澳门和台湾地区的沿边沿海省级区域经济体在开展对外区域经济合作上具有越来越明显的优势。以云南和广西为例，它们毗邻多个东盟国家，同越南、泰国等国山水相连，是自贸区的地理中心和核心区域。而且，由于地理区位相近，它们同东盟国家构建的传承文化的自然、社会内驱动力并不存在明显差异，因此彼此的文化距离也相对较近。较近的地理距离和文化距离形成叠加效应，使得云桂两地的企业在投资东盟各国时具备地缘优势，这对处于国际化初始阶段的企业具有尤为重要的意义。

以上分析形成了本章的第二个假设：

假设 2：具有对外经济合作的地缘优势能够显著扩大该省级区域经济体的对外直接投资规模。

（三）对外贸易规模

企业国际化阶段理论认为企业国际化是一个循序渐进、逐步深入的发展过程，包括投资方式和投资距离两个维度的循序渐进。在投资距离上，企业往往遵循由近及远的渐进原则；在投资方式的选择上，往往也会遵循资源投入强度和控制力度的由弱到强，即经历由间接出口到委托海外独家代理再到直接出口，最后到直接投资的演进过程。所以，对外出口和对外直接投资分属于企业国际化的不同阶段，二者存在内在的时序关联，作为国际化的起点，其对更高级别的国际化方式必然会产生促进作用。

从产品生命周期理论来看，对外出口和对外直接投资也存在内在的时序关联和内生的逻辑关联。该理论将企业的产品生命周期分为创新、成熟和标准化三个阶段。在产品创新阶段，由于企业垄断着新产品的生产技术，企业倾向于在国内生产，然后以对外贸易的方式将新产品出口到境外市场；在产品成熟阶段，由于技术的扩散和竞争者的加入，成本因素变得重要，对外直接投资比产品出口更为有利，因此企业倾向于到境外寻求类型相似的地区投资设厂；在产品标准化阶段，技术因素已经退居次要地位，竞争的基础变成了价格，因而企业开始以对外直接投资的方式将生产转向低收入、低成本国家，并通过贸易将产品返销到母国或其他境外市场。

从社会关系网络理论来看，国际产业市场是企业间相互联系的关系网络，企业国际化就是一国企业与其他国家的企业发展企业网络关系的过程（约翰森 等，1990）。这一网络关系涉及企业与供应商、企业与顾客、企业与政府以及企业与企业内外部利益相关者等多种关联。通过这些网络关系，企业不仅易于获取国际化的信息、资源、经验知识、学习与机会，而且能降低国际化的风险与成本。应该说，一个企业对外贸易的规模越大，则其通过供应商或客户融入全球生产体系的机会也越多，积累的境外企业网络关系也越多，同境外企业的合作与联系程度也越高，从而企业也就更容易实现国际化。

以上分析形成了本章的第三个假设：

假设 3：省级区域经济体对外贸易规模越大，其对外直接投资的规模也越大。

二、样本、变量与实证模型

（一）样本说明

本书选用中华人民共和国的省级区域经济体作为研究的总体样本。省级区域经济体的划分以中央人民政府直接管辖的最高一级地方行政区域为依据。全国共有 34 个省级行政区域。考虑到西藏的对外直接投资规模非常小并且数据缺失较为严重，香港、澳门、台湾同我国其他省份存在明显的发展差异，本书剔除了这 4 个省级区域经济体，并将新疆建设兵团的对外直接投资合并至新疆。由于目前能够查询到的各省对外直接投资的最早数据是 2003 年，本书的研究时间始于 2003 年，止于 2009 年，共计 7 年，因此形成一个包括 30 个截面个体和 7 个年份的短面板，在删除缺失值后共获得 201 个有效观测值（由于市场化指数的编制方法在 2010 年前后进行了调整，最新的市场化指数报告同此前的数据存在显著差异，因此本书只能选择 2003—2009 年，而不是 2003—2016 年的数据进行实证分析。为了弥补这一缺陷，笔者选择自身所在的广西壮族自治区，有针对性地分析了“一带一路”背景下广西与新加坡、越南、马来西亚、柬埔寨以及文莱的分国别投资情况）。尽管样本量较小，但其基本涵盖了中国大约 90%的省级区域经济体，而且考虑到中国较大规模的对外直接投资主要出现在 21 世纪初叶，所以样本基本上全面代表和真实反映了目前中国省级区域经济体对外直接投资的真实情况。

（二）变量选择

（1）市场化进程。市场化进程的测度选用樊纲、王小鲁等构建的中国市场化指数。从指标体系设计和指数合成方法上看，该指标体系是目前国内同类研究中最完善的（康继军 等，2009）。

（2）对外经济合作的区位条件。对外经济合作的区位条件主要指两个方面：一是指毗邻其他国家或地区（包括我国的经济发展较早的港澳台地区）的省级区域经济体在开展对外经济活动中由于同投资目的地间的地理距离和文化距离均较近所具备的天然优势；二是指沿海地区的省级区域经济体在开展对外经济活动中所具有的优势。前者包括新疆、云南、广西、内蒙古、黑龙江、广东、福建和浙江，后者包括上海、江苏、山东和天津。该变量为虚拟变量，所有毗邻他国或沿海的省级区域经济体取值为1，其他省份取值为0。

（3）对外贸易规模。对外贸易规模的测度直接选用对外贸易进出口总额，单位为亿美元。

此外，本书将经济发展水平作为关键控制变量，并选用国内生产总值而非一般性的人均国民收入作为测度值，其原因如下：改革开放以来，我国宏观经济的发展方式主要是依靠增加生产要素投入来扩大生产规模和实现经济增长，加之我国人口众多，省份间的劳动力流动量又特别巨大，如果选用人均国民生产总值进行测度，则很可能放大劳动力输入省份（往往为经济发达地区）和劳动力输出省份（往往为经济落后地区）间在经济发展水平上的实际差距。

在具体的实证分析过程中，为了在一定程度上使时间序列趋势线性化，从而有助于消除异方差现象，本书对上述变量中的对外直接投资、国内生产总值以及对外贸易规模进行了对数化处理。

（三）模型设定

本文模型的基本结构如下：

$$\mathrm{OFDI}_{it} = \alpha + Var_{it}\beta_1 + Con_{it}\beta_2 + \varepsilon_{it}$$

OFDI_{it} 为第 t 年第 i 个省级区域经济体的对外直接投资流量，α 为常数项，Var_{it} 为解释变量向量，包括第 i 个省级区域经济体在第 t 年的市场化进程、是否具有发展区域性对外经济合作和自发推动区域性经济一体化的区域潜质以及对外贸易规模等。Con_{it} 为控制变量向量，主要包括第 i 个省级区域经济体在第 t 年的国民生产总值。ε_{it} 为扰动项。模型中各变量的具体含义、预期符号以及数据来源见表7-1。

表 7-1　关键变量的说明、预期符号与数据来源

变量	含义	符号	数据来源
OFDI	对外直接投资	+	《2011 年度中国对外直接投资统计公报》
MAR	各地区市场化进程	+	《中国市场化指数：各地区市场化相对进程 2011 年报告》
PHY	对外经济合作区位条件	+	虚拟变量，根据中国地图自行整理
TRA	各地区进出口总额	+	中经网统计数据库
GDP	各地区经济发展水平	+	中经网统计数据库

三、实证分析结果与讨论

（一）实证过程与方法

在面板模型建立的过程中，笔者首先进行全样本回归，分别建立固定效应模型和随机效应模型，F 检验和豪斯曼（Hausman）检验分别显示，固定效应模型明显优于混合回归模型和随机效应模型，表明应该选择固定效应模型。然而，由于核心自变量“地缘优势”的测度值在时间维度上没有变化，Stata 软件在进行固定效应回归时将这一变量自动删除，因此笔者无法对本章的第二个假设进行验证。经过认真比对混合回归模型和固定效应模型的回归结果，笔者发现，二者关于其他关键变量的回归结果均基本类似。综合考虑以上各种因素，笔者最后选择能够对核心自变量“地缘优势”进行验证的混合回归模型。

在对全样本回归后，笔者分别对东部地区、中西部地区两个子样本进行回归。F 检验和 Hausman 检验表明，东部地区子样本应该选择随机效应模型，中西部地区子样本应该选择固定效应模型。然而，出于上文同样的考虑，即固定效应模型无法反映“地缘优势”对省级区域经济体对外直接投资所产生的作用，中西部地区子样本亦选

择建立混合回归模型。

三个模型均使用“OLS+聚类稳健标准差”的估计方法，各变量以及模型整体的VIF值均远小于10，三个模型的变量均通过了Wooldridge检验，这表明并不存在截面自相关。鉴于样本的时间跨度较小，因此在三个模型中序列自相关的问题应该不会非常严重。此外，持续性较大规模的对外直接投资活动在近几年才出现，各省级区域经济体的对外直接投资还不可能成为影响各地区经济发展的重要因素，因此三个模型应该都不具有非常严重的内生性问题。

在设定模型具体形式的过程中，本书还尝试性地添加一些其他可能的影响因素，如城镇居民的人均收入、全社会固定资产形成总额等，但这些变量的回归结果并不显著，而且全社会固定资产形成总额同国内生产总值高度相关，导致模型出现较为严重的多重共线性问题，因此本书并未将这些变量纳入模型中。

（二）实证结果与讨论

从表7-2各个变量的相关系数矩阵来看，除极个别变量外，大多数变量间均存在较为显著的相关性。根据相关系数矩阵可以初步判断，各地区市场化进程、各地区经济发展水平以及对外经济合作区位条件同预期符号一致，各地区进出口总额同预期符号不一致。

表7-2　变量的相关系数矩阵（$N=201$）

变量	OFDI	MAR	PHY	TRA	GDP
OFDI	1.000 0				
MAR	0.687 2	1.000 0			
PHY	0.415 2	0.454 3	1.000 0		
TRA	−0.183 6	−0.120 9	0.103 2	1.000 0	
GDP	0.718 0	0.752 5	0.287 3	−0.145 0	1.000 0

表7-3为模型回归的具体结果。全样本回归结果表明，各地区市场化进程在5%的显著性水平下同省级区域经济体的对外直接投资

正相关，即在全国范围内，一个省级区域经济体的市场化程度越高，则该省当年的对外直接投资年度流量也越大。东部地区子样本回归结果表明，市场化进程在1%的显著性水平下同省级区域经济体的对外直接投资正相关，即在我国东部地区，一个省级区域经济体的市场化程度越高，则该省的对外直接投资年度流量也越大。中西部地区子样本的回归结果表明，市场化进程在1%的显著性水平下同省级区域经济体的对外投资正相关，即在我国东西部地区，一个省级区域经济的市场化程度越高，则该省的对外直接投资年度流量也越大。假设1在三个模型中都得到验证。

关于对外经济合作区位条件，全样本回归结果表明，其在5%的显著性水平下同省级区域经济体的对外直接投资正相关，即在全国范围内，具有对外经济合作地缘优势能够显著促进该省的对外直接投资。在中西部地区子样本中，区位条件在5%的显著性水平下同省级区域经济体的对外直接投资正相关，即对中西部地区省份而言，具有对外经济合作地缘优势能够显著促进该省的对外直接投资。东部地区子样本的回归结果表明，对外经济合作区位条件的回归系数为正，但其未通过10%的显著性水平检验。仔细分析发现，我国东部地区的绝大多数省份都具有对外经济合作地缘优势，而该变量的测度选用了虚拟变量，即绝大多数省份在该变量上的取值均为1，异质性非常小，因而模型难以判定区位条件对东部各省对外直接投资所造成的差异化影响。

表7-3　回归结果

变量	全样本（混合回归）	东部地区（随机效应）	中西部地区（混合回归）
MAR	0.250 027 6** （0.104 327 7）	0.459 484 6*** （0.135 378 5）	0.453 363 6** （0.163 641 2）
PHY	0.751 896 6** （0.368 679 1）	0.247 628 2 （0.444 390 2）	1.262 188** （0.497 333 1）

表7-3(续)

变量	全样本 (混合回归)	东部地区 (随机效应)	中西部地区 (混合回归)
GDP	1.094 234*** (0.230 791 3)	1.480 348*** (0.178 391 4)	0.749 983 1*** (0.215 894 9)
TRA	-0.277 394 5* (0.146 226 7)	0.166 335 5 (0.150 390 9)	-0.447 512*** (0.149 536 6)
con	-6.654 055*** (1.890 224)	-14.330 4*** (1.401 674)	-4.044 372*** (1.669 326)
F	40.68	325.96	15.06
R-sq	0.596 8	0.741 7	0.442 7
N	201	75	126

注：***、**和*分别表示在1%、5%和10%的显著性水平下显著。

关于对外贸易的影响，全样本回归结果表明，各地区进出口总额在10%的显著性水平下同省级区域经济体的对外直接投资负相关，即在全国范围内，一个省级区域经济体的对外贸易规模越大，其对外直接投资的年度流量就越小，这一结果同假设3正好相反。东部地区子样本回归结果表明，进出口总额的回归系数为正，但其未能通过10%的显著性水平检验。中西部地区子样本的回归结果表明，进出口总额在1%的显著性水平下同省级区域经济体的对外直接投资负相关，即在我国中西部地区，一个省级区域经济体的对外贸易规模越大，其对外直接投资的年度流量就越小，这一结果同假设3也正好相反。假设3不仅无法得到验证，并且在全样本和中西部地区子样本中还得到完全相反的结果，这表明在样本年份内，我国各省对外贸易与对外直接投资并未呈现出拉动经济的发展态势。

仔细分析样本年份内我国经济发展与对外直接投资的实际情况，发现实证结果很可能才真正反映了二者的实际关系。从对外直接投资的微观主体来看，中国跨国企业前国际化阶段的资源储备和能力累积不够充分，企业的"初源能力"较弱，企业特定优势、跨国运营经验和全球竞争能力相对不足，企业明显缺乏所有优势（蔡尔德等，2005；巴纳德，2010），它们的对外直接投资并不是基于自身优势的对外扩张，而更多地表现为系统性、递归性和精心设计的宏大计划和跳板战略（Luo et al.，2007），表明当前中国对外直接投资的主要动机是资源寻求（自然资源和以先进技术为核心的战略资源）而非市场寻求或追逐要素成本洼地。从整体层面来看，当前各省企业的对外直接投资并不是基于企业出口业务的进一步外向化扩张，出口和对外直接投资还未呈现出非常显著的内生演进关系，较大规模的对外直接投资很可能是企业对国家“走出去”战略的微观反应，在一定程度上超前于企业的地理扩张。此外，另一个值得重视的现象是，从中国对外贸易的结构来看，产业内贸易的比重较大，外资企业占外贸企业的比重也较大，这在一定程度上放大了中国企业自身的对外贸易规模，从而在一定程度上影响了实证结果。

四、结论与启示

本章围绕中国大陆各省的市场化进程、区位条件和对外贸易规模三个方面，对中国对外直接投资的区域异质性进行分析，并基于2003—2009年各省对外直接投资的实际流量进行验证，形成了三方面的结论：其一，市场化进程较快的地区，其对外直接投资的规模也越大，所以市场化进程是影响各省对外直接投资发展的重要因素；其二，毗邻周边国家或中国台湾、香港、澳门的沿海沿边地区，其对外直接投资的规模也较大，所以对我国各省级区域经济体而言，具有对外经济合作区位优势能够显著促进该省对外直接投资的发展；其三，从整体层面来看，当前各省企业的对外直接投资并不是基于企业出口业务的进一步外向化扩张，出口和对外直接投资还未呈现出非常显著的内生演进关系。这三方面的结论也带来了相应的启示：

首先，对各级政府而言，需要在渐进性的改革程式中处理好干预市场和自由竞争的关系，继续推进本地市场化改革，逐渐建立起较为完善的市场机制，使市场机制真正发挥出其作为企业筛选机制的作用，逐渐减少为部分企业提供某些获取资源和培育能力的特殊途径，从而不仅创造公平的市场竞争环境，引导企业始终坚持积累和培育竞争性资源的发展路径和公平竞争的生存之道，而且提高资源配置效率，推动经济发展和提升经济发展的质量。简言之，各地政府可以围绕制度性规则和运行市场规则深入推进市场化进程，如加大知识产品的保护力度，进一步鼓励和保护竞争；逐步破除国有企业对部分产业的垄断，降低民营企业的进入门槛；创造生产要素，制定鼓励竞争、提升需求质量等政策。

其次，企业需要恪守积累竞争性资源和提高核心竞争力的发展方式，在国内市场不断培育竞争优势，逐步补齐在国际化运营中所面临的“战略缺口”，并基于自身的能力体系和全球市场形势对国家的“走出去”战略做出恰当的微观反应。企业应对自身的国际化方式进行准确抉择，避免盲从地“走出去”和过于突兀地打破对外贸易与对外直接投资所应有的自然时序和内生关联，从而使“走出去”战略逐渐成为基于企业资源结构、企业战略目标和企业微观利益的内驱行为和主动响应，从源头上提高“走出去”的成功率。更为重要的是，企业国际化运营内生能力的提升不仅有助于改变中国企业在全球经济中的地位明显低于中国经济在全球经济中的地位的现状，更能够推动中国企业和中国经济以一种更加公平、更富正当性与更容易被接受的方式融入全球经济。

最后，自美国实施“再平衡”战略以来，我国政府基于空间经济学和结构经济学在广泛的空间内进行国家经济、安全战略的空间决策显现出越来越重要的现实必要性。一方面，以对外直接投资引领区域经济合作，从根本上实现区域和平与稳定，服务于中央提出的“周边外交”战略，为我国和平崛起奠定最为扎实的区域稳定基础；另一方面，更为系统地推进区域经济合作，增强区域经济系统内的凝聚力和市场接近效应，从而促使企业以对外直接投资的方式享有一个更为庞大的内部资源市场，满足我国经济发展的需求。

第八章　省域战略的案例研究：以广西投资越、新、马、柬、文为例

越南是广西最大的贸易伙伴，新加坡是广西在东盟地区最大的FDI来源国，马来西亚、柬埔寨分别是广西在海外的第一大和第三大投资目的地。然而，相较于其他省份而言，广西与越南、新加坡、马来西亚、柬埔寨以及文莱这五个东盟国家的投资合作规模较小，合作层次较低，合作领域较窄。因此，广西亟须抢抓“一带一路”发展机遇，以广西与东盟的市场容量、产业基础、发展规划、要素禀赋条件为基础，立足广西北接“一带”、南启“一路”的地理中心性和市场接近效应服务国内与东盟两个大市场，发力基础设施、汽车装备、有色金属、新零售、农业与减贫、向海经济、生物制药、清洁能源等领域的产能合作，主动对接越南提出的“两廊一圈”，并提升公务人员的国际化办公能力。

一、引言

越南、新加坡、马来西亚、柬埔寨以及文莱五国（以下简称“东盟五国”）与广西合作历史悠久，成效显著。越南与广西山水相连，陆海相通，沿着中越边境线中方一侧分布着1个综合保税区、2个国家级重点开发开放试验区和26个边民互市贸易区，边境贸易和过境贸易异常繁荣。惠及于此，1998年以来，越南一直都是广西最大的贸易合作伙伴。新加坡有较高经济发展水平，是广西在东盟最大的FDI来源国。马来西亚与柬埔寨不仅是广西在东盟的第一大和第二大投资目的地，也是广西在全球范围内的第一大和第三大投

资目的地。2017年2月，摩拉港项目落地，广西与文莱的合作驶入快车道。

（一）东盟五国与中国“一带一路”倡议

东盟是我国南向建设“21世纪海上丝绸之路”的核心区域，是我国在“一带一路”倡议下开展国际产能合作的重要合作对象，也是“一带一路”版图内从中南半岛经由我国广西、贵州、重庆、甘肃、新疆至中亚、西亚贸易新通道的关键区域。事实上，在东盟十国中，越南、新加坡、马来西亚、柬埔寨和文莱同广西的进出口贸易总额及相互投资水平较高，对广西面向东盟的开放合作意义重大，对广西融入“一带一路”建设意义重大。

1. 东盟五国在中国“一带一路”倡议中的作用

近年来，随着越来越多的企业将产业转移到越南，越南也成为东盟实际利用外资最多的国家之一，尤其是制造业FDI，因此越南极有可能发展成21世纪全球新的生产制造中心。随着越南实际利用外商直接投资的规模持续走高以及越南社会经济发展水平不断提高，越南对电力、互联网等的需求日益增加，越南与中国的产能合作空间巨大。与此同时，越南与中国陆海相连，不仅边境贸易和过境贸易异常繁荣，中转贸易潜力也非常巨大，是“一带一路”建设推进贸易畅通的重要区域，是泛亚铁路和“国际陆海贸易新通道”建设的重要区域，也是“一带一路”建设推进设施联通的重要合作国家。

新加坡因政局稳定、政府廉洁高效而成为全球国际化程度和经济发展水平最高的国家之一。改革开放以来，新加坡一直都是我国最为重要的FDI来源地。新加坡与我国的产业结构有较强互补性，未来一段时间内仍将是我国最为重要的FDI来源地和FDI目的地，仍将是我国企业海外投资的一个重要融资平台和战略跳板。新加坡和中国在国际产能合作、国际贸易合作和国际金融合作等领域的空间巨大。而且，双方在港口、机场、航线、物流园等基础设施领域的合作将呈现出越来越大的空间。

马来西亚政治稳定、社会和谐、自然资源丰富、人力资源素质较高、经济基础稳固、民族关系融洽、投资环境好且与中国关系良好。目前，中国已经成为马来西亚最大的制造业 FDI 来源国、最大的贸易伙伴和最大旅游客源国之一。在当前及未来一段时间内，双方在港口建设、铁路建设、产能合作、数字贸易等领域的合作潜力巨大。而且，马来西亚位于东南亚核心地带，是进入东盟市场和前往中东地区、大洋洲的桥头堡，良好的中马关系可能成为中国破除区域内外阻碍，从而在中南半岛顺利推进“一带一路”建设极为重要的一个战略支点。2018 年 5 月，马哈蒂尔担任马来西亚新一届总理，中马合作可能存在一定的变数。

柬埔寨是东盟典型的农业国家，在经济发展水平、产业结构、技术水平、资本实力等方面与我国存在明显差距。双方合作的互补性非常强，两国传统友谊深厚，双边经贸关系蓬勃发展。目前，中国已成为柬埔寨最大 FDI 来源国和第一大贸易伙伴，中国对柬埔寨直接投资集中在电力、通信、纺织业、农业、房地产业和建筑、道路、桥梁、境外合作区等领域。毋庸置疑，在当前及未来一段时间内，柬埔寨将成为我国在东盟地区推进产能合作、设施联通、贸易畅通与民心相通的重要国家之一。

文莱石油资源非常丰富，是富甲一方的石油王国，人均 GDP 位列全球前十位。为推动和维护本国经济持续繁荣和可持续发展，2008 年，文莱政府提出“2035 宏愿”，希望通过大力引进外资参与能源产业相关的基础设施建设，积极发展银行业和旅游业，推动本国经济多元化发展。自 1991 年中国和文莱建立外交关系以来，双边关系发展顺利。中国—东盟自由贸易区谈判开启以来，中文双边贸易快速发展，投资及劳务合作成效显著。2014 年 9 月，双方签署《文莱—广西经济走廊合作谅解备忘录》，确定在农业、工业、物流、清真食品加工、制药、医疗保健、生物医药等领域展开深入合作，并推动“文莱—广西经济走廊”成为 21 世纪“海上丝绸之路”的重要组成部分。

2. 东盟五国对中国“一带一路”倡议的态度

整体来看，东盟各国在接受和欢迎中国“一带一路”倡议的程度上大致可分为三种：泰国、柬埔寨、老挝三国持积极欢迎态度，印度尼西亚、马来西亚、文莱、新加坡四国持谨慎欢迎态度，菲律宾、缅甸、越南三国持保留欢迎态度。当然，态度受历史关系、合作现状、发展前景、域外大国等多种复杂因素的共同影响，其本身也是一个持续演变的变量。

具体来看，越南对“一带一路”倡议主要持保留欢迎态度。由于历史关系以及双方存在领土争议，尤其是美国在2011年以来挑起南海问题，中越政治关系出现波动和反复。在“一带一路”倡议提出的初期，越南官方迟迟未就“一带一路”进行任何表态。随着南海局势逐渐趋于缓和，中越关系出现改观。越南对“一带一路”倡议的态度亦发生了转变。越南副总理阮春富在第12届中国—东盟博览会开幕式上表示，越南欢迎并积极研究参与中国在相互尊重、互利基础上提出的增进区域交流与合作的有关倡议，其中包括“一带一路”倡议。

尽管新加坡把美国看成是保护新加坡安全的最大依靠，但中国是新加坡第一大贸易伙伴，而且整个东盟都重视同中国的关系，大多数东盟国家主张谨慎处理同美国及中国的关系。新加坡总理李显龙曾表示，包括新加坡在内的许多国家都视“一带一路”为正面的发展信号，中国的影响力在扩大，“一带一路”是中国与周围国家更多交往的建设性方式，会给相关国家带来许多机会，新加坡支持“一带一路”倡议，也支持亚洲基础设施投资银行。

2017年年底，马来西亚官方公布2017—2018年度经济报告。报告首次将“一带一路”倡议列入其中，认为“一带一路”建设整体上有助于集成经济资源、协同经济政策，将为马来西亚带来巨大商机与多重红利，包括帮助马来西亚开辟新市场、扩大本地产品和服务销路及吸引外资、改善物流服务、提高融资效率、在多个行业创造大量工作机会及促进文化交流等。这表明，马来西亚政府对中国经济的全面崛起、“一带一路”倡议、中资企业在马投资、日益深化的中马经贸合作及其前景，整体持肯定态度。

在两国老一辈领导人的共同缔造和精心培育下，中柬两国建立了传统深厚友谊。习近平主席和李克强总理分别于 2016 年 10 月和 2018 年 1 月访问柬埔寨，柬埔寨西哈莫尼国王和洪森总理也多次访华，会谈成果丰硕。双方在国家发展理念上高度契合，一致同意加快“一带一路”建设和“四角”战略对接。

文莱官方多次表示，将利用自身作为东盟东部增长区核心的发展优势，与中国加强各方面的合作，实现区域互联互通。近年来，文莱积极响应中国的“一带一路”倡议，逐渐加大招商引资力度，发展中小微企业，加强基础设施建设，摆脱对油气出口的依赖，这与“一带一路”倡议的共同发展理念和合作共赢目标有诸多契合点，也为文莱改变国内高度依赖油气出口的单一经济发展模式提供了良好的条件，有利于促进文莱经济的多元化发展。

（二）东盟五国与广西开放开发

2013 年以来，我国国内宏观经济形势发生了深刻变化，在开放型发展领域集中表现为“一带一路”倡议的提出以及自贸区战略引领我国新一轮的对外开放。坐拥居于中国—东盟地理中心以及南启“一路”、北接“一带”的独特区位优势，广西在新一轮国家发展格局中的开放发展地位更加凸显，党中央、国务院高屋建瓴，先后要求广西积极构建面向东盟区域的国际通道，打造西南、中南地区开放发展新的战略支点，形成 21 世纪海上丝绸之路与丝绸之路经济带有机衔接的重要门户。

1. 越南是广西的第一大贸易伙伴

广西与越南山水相连，两地自古以来有着频繁的往来与紧密的合作。中国—东盟自由贸易区自成立以来，两地交往越发密切，经济贸易文化合作日益加深。沿着中越边境线中方一侧，分布着 1 个综合保税区、2 个国家级重点开发开放试验区以及 26 个边民互市贸易区，边境贸易和过境贸易异常繁荣。2016年，广西与越南进出口贸易额达到1 589.2亿元，占广西与东盟贸易总额的86.58%。在一定程度上而言，广西与东盟的贸易合作主要指广西与越南的贸易合作，广西的开放合作应该主要围绕越南、面向东盟而展开①。

在“一带一路”和“国际陆海贸易新通道”建设深入推进的大背景下，经由越南和广西分别连接“一路”与“一带”地区，即由越南连接东南亚半岛，由广西向北延伸至我国贵州、重庆、甘肃、新疆以及中亚、西亚的新贸易通道开始显现：重庆—凭祥—河内的陆路运输通道、蓉桂铁路通道、桂渝欧班列等开始投入试运营或正式运营。可以预见，在未来一段时间内，经由广西至越南、东南亚半岛以及重庆、新疆、中亚和西亚的过境贸易与中转贸易将迎来较快的增长，势必推动广西、越南的贸易合作迈上又一个新台阶。

遵循贸易繁荣到产业兴盛的基本发展逻辑，广西与越南开放合作的另一个增长点是双方目前正全力推进的跨境经济合作区，即通过大力招商引资，将部分过境贸易的企业主体吸引到中越跨境经济合作区内，既减少企业的长距离贸易运输成本，又缓解国内劳动力成本持续走高对供给曲线的刚性约束，并由此撬动边境地区的企业集聚与产业集群。整体来看，当前及未来一段时间内，越南生产要素成本低廉，劳动力资源丰富，并具有面向美国及欧盟等发达市场的原产地优势。这显然与我国的资本优势、技术优势和产业优势互补，广西与越南在边境地区形成了整合优势，二者组团联合招商，共同承接国内外产业转移，夯实产业基础，抓住壮大工业体量的发展机遇。

事实上，受惠于双方高效的开放政策及山水相连释放出的市场接近效应，广西与越南的开放合作已经积淀形成了较为扎实的基础：越南已经成为广西的第一大贸易伙伴，是广西在东盟的第一大工程

① 值得说明的是，广西与越南合作优势明显，劣势亦非常明显，主要表现有两点：一是双方合作很容易受到中越双边关系的影响；二是边境贸易的政策性很强，很容易受到政策变化的冲击。

承包市场，也是广西企业在境外设立企业和办事机构最多的国家。此外，双方在跨境旅游交流与合作、跨境金融合作等领域已经达成一系列共识、形成一大批成果，并相继建成了中越旅游合作区省级协调平台，实现中越货币现钞直接跨境互换等。

当然，由于历史关系、领海争议和域外大国的影响，越南中央政府推进中越跨境经济合作的主动意愿、积极性远远低于中方。双方政治、外交关系的波动也在很大程度上影响、制约甚至阻碍了东兴、凭祥等地承接我国东部发达地区的产业转移，致使广西边境地区至今远未形成规模化的企业聚集与产业繁荣，仍主要停留在贸易繁荣阶段。然而，不可否认和无法逆转的是，越南北部与中国相邻省区普遍具有和中国展开边境经贸合作的强烈意愿。强有力的内生合作基础以及不断推进的“一带一路”建设，广西与越南的经贸合作与文化交流势必迈上更高的台阶。

2. 新加坡是广西在东盟最大的 FDI 来源地

改革开放以来，新加坡一直都是我国最为重要的 FDI 来源地，对我国基于外部资本和技术溢出效应实现追赶式发展产生了重要的推动作用。

1979—2016 年，新加坡向广西直接投资达到 120 610 万美元，占东盟国家对广西投资总额的 52.04%，是广西在东盟地区最大的 FDI 来源地。新加坡在广西投资的主要行业集中在制造业、食品加工业、建筑业、房地产业和社会服务业等领域。在第 1 ~ 14 届中国—东盟博览会中，新加坡展位总数 666 个，参展企业 259 家，主要参展商品（服务）包括食品饮料、教育、旅游、金融、商协会形象展示等，签署了生物柴油、水务及污泥处理综合利用、发动机等重要项目。

早期发展主义经济学认为，撬动一国或一地经济“起飞”的主要动力是资本积累。发达国家和地区的经济发展主要经历了古典资本化过程与现代资本化过程两个阶段，分别表现为资本主导下的资源配置和价值创造以及对未来现金流进行贴现定价、价值挖掘和重估。我国东部沿海地区的发展经历也一再表明，后发地区通过大力吸引外商直接投资，能够实现外部资本撬动下的资源配置和价值创造，撬动本地经济“起飞”与持续快速发展。

长期以来，广西产业基础薄弱，工业体量小，因此利用开放发展的区位优势和得天独厚的生态资源，规划论证出一批在我国新的工业体系中具有商业价值的引资项目，高效推进招商引资工作，以外部力量撬动资本累积、产业发展与价值创造，应是当前广西快速壮大自身工业体量最为重要的举措。从这个意义上讲，广西与新加坡合作意义重大，广西尤其需要奋力招商引资，大力吸引新加坡企业来广西投资健康养老、物流、电子、石化、物流、滨海旅游等产业园区，积极利用新加坡优势企业的雄厚产业资本、现代商业理念以及相关领域的先进技术，使以健康生态食品为代表的优质供给资源相关产业市场化、商业化、产业化。

值得说明的是，新加坡是全球重要的金融中心之一，它成为很多跨国企业海外投资的重要投融资平台和投资跳板，如美国流入东盟国家的对外直接投资，很多都是经由新加坡实现的。鉴于此，在我国企业积极响应“走出去”战略以及提出“一带一路”倡议的大背景下，有实力的广西企业可以通过新加坡专业、便利化的投融资服务平台及相对低廉的融资成本助力自身的国际化战略，实现自身的国际化目标。

3. 马来西亚是广西海外投资的第一大目的地

在东盟十国中，马来西亚是广西最为重要的合作伙伴之一。发展至今，马来西亚已经成为广西在东盟的第一大投资目的地、第三大 FDI 来源国、第四大贸易伙伴和重要的工程承包合作地。更为重要的是，自习近平主席 2013 年访问马来西亚以来，中马建立起全面战略伙伴关系，各领域合作实现全面、快速、跨越式发展。2018 年 5 月，马哈蒂尔当选马来西亚新任总理，可能对中马关系走向带来新的变化，中马经贸合作前景也有待进一步观察。

在过去数年中，受惠于中马经贸合作的持续向好和不断升温，广西对马来西亚直接投资快速飙升，尤其是 2014 年商务部核准广西北部湾联合钢铁投资有限公司对马来西亚的投资项目，直接推动马来西亚成为广西在东盟最大的投资目的地。截至 2016 年年底，广西共批准在马来西亚投资项目 29 个（含增资和机构），占广西在东盟国家投资项目总数的 8. 31%。从协议投资金额来看，广西对马来西亚投资约 20 亿美元，占广西对外直接投资总额的 19. 89%。

2016 年，广西与马来西亚进出口贸易总额达到 31. 3 亿元，略低于新加坡，占广西在东盟贸易总额的 1. 71%。尽管规模和比重非常小，但是从国别结构来看，马来西亚是广西在东盟的第四大贸易伙伴、第四大出口地和第三大进口来源国，在广西与东盟的贸易合作中地位较为突出。

在东盟十国中，马来西亚紧跟新加坡和印度尼西亚，是广西的第三大 FDI 来源国。从实际利用外资金额来看，截至 2015 年年底，马来西亚对广西实际投资金额达到 29 857 万美元，占广西实际利用东盟外资总额的 9. 45%。从投资项目数来看，截至 2015 年年底，马来西亚企业在广西投资项目累计 123 个，占东盟企业在广西投资项目总数的 23. 43%。

4. 柬埔寨是广西海外投资的第三大目的地

柬埔寨是东盟典型的农业国家，农业资源丰富。长期以来，广西是我国重要的农业大省。基于各自的比较优势体系，农业合作成为广西与柬埔寨开放合作的重要领域。近年来，我国居民人均收入持续走高，消费观念和消费偏好发生结构性改变，集中表现为消费升级并在社会整体层面形成了新的需求。其中，对优质农产品的需求亦急速增长。在此背景下，积极投资柬埔寨，利用柬埔寨优质农业供给资源服务我国国内消费升级产生的新需求，为广西与柬埔寨的农业合作提供了更为广阔的合作前景。

经过多年的积淀，广西与柬埔寨的开放开发合作具备了较为扎实的基础。从对外直接投资来看，如图 8-1 所示，广西对柬埔寨投资存量达到 11. 85 亿美元，占中国对柬埔寨直接投资总存量的

27.15%。由此可见，广西引领了我国各省对柬埔寨的投资合作。截至2016年年底，广西在柬埔寨累计投资项目51个（含增资和机构），占广西在东盟国家投资项目总数的14.6%。柬埔寨紧跟马来西亚之后，是广西在东盟的第二大直接投资目的地。

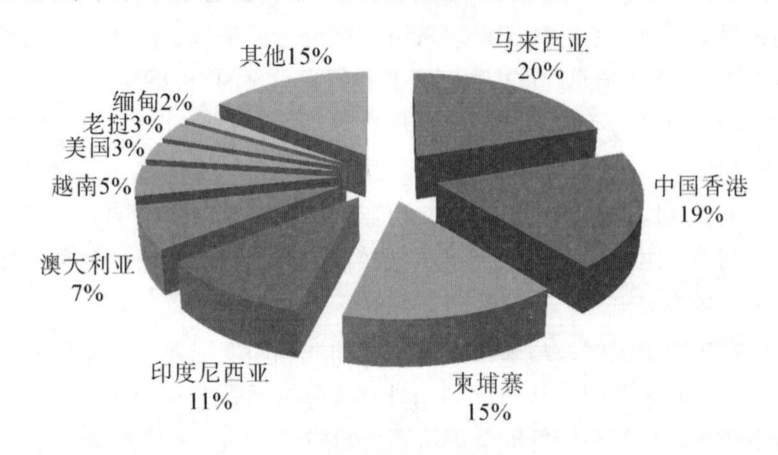

图8-1 广西对外直接投资中方协议投资额国别地区分布

数据来源：广西商务厅。

广西对柬埔寨投资的主要产业是农业，以有实力的民营企业为主，代表性合作项目包括中柬农业促进中心、冠德（柬埔寨）产业园项目（2017年列入广西壮族自治区商务厅重点支撑设立的境外合作园区目录名单）、广西国宏经济发展集团在柬年产3万吨大米的加工厂等。

从双边贸易来看，2016年，广西与柬埔寨的贸易额达5.2亿元，增长88.1%，占广西与东盟贸易额的0.3%。其中，出口贸易额达1.5亿元，增长10.2%；进口贸易额达3.7亿元，增长166.1%。广西与柬埔寨的双边贸易进入快速发展时期。广西出口到柬埔寨的主要商品有变压器的零件、电导体、稳压电源及不间断供电电源的零件、插头及插座、食品、前铲装载机、可变电阻器等；从柬埔寨进口的主要商品有变压器的零件、直流稳压电源、静止式变流器、籼米、精米等。

5. 广西与文莱合作领域不断拓展

文莱是广西在东盟的第九大投资地和第十大贸易伙伴。受限于双方经济规模和产业现状，广西与文莱的合作基础相较于其他东盟国家而言较为薄弱。2016年，广西与文莱的进出口贸易额为561万元，同比增长1.7%。截至2016年年底，广西批准在文莱投资项目4个，占广西在东盟国家投资项目数的1.15%，协议投资额为0.29亿美元。

随着双方在2014年签署《文莱—广西经济走廊经贸合作谅解备忘录》，双方围绕建设“一港两园三种养”项目推动合作不断深入，在港口运营、香料生产加工、新能源汽车、水产养殖等领域取得了较大的突破。

2017年2月，文莱摩拉港有限公司在文莱首都斯里巴加湾市挂牌成立，该公司由中国广西北部湾国际港务集团与文莱达鲁萨兰资产管理公司合资成立，摩拉港有限公司正式接管文莱摩拉港集装箱码头的运营。在“一港”项目顺利推进的同时，“两园项目”已经正式启动：一园为文方在南宁的中国（南宁）—文莱农业产业园，项目以清真食品园、科技研发园、农产品深加工园、农业观光园、生态健康园等为主要建设内容，预计总投资70亿美元；另一园为文方在玉林市建设的中国（玉林）—文莱中医药健康产业合作项目，该项目地处玉林中医药健康产业园内，拟发展石斛精深加工产品以及生物制药、生物科技等产业，中国将与文莱合作打造清真药品、健康食品等产业。

二、广西对越、新、马、柬、文的投资现状与存在的问题

东盟是广西开放开发最为重要、潜力巨大的合作伙伴。越南、新加坡、马来西亚、柬埔寨以及文莱又是广西的重要合作伙伴。近年来，双方搭建了高效的合作平台，构建了良好的合作机制，积淀了较好的合作基础。整体来看，广西与越南、新加坡、马来西亚、柬埔寨以及文莱在投资与利用外资上处于资本净流出状态。

（一）合作现状

长期以来，广西社会经济发展明显滞后于广东、浙江、上海等沿海发达地区。受此影响，广西对外直接投资整体规模较小，根据商务部公布的数据，广西 2016 年年末对外直接投资存量为 34.33 亿美元，在全国 31 个省、自治区、直辖市中排名第 27 位，略高于宁夏、贵州、青海和西藏，远远落后于排名第一的广东省（1 250.43 亿美元）。

1. 国家（地区）分布

广西对外直接投资整体规模较小也在很大程度上决定了其直接投资地域分布相对集中，投资主要集中于中国香港和东盟地区。如图 8-1 所示，从投资协议额来看，马来西亚、中国香港、柬埔寨、印度尼西亚、澳大利亚、越南、美国、老挝、缅甸分别是广西对外直接投资的九大目的地。其中，流向马来西亚、柬埔寨、印度尼西亚、越南、老挝和缅甸六个东盟国家的对外直接投资占对外投资总额的 56%。从这个意义上讲，广西与越南、新加坡、马来西亚、柬埔寨以及文莱五国投资合作基础相对较为扎实。

具体来看，根据广西商务厅公布的协议投资额数据[①]，如表 8-1 所示，截至 2016 年年末，广西对东盟协议投资额为 45.65 亿美元，其中对马来西亚、柬埔寨、越南以及新加坡协议投资额分别为 15.18 亿美元、11.86 亿美元、4.14 亿美元、1.21 亿美元。马来西亚、柬埔寨、越南和新加坡分别是广西在东盟的第一大、第二大、第四大、第六大投资目的地。广西对上述东盟五国协议投资额总存量达到 32.62 亿美元，占广西对东盟协议投资额存量的 71.46%，即广西对东盟近七成协议投资主要流向了上述五个东盟国家。

---

① 注：广西对东盟各国投资的数据来源于广西商务厅，该数据为中方协议投资额数据，2016 年年末协议投资额存量为 45.65 亿美元，多于商务部公布的实际投资存量 34.33 亿美元。由于商务部未发布各省海外投资的国别数据，只能采用广西商务厅公布的协议投资额数据。

表 8-1　2016 年年末广西对东盟 ODI 存量及全国比较

国家	中国（实际）/亿美元	广西（协议）/亿美元	广西占比/%
新加坡	334.46	1.21	0.36
越南	49.84	4.14	8.31
柬埔寨	43.68	11.86	27.15
马来西亚	36.34	15.18	41.77
文莱	2.04	0.23	11.27
五国小计	466.36	32.62	6.99
印度尼西亚	95.46	8.29	8.68
老挝	55.0	2.24	4.07
缅甸	46.2	1.92	4.16
泰国	45.33	0.58	1.28
菲律宾	7.19	0	0
东盟总计	715.54	45.65	6.38

数据来源：中华人民共和国商务部、广西壮族自治区商务厅。

值得说明的是，马来西亚和柬埔寨还是广西对外直接投资在全球范围的第一大和第三大投资目的地。在全国范围来看，广西对这五个东盟国家的投资额占全国对这五个东盟国家投资总额的 6.99%，所占绝对比重相对较小，尤其是对新加坡协议投资占全国对新加坡投资的比重非常小。而且，由于广西的数据为协议投资额数据，因此实际的比重还会更小。同经济发展水平相当、同样享有面向东盟开放发展优势的云南相比，广西 2016 年年末对外直接投资存量也仅为其一半。可以说，广西在与越南、柬埔寨、马来西亚等东盟国家的投资合作中，还未充分挖掘和利用自身潜力，亟须利用“一带一路”建设的发展机遇，扎实推进与各国的合作。

2. 产业分布

从合作主体来看，广西企业对越南、新加坡、马来西亚、柬埔寨和文莱最大投资项目是广西北部湾联合钢铁投资有限公司在马来西亚的钢铁投资项目，经营范围是普碳钢及 H 型钢产品的生产、加工、销售、运输。广西北部湾港务集团关丹港股权并购投资金额也较大。

根据商务部的统计资料，2003—2014 年，广西企业对越南直接投资的企业数量最多，达到 83 家，主要集中于矿产开采加工与贸易、机电产品、进出口贸易服务、生物技术产品、农副产品等产业。

广西对柬埔寨直接投资的企业数为 20 家，主要集中于农业、电力工程、房地产、进出口贸易服务等产业，尤以农作物种植、农产品加工、销售及进出口贸易为主。

广西对马来西亚直接投资的企业数为 16 家，主要集中于钢材、进出口贸易服务、采矿、信息通信等产业。

可能自身经济发展水平同新加坡存在较大的差距，广西对新加坡直接投资的企业非常少，仅有 5 家，分散于工程机械、矿产业、贸易服务、餐饮和影视文化 5 个不同产业。广西对文莱投资的企业数为 2 家，共有 3 个投资项目，包括农业、渔业及农业产业园服务。

3. 投资动机

企业跨国投资主要有并购和绿地投资两种形式，从商务部的资料数据库来看，广西企业对越南、新加坡、马来西亚、柬埔寨和文莱五个东盟国家的投资基本上都是以绿地投资的形式展开的，除了广西北部湾港务集团并购关丹港股权这一个案外，很少有广西企业采用并购的投资进入方式。显然，这与广西企业对外直接投资在现阶段的投资目的和投资规模密切相关。

一般而言，企业对外直接投资的动机主要有自然资源寻求、市场开拓、效率寻求、战略资源（先进技术、品牌与管理理念）寻求等。表 8-2 至表 8-5 节选于商务部统计的对外直接投资企业目录，其中的经营范围很好地体现了企业对外直接投资的动机与目的。

表 8-2　广西对越南对外直接投资主要企业（2003—2014 年）

境内投资主体	境外投资企业(机构)	经营范围
北部湾旅游股份有限公司	华兴越南投资有限责任公司	船舶租赁、娱乐公园与主题公园、运动中心、市场研究与民意调查
北海新中利贸易有限公司	新中利（越南）有限公司	建材、农副产品、矿产品、原木批发零售
东风柳州汽车有限公司	东风柳州汽车有限公司驻越南代表处	越南市场的产品推广事务，拓展越南当地及周边东南亚其他国家市场、疏通各种渠道、搜集所在国的有关法规、跟踪项目信息、协调公司业务、提供咨询服务、管理劳务人员、按公司授权对外商签协议等，并负责进一步做好公司产品的品牌推广和售后服务体系建设
东兴安得房地产开发有限公司	安得集团发展投资股份公司	房地产开发投资、装饰装修、建筑材料贸易
东兴恒盛商贸有限公司	东兴恒盛商贸有限公司驻越南办事处	开拓越南及东盟市场
东兴联友进出口有限公司	东兴联友进出口有限公司驻越南办事处	协助公司开拓海外市场
东兴市雅美实业有限公司	越南成武股份有限公司	木薯淀粉生产、加工、销售及进出口贸易
东兴万达进出口贸易有限公司	东兴万达进出口贸易有限公司越南办事处	客户联络、市场开拓、企业宣传、售后服务等非经营性工作
东兴万达进出口贸易有限公司	万达黏合剂联营有限公司	进出口黏合剂原料和黏合剂产品；在越南分装销售黏合剂产品；在符合越南法律规定的条件下，经营其他与黏合剂有关的产品
东兴伟科工贸有限责任公司	东兴伟科工贸有限责任公司驻越南办事处	负责当地市场的开拓、客户资源开发和管理

表8-2(续)

境内投资主体	境外投资企业(机构)	经营范围
东兴西南进出口贸易有限公司	东兴西南进出口贸易有限公司驻河内办事处	市场开拓、客户联络
防城港市汝兴贸易有限公司	防城港市汝兴贸易有限公司办事处	负责了解越南经贸政策、联系客户、开拓市场、收集信息以及售后服务
防城港市万安贸易有限公司	防城港市万安贸易有限公司越南办事处	负责了解越南经贸政策、联系客户、开拓市场、收集信息以及售后服务
恭城宏锦冶炼厂	越南宏定冶炼厂	矿产加工与销售
广西电力工程建设公司	广西电力工程建设公司驻海防办事处	客户联络、信息获取、市场开拓、市场调研、企业宣传等非经营性工作
广西电力工业勘察设计研究院	广西电力工业勘察设计研究院越南代表处	客户联络、信息获取、市场开拓、市场调研、企业宣传等非经营性工作
广西防城港市春江进出口有限公司	广西防城港市春江进出口有限公司驻越南办事处	客户联络、市场开拓、企业宣传等非营业性工作
广西防城港市智明国际物流代理有限公司	智明国际贸易公司越南办事处	市场开拓、客户联络、售后服务等

资料来源：中华人民共和国商务部。

从表8-2来看，将近一半的企业将自身的经营范围界定为了解越南经贸政策、客户联络、市场调研、信息获取、企业宣传与市场开拓，即主要目的是开拓越南市场；有13家企业将自身的经营范围界定为铁、锰、锑矿等的开采、加工、金属冶炼与销售，即主要目的是获取越南的矿产自然资源。同时，也有部分企业利用越南在农业和渔业资源上的比较优势服务国内市场扩张与消费升级，在越南本地种植或生产，然后再出口至中国，如广西农垦明阳生化集团在越南投资建立的越南明阳生化有限责任公司，其经营业务主要是在越南从事土地开垦、木薯的种植繁育、木薯片加工及贸易，木薯淀粉、木薯变性淀粉的生产、销售，以及木薯酒精的生产、销售等。

从表 8-3 来看，在 20 家投资柬埔寨的企业中，有 13 家企业的经营业务与农业相关，以广西福沃德农业技术国际合作有限公司和广西国宏经济发展集团有限公司为代表，这些企业的经营业务贯穿大米等农产品的上中下游全产业链，包括农业投资、开发、种植，农产品、农副产品、种子、种苗、农机农资的国际贸易。这表明当前广西企业投资柬埔寨的主要动机与目的是利用柬埔寨在农、林、渔、牧业的比较优势，服务国内大市场的需求扩张与消费升级。就农业海外投资合作的动机而言，其动机兼具效率寻求型 FDI 和资源寻求型 FDI 的双重属性：一方面，柬埔寨土地与涉农劳动力供给充足，且价格相对低廉，具有效率寻求型 FDI 的典型特征；另一方面，柬埔寨工业基础薄弱，污染较大，生态环境好，优质农、林、渔、牧供给资源丰富，尤其是大米等农产品的质量上乘。

表 8-3　广西对柬埔寨对外直接投资企业

境内投资主体	境外投资企业（机构）	经营范围
广西电力工业勘察设计研究院	广西电力工业勘察设计研究院柬埔寨代表处	柬埔寨境内的电力、土建项目工程承包业务的联络和促进
广西华锡集团股份有限公司	华锡国际柬埔寨有限责任公司	电力开发、农业开发、工业制造、商业、建筑、物流仓储
东兴市京华实业有限公司	华资实业柬埔寨有限公司	农业投资及贸易
广西运德汽车运输集团有限公司	柬埔寨运德国际旅游有限公司	商业（商品购销、交换机进出口业务、商品配送，商务中介及代理、商业广告服务）；运输（含水、陆、空运）；旅游（含宾馆、饭店、休闲中心）；农业投资（含种植、饲养）
广西有色金属集团有限公司	广西有色金属集团柬埔寨有限公司	矿业开发、工业制造、电力开发、农业开发、商业贸易、物流仓储

表8-3(续)

境内投资主体	境外投资企业（机构）	经营范围
北海华源电子有限公司	华源电子柬埔寨有限公司	生产 CRT、LCD 电视机、显示器及其他家用电器
南宁市浩华工贸有限公司	柬埔寨王国大明淀粉制造有限公司	木薯淀粉、酒精、矿产、有色金属冶炼、工业材料、农副产品、橡胶产品、项目投资等
广西防城港德城实业集团有限公司	哨德集团（柬埔寨）有限公司	房地产开发、宾馆、餐饮、休闲中心、进出口贸易
广西国宏经济发展集团有限公司	国宏柬埔寨实业有限公司	投资经营土地；生产销售农林牧副渔产品；生产销售能源产品；经营机电、化工、建材产品；服务及进出口贸易
南宁朗禾农业科技有限公司	朗禾农业（柬埔寨）有限公司	农作物种植；农产品加工、销售及进出口贸易
广西福沃德农业技术国际合作有限公司	福沃德（柬埔寨）有限公司	农林渔牧业的项目投资，国际技术合作；农林渔牧业产品副产品的加工，深加工以及技术合作；农林渔牧业的产品副产品进出口业务
广西福沃德农业技术国际合作有限公司	福沃德（柬埔寨）农业发展有限公司	农业投资、开发、种植；农产品、农副产品、种子、种苗、农机农资的国际贸易
广西汇鑫贸易有限公司	柬埔寨汇鑫贸易投资有限公司	农业、林业、渔业的投资及其产品的贸易
广西安泰农业发展有限公司	金谷集团（柬埔寨）有限公司	进出口贸易，特别是大米进出口；种养殖；大米加工厂、手工艺品加工厂
广西安泰农业发展有限公司	柬埔寨粮油发展有限公司	大米加工、水稻种植、农副产品销售、国际贸易
广西矿建集团有限公司	矿建集团（柬埔寨）有限公司	农业种植、商务咨询服务、商务代理、货物运输等
嘉鹏置地集团有限公司	嘉鹏集团有限公司	房地产开发经营；建筑材料、设备的购销；物业管理；资产管理；投资兴办实业

表8-3(续)

境内投资主体	境外投资企业（机构）	经营范围
德保县银丰工贸有限公司	鑫银丰（柬埔寨）工业有限公司	木薯酒精、蔗糖、复合有机肥的生产与销售，进出口贸易
南宁维德资产管理有限公司	广进汽车贸易（柬埔寨）有限公司	进出口贸易、仓储业、汽车组装、农业种植、公用事业、咨询业务、文化传媒、交通运输和旅游等
广西国盾保安服务有限责任公司	国盾保安服务（柬埔寨）有限公司	安保服务、安保培训、商务服务、安防产品销售

数据来源：中华人民共和国商务部。

从表8-4来看，广西企业投资马来西亚的经营业务相对分散，在16家投资企业中，以广西西马矿业有限责任公司为代表，有6家企业的经营范围集中于锰铁、铁、锡、钨、煤等矿物的开采、生产及销售，这些企业的对外直接投资属于自然资源寻求型FDI。同时，以中国重汽集团柳州运力专用汽车有限公司为代表，有6家企业分别对各种产品在马来西亚进行市场开拓与售后服务，这些企业的对外直接投资属于市场开拓型FDI。值得说明的是，广西北部湾联合钢铁投资有限公司在马来西亚的投资项目是广西海外单笔投资金额最大的项目，该公司的经营范围是普碳钢及H型钢产品的生产、加工、销售、运输，该企业的对外直接投资也属于市场开拓型FDI。

表8-4　广西对马来西亚对外直接投资企业（1979—2014年）

境内投资主体	境外投资企业（机构）	经营范围
广西南博国际信息有限公司	南博信息（马来西亚）公司	信息服务，信息咨询，计算机软硬件，通信产品的研究、开发、销售，信息系统工程技术咨询等
防城港市上思宏信贸易有限公司	防城港市上思宏信贸易有限公司驻马来西亚办事处	客户联络、市场开拓、售后服务等非营业性工作

表8-4(续)

境内投资主体	境外投资企业（机构）	经营范围
广西中医学院附属中医学校	桂民康体保健有限公司	开设中医针灸推拿、足部按摩、刮痧、拔罐等传统医疗和康体保健服务
桂林市全通进出口贸易有限责任公司	大通工业有限公司	开采、生产及销售矿产品，进出口及代理业务
龙胜各族自治县大通进出口有限责任公司	实地矿物有限公司	开采、生产及销售矿产品，进出口及代理业务
广西灌阳县兴发冶炼厂	爱迪尔铁合金有限公司	锰铁、硅锰、富锰渣、电石、石材
广西西马矿业有限责任公司	龙鑫矿业有限公司	铁、锡、钨、煤等矿物的开采、加工和销售
合浦县远富资源再生有限公司	LOVELL 远富塑料再生股份有限公司	旧废塑料加工，再生塑胶资源
桂林市桂西亚进出口贸易有限公司	明辉矿物（马来西亚）有限公司	开采、生产及销售矿产品，进出口及代理业务
桂林市林之家竹炭制品有限公司	吉隆坡林之家竹炭制品有限公司	竹炭制品、竹醋液、竹制品、竹纤维制品及竹炭纤维的开发制作销售；日用百货、工艺品销售等
中国重汽集团柳州运力专用汽车有限公司	中国重汽集团柳州运力专用汽车有限公司驻马来西亚吉隆坡办事处	负责马来西亚市场的产品推广及三网体系建设，了解当地的政策法规及项目信息，协调公司业务，管理劳务人员等
中国轻工业南宁设计工程有限公司	中国轻工业南宁设计工程有限公司马来西亚分公司	开展设计及建设项目的联络工作，进行当地市场调研以促进开拓马来西亚市场，追踪、督促双方已签合同的实施及法律允许的各种活动
柳州市日瑞投资有限责任公司	格佳兰阿南有限公司	项目投资、货物进出口
广西桂林市宏溢矿业有限公司	普林思维斯特有限公司	铁矿、锰矿、锡矿的开发生产、销售、出口；机械设备、五金产品的销售、进出口

表8-4(续)

境内投资主体	境外投资企业（机构）	经营范围
广西北部湾联合钢铁投资有限公司	联合钢铁（大马）有限公司	普碳钢及H型钢产品的生产、加工、销售、运输
广西国盾保安服务有限责任公司	国盾保安服务有限公司	安保服务、安保培训、商务服务、安防产品销售

数据来源：中华人民共和国商务部。

从表8-5来看，广西企业对新加坡和文莱投资非常少，投资新加坡的企业仅有5家，投资文莱的企业仅有2家（3个投资项目）。广西柳工机械股份有限公司在新加坡建立产品及零售配件的研发和销售中心，具有战略资源寻求和市场开拓的双重属性。广西华锡集团股份有限公司在新加坡投资建立的中新矿业投资有限公司，其经营范围较宽，主要涵盖采矿业、电力开发、农业开发、建筑业等领域，具有自然资源寻求和市场开拓的动机与目的。投资文莱的2家企业的目的主要是利用文莱丰富的农业和渔业资源，积极扩张自身的海外业务，也在不同程度上服务于国内市场扩张和消费升级。因此，这种对外直接投资应该具有市场开拓型FDI和资源寻求型FDI的双重属性。

表8-5　广西对新加坡、文莱对外直接投资企业（2003—2014年）

国别	境内投资主体	境外投资企业(机构)	经营范围
新加坡	广西华锡集团股份有限公司	中新矿业投资有限公司	投资矿产资源勘探、开采、冶炼加工，电力开发，农业开发，工业制造，商业贸易，建筑，物流仓储，建筑等
	广西柳工机械股份有限公司	柳工机械亚太有限公司	从事工程机械产品及零配件的研发、销售、租赁、服务和培训
	桂林市山城旅游开发有限公司	桂林市米粉王有限公司	餐饮，米粉生产、加工及销售

表8-5(续)

国别	境内投资主体	境外投资企业(机构)	经营范围
新加坡	柳州标煌进出口贸易有限公司	柳州标煌进出口贸易有限公司驻新加坡办事处	在当地进行市场调查、产品宣传、广告发布、售后服务等
	南宁一策商务咨询有限公司	蓝兔兄弟私人有限公司	影视制作、跨境文化活动策划、投融资等
文莱	广西鸣铭农业有限公司	广西鸣铭农业有限公司文莱办事处	负责联络、协调、管理文莱鸣铭农业产业园相关的工作，以及后勤服务等
	广西鸣铭农业有限公司	鸣铭农业有限公司（文莱）	农业开发：对农业、种植业、养殖业的投资，农副产品的销售，水产品的养殖和销售
	钦州市海华蚝业科技开发有限公司	海华渔业科技有限公司（文莱）	文莱国海域内大蚝（牡蛎）和鱼类的试验、养殖、教学、销售、加工以及科研等

资料来源：中华人民共和国商务部。

总的来看，广西企业对越南、柬埔寨、马来西亚、新加坡以及文莱五个东盟国家对外直接投资以市场开拓型 FDI 和自然资源寻求型 FDI 居多。由于马来西亚、越南、柬埔寨以及文莱的经济发展水平并不高，以先进知识为核心的高等级生产要素并不丰裕，因此，广西暂时没有面向这四个国家的战略资源寻求型 FDI。与此同时，虽然在农业这一特定行业有大量面向这些国家，尤其是面向柬埔寨的效率寻求型 FDI，但由于广西自身工业基础较为薄弱，除了马来西亚的联合钢铁项目外，在制造业领域暂时鲜有面向这些国家的效率寻求型 FDI。

4. 投资发展阶段

如上分析，广西企业对越南、柬埔寨、马来西亚、新加坡以及文莱五个东盟成员国的对外直接投资的主要动机是市场开拓。而且进一步分析表明，这些企业的海外子公司大多开展客户联络、信息获取、市场开拓、市场调研、企业宣传等非经营性业务，主要服务于国内母公司面向越南或东盟市场的出口贸易，这些业务本质上属于出口服务性业务，仅有广西北部湾联合钢铁投资有限公司和广西南宁品稀环保科技有限公司（电动车生产与销售）等少数几个企业分别在马来西亚和越南等地建立了自己的生产中心，实现了本地生产和本地销售。

从国际化进程来看，当前大多数关系企业的对外直接投资仅仅是出口贸易的简单延伸，处于国际化进程的初始阶段，远未涉足海外生产、国际资源整合和区域性或全球性生产网络构建的高级阶段。这符合乌普萨拉（Uppsala）关于企业国际化资源投入强度由弱到强的渐进性国际化过程理论。而且，从地域空间来看，大多数企业的海外市场开拓首先选择与广西陆海相连、地理距离最近的越南。这也符合乌普萨拉关于企业国际化在地理和文化选择上由近及远的渐进性国际化过程理论。总的来看，广西企业的国际化，尤其是数量最多的中小型民营企业的对外直接投资刚刚处于企业国际化的初始阶段。

5. 投资合作平台

从合作平台来看，在中国—东盟自由贸易区的统领下，广西与越南、马来西亚、新加坡、柬埔寨和文莱投资合作已经形成了东兴国家级开发开放试验区、凭祥国家级开发开放试验区、跨境经济合作区、边境经济区、中越跨境合作经济区、凭祥综合保税区、南宁综合保税区、中新互联互通南向通道、南宁—新加坡经济走廊、马中关丹产业园、中马钦州产业园、广西—文莱经济走廊、南宁渠道、“中柬农业促进中心”等重要合作平台。

具体来看，广西距离越南最近，广西企业投资越南的数量因此也最多，这符合企业基于内部资源进行外部资源配置的自生性市场法则，也与东兴、凭祥国家级开发开放试验区这两个合作平台及其背后非常活跃的边境贸易密切相关。一大批企业选择投资柬埔寨农业，这很可能与“中柬农业促进中心”这一平台的撬动作用以及此后部分企业的示范引领作用密不可分。同时，马来西亚联合钢铁项目和关丹港股权并购项目投资金额巨大，这显然与中马钦州产业园和马中关丹产业园的“两国双园”合作机制密切相关。毋庸置疑，国家级开发开放试验区、“中柬农业促进中心”以及中马“两国双园”项目为推动广西企业对东盟投资奠定了坚实基础，贡献巨大。

（二）合作特点

1. 高层推动，成效显著

广西与越南、新加坡、马来西亚、柬埔寨以及文莱五国的投资合作都是在双方政府高度重视、积极推动下进行的，并取得了显著成效。在中马“两国双园”项目的带动下，广西北部湾联合钢铁投资有限公司在马来西亚敲定了14亿美元的巨额投资，马中关丹产业园建设业主广西北部湾国际港务集团有限公司以3.5亿美元成功收购关丹港40%的股权，推动马来西亚成为广西海外投资的最大目的地。与中马“两国双园”项目类似，“中柬农业促进中心”与广西—文莱经济走廊也都成为推动广西与相应国家进行投资合作的重要抓手，并在很大程度上决定了双方投资合作的主要领域、重点项目和基本走势。

2. 基于区位优势的内生合作张力巨大

如上分析，越南是吸引广西投资东盟企业数量最多的国家，有将近100家广西企业在越南投资建厂。马来西亚和柬埔寨是分别是广西在全球市场的第一大和第三大投资目的地，是广西在东盟地区的第一大和第二大投资目的地，且广西对柬埔寨投资占我国对柬埔寨投资存量的25%以上，引领我国各省对柬埔寨的投资。这些均在很大程度上表明，尽管广西工业体量较小，产业基础较为薄弱，企业整体运营规模、竞争实力与国际化运营能力相对靠后，但是广西依托中国国内的巨大市场和自身的区位优势，使其与柬埔寨蕴含着巨大的投资合作张力和拥有广阔的投资合作前景。

3. 合作态势平稳向好、合作格局较平衡

广西对越南、新加坡、马来西亚、柬埔寨以及文莱五个东盟国家的对外直接投资整体呈现出逐年走高、稳定向好的发展态势。从双方投资合作的整体格局来看，除了新加坡之外，广西对越南、马来西亚、柬埔寨以及文莱的对外直接投资总存量要高于广西实际利用这些国家外商直接投资总存量。总的来看，广西与上述五国投资合作处于资本净流出状态，双方投资合作较为平衡。

4. 国企主导，民企积极参与

从参与合作的微观主体来看，投资规模由实力雄厚的国有企业主导，项目数量则由充满活力的民营企业主导。即大的投资项目和工程承包项目主要由运营规模相对较为庞大、竞争实力相对较为雄厚的国有企业主导，如广西北部湾国际港务集团并购关丹港40%的股权等，而参与海外投资项目最多、最为积极的企业类型是民营企业，如广西投资越南的近100个企业中，大部分为中小型民营企业，广西投资柬埔寨的大多数企业也为中小型民营企业。

（三）存在的问题

广西与越南、新加坡、马来西亚、柬埔寨以及文莱五国的投资合作基础较扎实，前景较广阔，但是资金实力雄厚、技术领先、运营规模较大的龙头企业也明显缺乏，且多以个别企业分散投资为主，广西企业未能形成一定的“走出去”规模，主要存在以下几方面的问题：

1. 投资规模相对较小

同我国经济发达、产业基础雄厚的东部沿海省份相比，广西对越南、马来西亚、新加坡、柬埔寨以及文莱的对外直接投资，无论是绝对规模，还是相对规模，占比均较小。如上文分析，截至2016年年末，广西对上述五国协议投资额存量为32.62亿美元，占我国对这些国家直接投资存量总额的6.99%。而且实际投资额往往小于协议投资额，所以，实际投资额比例还要更小。应该说，广西自身产业基础薄弱，经济体量不大，运营规模较大、实力相对雄厚、竞争实力相对较强的大型企业相对缺乏。这成为制约广西对越南、新加坡、马来西亚、柬埔寨以及文莱直接投资的根本瓶颈。

2. 合作层次相对较低

《2016年度中国对外直接投资统计公报》中“按2016年年末对外直接投资存量排序中国非金融类跨国公司100强”，广西无一企业上榜。上文的分析亦表明广西对上述五个东盟国家的直接投资集中于采矿业、农产品等初级产品行业，基本没有投资什么高新技术企业，投资企业的技术水平都不高。在投资发展阶段，广西企业的业务主要集中于市场信息收集、开拓市场、售后服务等非经营性环节，主要服务于国内母公司的出口贸易。它们所从事的业务仍然处于企业国际化的初始阶段，远未大范围涉足国际生产、国际资源整合以及全球价值链构建等国际化程度更高的发展阶段。此外，受限于自身社会经济所处发展阶段及其决定的综合供给能力，广西对越南、新加坡、马来西亚、柬埔寨以及文莱的直接投资明显缺乏类似阿里巴巴马来西亚数字自由贸易区、碧桂园森林城市、东部沿海铁路这些富有现代商业理念，技术水平高、知识含量足以及社会影响力大的合作项目。

3. 投资领域相对较窄

广西企业对越南、新加坡、马来西亚、柬埔寨以及文莱的投资分散于农林渔牧业、采矿业、信息服务业、医疗服务业、安保服务、工程设计、制造业、批发零售业等多个行业，尤以农业与采矿业为主，行业分布既窄又分散。广西的对外直接投资企业中甚至只有两三家投资新加坡和文莱，对柬埔寨的投资主要集中于农业，对马来西亚的投资则以采矿业为主，对越南的投资，行业分布相对较广，但主要投资的是一些贸易服务类企业。广西企业远未能通过对外直接投资在这些国家形成具有一定行业规模的企业聚集和产业集群，自然也远未能通过一定行业规模的企业聚集和产业集群形成两地投资贸易一体化的深层次、宽领域的开放合作格局。

三、广西对越、新、马、柬、文投资的发展机遇与影响因素

长期以来，广西与东盟合作基础较好。“一带一路”倡议提出以来，广西居于东盟地理中心，北接“一带”、南启“一路”的区位优势更加明显，在我国对外开放发展格局中的地位更为凸显，在东盟国家，尤其是越南、新加坡、马来西亚、柬埔寨以及文莱五国的投资空间更为广阔，投资前景更加光明。

（一）发展机遇

中国社会经济发展已经迈入新时代，中国在国际世界的政治、经济与文化影响力空前增加。“一带一路”倡议提出以来，中国更为主动地引领塑造全球经贸合作格局。这为广西面向越南、新加坡、马来西亚、柬埔寨以及文莱的对外直接投资提供了良好的环境。

1. 地理区位优势更加凸显

中国—东盟自由贸易区建成以来，广西凭借自身居于中国—东盟地理中心的区位优势，成为中国与东盟经贸合作与文化交往的先行者与推动者，在投资、贸易等领域成为越南、新加坡、马来西亚、柬埔寨以及文莱在中国重要的省级区域合作伙伴。

2013 年以来，随着“一带一路”倡议的提出和快速推进，东盟成为我国南向建设“21 世纪海上丝绸之路”的核心区域，成为我国在“一带一路”巨大地理版图内构建自中南半岛经由我国广西、贵州、重庆、甘肃、新疆抵达中西亚及欧洲的全球贸易新通道的重要组成部分。

与此同时，“一带一路”倡议赋予广西更为突出的区位优势。广西不仅是我国西南地区唯一的出海通道和中国—东盟地理中心，也具有北接“一带”、南启“一路”新的区位优势，在我国新一轮开放发展格局中的战略地位更加凸显。在此背景下，广西面向越南、新加坡、马来西亚、柬埔寨以及文莱的对外直接投资不仅放置于中

国—东盟自由贸易区建设的地理版图之中，更内生于“一带一路”建设的广阔空间内，双方区位优势更加凸显，内生合作张力更为巨大。

2. 中国国际影响力空前增强

经过改革开放以来四十多年的持续快速发展，中国已经成为全球第二大经济体，全球第一大出口国、第二大进口市场，世界第二大 FDI 来源国与投资目的地，彻底改变了此前基础设施、技术与教育落后，市场和金融体系不完善，工业基础薄弱的面貌。尤其是 2008 年金融危机发生以来，传统发达国家需求萎缩，经济发展持续低迷，而中国持续稳定地发展经济，成为世界经济增长的“火车头”。根据国际货币基金组织的统计数据，在过去 5 年间，中国对全球经济增长的贡献率为 35%，中国在 2020 年年底前继续保持约 30% 左右的贡献率。毋庸置疑，中国将在世界经济复苏的道路上继续扮演重要角色。

中国经济的持续快速发展及其为全球经济发展做出的巨大贡献举世瞩目，为全球多个国家及其国民所称赞。越南在 1986 年实行革新后，积极学习和借鉴中国的改革开放经验，搭乘中国经济发展“快车”。新加坡虽然在政治上对中国抱有防范心理，但也非常希望搭上中国经济快速发展的“顺风车”。马来西亚、柬埔寨和文莱亦希望同中国积极合作，获得更多的资本流入与产业转移。受惠于此，广西企业面向越南、新加坡、马来西亚、柬埔寨以及文莱的对外直接投资将更为平坦，更加顺利。

3. “一带一路”倡议深入的推进

2007 年以来，我国社会经济发展迈入又一轮的结构性调整期。受全球经济周期性波动的影响，我国社会经济发展长期积淀形成的结构性矛盾开始显现，短期内集中体现为产能过剩问题，中长期则表现为结构调整问题。

与此同时，我国综合国力稳步增强，在国际格局中主动作为的能力增强，继续抓住用好重要战略机遇期的实力提升，集中表现为我国同世界各国展开经济合作的领域更为宽泛：一方面我国与发达国家在要素禀赋和产业结构上总体仍呈互补大于竞争的态势；另一方面我国充裕的资本、完整的工业体系、强大的制造能力和素质不断提高的人力资本，又与大多数发展中国家以自然资源和非熟练劳动力为比较优势的要素禀赋形成明显互补。在当前及未来一段时间内，我国既是全球最为活跃的大市场，也是最高效的制造中心；既是最具吸引力的投资目的地，亦是最重要的资本输出国。从产业层面来看，我国的部分产业，以高铁、工程、建筑等为代表，已经基于自身庞大的市场条件积淀形成了极为明显的竞争优势。这些因素共同作用，使我们在自我经济提升和全球经济增长的互动框架中享有内生于时代的发展能力与战略机遇。

在此背景下，党中央、国务院审时度势、高屋建瓴，创造性提出“一带一路”倡议，并加强与沿线国家沟通磋商，得到了大多数沿线国家的认可与积极响应。随着发展的不断深入，“一带一路”倡议已经发展为一个跨越亚、欧、非的区域合作框架，并呈现出成为全球开放性发展合作框架的巨大发展潜能。在全球经贸格局深度调整与大国利益博弈深化的大背景下，“一带一路”倡议为区域性与全球性经贸合作提供了崭新的思路，甚至被外界称为“21世纪最具有前途的全球发展战略和国际合作工厂”。

自“一带一路”倡议提出以来，党中央、国务院就非常重视广西借助“一带一路”开放发展的问题。在2015年两会期间，习近平总书记参加广西代表团审议时反复强调，广西只有积极主动融入“一带一路”倡议，才能在对外开放中大有所为，必须做好对外开放这篇大文章，实行更加积极主动的开放战略，加快形成面向国内国际的开放合作新格局，构建更有活力的开放型经济体系，并扩大和深化同东盟的开放合作，构筑沿海沿江沿边全方位对外开放平台。

2015年3月，经国务院授权，国家发改委、外交部、商务部联合对外发布了《推动共建丝绸之路经济带和21世纪海上丝绸之路的愿景与行动》（以下简称《愿景》），进一步明确了广西在国家“一带一路”倡议中的重要战略地位：发挥广西与东盟国家陆海相邻的独特优势，强化西南出海通道的战略地位，加快北部湾经济区——西江经济带开放发展，构建面向东盟区域的国际通道，打造西南、中南地区开放发展新的战略支点，形成21世纪海上丝绸之路与丝绸之路经济带有机衔接的重要门户。

毋庸置疑，“一带一路”倡议及其对广西的战略定位为广西的面向越南、新加坡、马来西亚、柬埔寨以及文莱对外直接投资提供了巨大的合作机遇。

4. 中国—东盟区域合作持续升级

经过多年的合作积累，中国—东盟区域合作已经建立起中国—东盟领导人会议、东盟与中日韩领导人会议以及东亚峰会、中国—东盟博览会等合作机制。

2015年年底，东盟正式宣布建成东盟共同体，东盟区域内的关税和非关税壁垒逐步消除，区域服务贸易自由化谈判进一步推进，单一市场和生产基地已初具规模，区域整治发展和安全合作取得进展，东盟统一体的文化认同不断提升。东盟政治、经济、社会的积极向好发展显然为广西面向越南、新加坡、马来西亚、柬埔寨以及文莱对外直接投资提供了更为有利的合作环境。

中国与东盟区域合作已经由“黄金十年”向“钻石十年”发展，广西正积极打造中国—东盟博览会升级版，将扩大展会规模，努力深化面向东盟国家的开放合作。这些重大历史机遇，将为广西面向越南、新加坡、马来西亚、柬埔寨以及文莱的对外直接投资及开放型发展注入新的强劲动力。

（二）影响因素

如第四章分析，中国投资东盟在当前及此后一段时间内将受到东盟内部矛盾、美国亚太战略转向以及日本激烈竞争三方面的影响与制约。当然，广西对越南、新加坡、马来西亚、柬埔寨以及文莱五个东盟国家的对外直接投资必然也受到这些因素的制约与影响。

除此之外，也将受到自身社会经济发展水平以及周边省份竞争等因素的影响与制约。

1. 自身因素

归根结底，广西与东盟各国开放合作的主要优势是区位优势，即作为中国—东盟的地理中心，南启“一路”、北接“一带”的门户地位，以及沿海沿边的区位条件。一国（地）对外直接投资内生于自身工业基础、产业资本、技术水平、商业理念、市场经济水平以及社会经济发展阶段等共同决定的综合供给能力。长期以来，广西工业基础薄弱，经济体量较小：经济总量、人均 GDP、利用外商直接投资、对外直接投资、进出口贸易、财政收入等经济指标在全国均排在中后位置，自身对外经济合作的内生能力较弱。反映在企业微观层面，集中表现为缺乏一批资金实力雄厚、技术水平领先、竞争能力强、运营规模较大的龙头企业。2018 年 9 月，中国企业联合会、中国企业家协会联合发布的 2018 年中国企业 500 强，广西仅有广西投资集团、广西建工集团、广西柳州钢铁集团、广西北部湾国际港务集团、广西玉柴机器集团，以及广西盛隆冶金有限公司 6 家企业上榜，仅有广西盛隆冶金有限公司 1 家企业入围中国民营企业 500 强。这从根本上限制了广西对越南、新加坡、马来西亚、柬埔寨以及文莱对外直接投资的合作层次、合作规模和合作水平。

2. 竞争因素

广西同周边省份存在竞争。在陆路方面，云南是广西的最大竞争对手。在“一带一路”倡议的战略定位中，云南被界定为面向南亚、东南亚的辐射中心，昆明机场被界定为门户机场。同时，在泛亚铁路的规划中，昆明可能成为西南地区沟通东盟国家最重要的陆上交通枢纽。事实上，截至 2016 年年末，云南省对外直接投资存量将近 70 亿美元，超过四川、重庆等经济发展水平相对更高的省市，成为西部地区对外直接投资存量规模最大的省。广西对外直接投资存量约为云南省的一半。这在一定程度上表明，广西对东盟的直接投资乃至面向东盟的开放发展，面临着来自云南省的巨大竞争压力。

这也很可能表明，广西对东盟国家的对外直接投资并未充分挖掘和完全利用自身的区位优势。

在海运方面，广东和海南都具有自身的优势。两地已经分别获批建设中国（广东）自由贸易试验区和中国（海南）自由贸易试验港。更为重要的是，广东省社会经济发展水平较高，产业体系较完善，企业整体实力强，企业国际化运营经验丰富。此外，从贸易带动对外直接投资这一逻辑关系的内在发展链来看，广东拥有成熟的航线、稳定的货源和便利的通关手续。相较而言，由于缺乏产业配套支撑，广西北部湾港很难取得规模化发展，陷入航线偏少从而不得不转道广州港和湛江港的发展困境。以 2017 年为例，广州港吞吐量达到 5.9 亿吨，在全国所有港口中排列第四位。北部湾港吞吐量则不到 1.6 亿吨。

四、广西对越、新、马、柬、文直接投资的总体思路

高举中国特色社会主义伟大旗帜，以习近平新时代中国特色社会主义思想为指导，遵循共商、共建、共享的合作理念，坚持基本市场规律、国际通行规则和我国开放发展基本原则，按照中央在新时代推进“一带一路”国际合作的战略部署，广西应构建面向东盟的国际大通道，打造西南中南地区开放发展新的战略支点，使 21 世纪海上丝绸之路与丝绸之路经济带有机衔接，赋予重要门户“三大定位”的新使命。广西应以市场容量、产业基础、发展规划、要素禀赋条件以及我国国内消费升级产生的新需求为合作基础，立足背靠我国西南西北腹地以及北接“一带”、南启“一路”的地理区位优势和市场接近效应服务国内与东盟两个大市场，围绕对外直接投资、对外工程承包、文化交流合作三个基本途径，锐意进取，不断开拓，加快对越南、新加坡、马来西亚、柬埔寨以及文莱的对外直接投资步伐，为参与“一带一路”建设、面向东盟的开放发展以及完成“三大定位”的新使命提供有力支撑。

（一）"一国一策"的整体合作思路

广西面向越南直接投资，当务之急是积极构筑"两廊一圈"的对接平台，推动中越双方沿边境线选择重要节点，打造重点园区。按照中马"两国双园"项目的扶持强度、新时期我国"自由贸易园区"的政策标准以及中国—东盟自由贸易区升级版先行地的战略地位推进中越"两国一园"项目建设，可先期积极推进建设东兴—芒街跨境经济合作区（中方提出共建的5个跨境经济合作区中，越方目前唯一同意大力推进建设的一个），力争将"两国一园"项目上升为国家级合作项目，以此促成浙江、广东、江苏、深圳等产业基础雄厚、产业外迁动力强劲的省份共同参与，切实建成能够整合中国资本、中国技术、越南劳动力、越南原产地，具有"两国一园"鲜明特色和"自贸园区"典型性质的东兴—芒街跨境产业园。考虑到越方在推进"两国一园"项目时的力度与意愿，在推动建设"两国一园"项目的同时，平行推动广西投资集团或北部湾投资集团等广西本土国企在越南一侧的芒街牵头建设芒街境外产业园。

从企业层面来看，由于广西与越南山海相连，在中国与越南进出口贸易合作格局中，广西具有其他省份无可替代的地位，所以中越边境贸易异常活跃，越南已经连续多年成为广西最大的进出口贸易伙伴，大多数广西企业对越南的投资也正是在进出口业务的基础上更进一步，由相对浅层次的国际化向更深层次的国际化渐进性迈进。从这个意义上讲，广西企业对越南对外直接投资应充分利用双方牢固的进出口贸易关系，积极发展贸易服务型对外直接投资，以此更加熟悉越南国内市场的需求条件和消费偏好，全力开拓越南市场，并以越南为据点，逐步开拓其他东南亚市场。一些实力相对雄厚，出口规模较大的企业可以考虑在越南投资建厂，既逐步实现本地生产、本地销售，整合利用越南的原产地优势，又开拓欧美等发达国家市场。

广西面向新加坡的对外直接投资，需要重视发挥广西北接"一带”、南启“一路”的地理中心作用，切实推动中新互联互通南向通道和南宁—新加坡经济走廊建设。从企业层面来看，由于新加坡经济发展水平远高于广西，因此广西应着力首先发展战略资源寻求型FDI，鼓励、扶持和帮助有实力的企业，尤其是大型国有企业或大型民营企业并购新加坡企业，或者在新加坡通过绿地投资建立研发中心，培育和形成“逆向技术溢出”，帮助国内母公司实现技术累积与突破；其次应积极利用新加坡作为国际金融中心的优势，在新加坡投资建立子公司，将其作为自身面向东盟其他国家实现国际化发展的融资平台。

广西面向马来西亚的对外直接投资，应以“两国双园”为核心平台和重要抓手。从企业层面来看，考虑近年来中马大型合作项目较多，广西也应该鼓励企业积极参与中资大型企业在马来西亚的合作项目。此外，考虑马来西亚企业在一些特定领域具有全球领先的技术，如清真产品认证、医疗旅游，以及海水淡化提取等，广西企业也可适度发展面向这些产业的战略资源寻求型FDI，入股相关企业，或者在当地建立研发中心等，也可与一些优势企业建立战略联盟，利用这些优势企业的雄厚产业资本、现代商业理念以及相关领域的先进技术，将以健康生态食品为代表的优质供给资源市场化、商业化、产业化。

广西面向柬埔寨的对外直接投资，应以“中柬农业促进中心”为核心平台和重要抓手，大力推进中柬农业合作，大力发展资源寻求型FDI，尤其是利用柬埔寨优质农业资源服务国内消费升级对高质量农产品的需求。

广西面向文莱的对外直接投资，应切实推进广西—文莱经济走廊建设，应以“一港两园三种养”项目为核心平台和重要抓手，切实推进推动中国（南宁）—文莱农业产业园合作项目。

（二）以要素条件和区位优势为本的项目设计思路

项目是投资合作的出发点、载体与最终归属，广西面向越南、新加坡、马来西亚、柬埔寨以及文莱的对外直接投资应首先基于各自的要素禀赋条件形成的互补以及双方市场容量、产业基础、特色优势、发展规划等形成的合作空间。

如图 8-2 所示，广西企业对越南、新加坡、马来西亚、柬埔寨以及文莱投资可以围绕以下几个方面设计论证项目：

（1）基于双方重大发展规划对接论证设计合作项目；

（2）基于双方要素禀赋条件、产业基础、特色优势及需求条件论证设计项目；

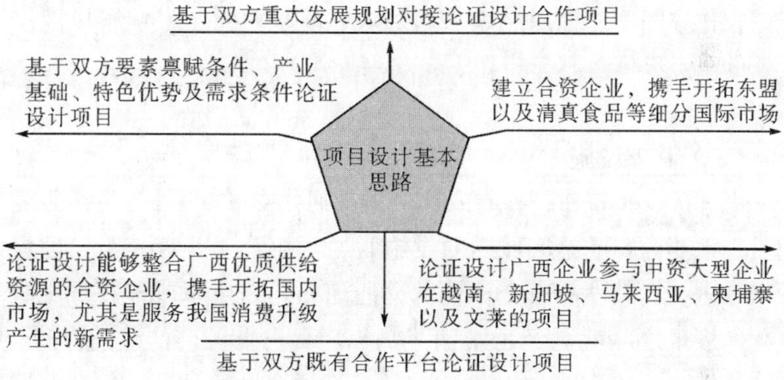

图 8-2　投资合作项目设计的基本思路

（3）基于双方既有合作平台（如“两国双园”项目、“中柬农业促进中心”）论证设计项目；

（4）建立能够整合广西优质供给资源的合资企业，携手开拓国内市场，尤其是服务我国消费升级产生的新需求；

（5）论证设计建立合资企业，携手开拓东盟以及清真食品等细分国际市场；

（6）论证设计广西企业参与中资大型企业在越南、新加坡、马来西亚、柬埔寨以及文莱的项目。

最后，广西还可以充分利用自身北接“一带”、南启“一路”，背靠我国西南、中南、西北腹地的中心地理区位优势和市场接近效应，努力整合区外优势企业的富余资本、先进技术、优势产业、特色产品与现代商业理念等，论证设计一批服务国内和东盟两大市场的项目，尤其是能够整合越南、新加坡、马来西亚、柬埔寨、文莱以及其他东盟成员国优质供给资源，服务国内消费升级产生的新需求。

五、广西对越、新、马、柬、文投资的重点领域

考虑到对外直接投资应基于各自的要素禀赋条件能够互补的前提以及双方在市场容量、产业基础、特色优势、发展规划等方面形成的合作空间，广西对越南、新加坡、马来西亚、柬埔寨以及文莱投资的重点领域及其分析如下：

（一）基础设施

大开放、大合作，要有发达的大交通作支撑。“一带一路”建设的一个重要内容就是区域内的设施联通。随着“一带一路”建设的深入推进，区域性甚至全球性贸易通道格局发生了或即将发生重大变化，表现之一就是经由中南半岛—广西—重庆—甘肃—新疆—中亚，连接“一路”与“一带”的贸易新通道开始显现，中新互联互通“南向通道”由此形成。广西企业应通过对外工程承包的方式，积极参与并贡献和服务于“一带一路”的基础设施建设。

同时，随着越南、柬埔寨等国家社会经济的持续快速发展，其对电力、交通等基础设施的需求必将迎来井喷式增长。以马来西亚为例，其新规划建设一批重大基础设施项目，大力推动乡村发展计划，建设和完善郊区公路网，实现99%的居民享有水电供应，并新建和修复医院和乡村诊所。鉴于此，公路、火电站、水电站等工程项目是广西面向越南、新加坡、马来西亚、柬埔寨以及文莱投资的重点领域。

（二）农、林、渔、牧业

长期以来，广西是中国的农业大省，农产品资源较为丰富，糖

产量全国领先。而农业也是柬埔寨、越南等国家国民经济的支柱产业。农业对各方经济发展、农民就业、农村脱贫意义重大，成为双方共建命运共同体的最佳结合点之一。除此之外，由于广西和越南、柬埔寨特殊的地理位置、气候条件和相似的生活习惯，不同种类农产品或同种农产品因成熟期或品质不同而形成互补，我国、越南、柬埔寨三国对其他两国的农业产品会有很大的需求，因此，广西在农产品贸易和农业合作方面，与它们的合作空间很大。

随着我国社会经济的持续快速发展，我国社会的主要矛盾已经转化为人民日益增长的美好生活需要和不平衡不充分的发展之间的矛盾，优质农产品的需求日益增加，优质农产品的外部供给总量亦不断增加。现阶段，中美贸易摩擦方兴未艾，给我国农产品外部供给与内部需求的稳定带来了太大的不确定性。为此，同越南、柬埔寨、文莱等国展开生态农业项目合作，成为广西面向越南、新加坡、马来西亚、柬埔寨以及文莱对外直接投资的又一个极为重要的领域。

（三）汽车装备制造

汽车装备制造是广西当前优势明显、基础雄厚的重要产业，也是广西出口越南等东盟国家的一个重要产业。经过长期积累与持续发展，广西汽车装备制造业的产业体系较为完整，目前拥有东风柳汽、上汽通用五菱、广西汽车集团、一汽柳特、重汽柳州运力、东风柳汽、柳州众力、钦州力顺、广西华奥、桂客集团等整车或配套设备生产企业，产品线涵盖汽车、货车、客车、乘用车、车用内燃机与汽车零部件等。其中，上汽通用五菱的产销量全国领先，柳州也发展为全国第五大汽车城。广西已将汽车产业列为七大超千亿产业之一来打造，确定把柳州建成广西汽车工业产业集群的中心。

虽然东盟国家从中国进口的十大商品中，只有越南的原装汽车及其配件进入十大商品行列，但是东盟国家汽车市场巨大，商机无限。尤其是越南、柬埔寨等传统经济落后的国家近年来经济增长迅速，人均收入水平持续走高，汽车开始进入或者即将进入大规模普及阶段，加上东盟各国政府针对汽车行业的政策倾斜和支持措施，使市场具备了发展汽车产业的有利条件。鉴于此，汽车装备制造应该成为广西面向越南、新加坡、马来西亚、柬埔寨和文莱投资的又一个重点领域。

（四）有色金属加工

长期以来，有色金属、冶金、特色建材、建筑安装是广西的优势产业，广西对外直接投资单笔投资金额最大的项目也是位于马来西亚的联合钢铁项目。钢材、铝箔、钢铁制品、电导体等也是越南、新加坡、马来西亚、柬埔寨和文莱的主要进口产品。在东盟国家进口的30类主要产品中，钢铁、有色金属、电子元件等有利于基础设施建设和工业发展的产品占进口商品的绝大部分。

鉴于此，广西应加强与越南、新加坡、马来西亚、柬埔寨以及文莱在有色金属、冶金、特色建材、建筑安装等领域的合作，推动广西投资集团、广西盛隆冶金有限公司、广西柳州钢铁（集团）公司、广西玉柴机器集团有限公司等具有代表性的企业到上述国家投资，深入这些国家基础设施建设及相关领域。

（五）向海经济合作

向海则兴，人类的社会经济活动本身就是一个由陆地向海洋的渐进拓展与开发过程。2017年4月19日，习近平总书记到广西北海考察调研时指出，要建设好北部湾港，打造好向海经济。发展向海经济主要是大力推进港口建设，努力发展好海洋产业，以及全力保护海洋生态环境。重视和利用海洋资源是发展向海经济的重要内容，包括提高海洋资源开发能力，推动海洋经济向质量效益型转变；提高海洋开发能力，扩大海洋开发领域；加快发展现代海洋产业，提升海洋传统产业，培育、重点发展海洋战略性新兴产业。

我国经济正由高速发展向高质量发展转变。2018年3月6日，习近平总书记在参加内蒙古代表团审议时强调，要大力培育新产业、新动能、新增长极，扎实推动经济高质量发展。在此背景下，发展海洋战略性新兴产业成为发展向海经济的重要内容，也是后发地区实现经济赶超发展的重要举措之一。

广西面朝辽阔的南海，越南、新加坡、马来西亚以及文莱也具有辽阔的海域，新加坡、马来西亚等国的部分优质企业在海洋生物、海水淡化、海洋能源提取等领域积淀形成了行业领先的技术。发展向海经济，尤其是大力发展包括海洋生物产业、海洋能源产业、海水利用产业、海洋制造与工程制造产业、海洋物流产业、海洋旅游产业、海洋矿业等成为广西对越南、新加坡、马来西亚以及文莱投资的又一个重点领域。

（六）清洁能源开发与环境保护

党的十九大报告提出新时代坚持和发展中国特色社会主义的十四条基本方略，其中第九条就是“坚持人与自然和谐共生”。广西也正全力践行“创新、协调、绿色、开放、共享”的发展理念，南宁的海绵城市建设亦稳步推进。节能环保产业是《广西战略性新兴产业发展“十三五”规划》重点培育发展的六大战略性新兴产业之一。

新加坡和马来西亚在生物柴油、海水淡化、污水处理、环境保护等领域具有领先的技术。马来西亚恩那社（Enersave）先达集团和马来西亚 YTL 集团都是亚太地区领先的水处理公司。鉴于此，广西应将清洁能源开发与环境保护产业作为广西对越南、新加坡、马来西亚、柬埔寨和文莱投资的又一个重点领域。一方面，广西可以在马来西亚投资建立研发中心，利用当地人力资源获取“逆向技术溢出效应”；另一方面，广西可以与当地企业建立合资企业，携手发展国内生态环保与海洋产业，尤其是城市内河治理、污水处理、水环境改善、资源型产业生态化改造、产业园区生态化建设等。

六、推进广西对越、新、马、柬、文投资的对策建议

基于上文分析的合作现状及存在的问题、总体思路与重点领域，笔者提出以下几方面的对策建议，希望能够推动广西面向越南、新

加坡、马来西亚、柬埔寨以及文莱的对外直接投资，助力在"一带一路"背景下广西南向、北联、东融、西拓的开放发展。

（一）深化国资整合，做大做强广西国有企业

一国或一地的对外直接投资归根结底是企业基于内部资源的外部资源抉择行为。对外直接投资能否取得成功取决于企业是否具备应有的资产规模、竞争实力、国际化运营能力，从而能否以股权投资等方式在区域市场甚至在全球范围获取更大的剩余索取权。因此，加快一地对外直接投资的根本在于从企业资产规模和管理水平两个维度提升企业对外直接投资和跨国运营的所有权优势和夯实竞争基础。鉴于此，广西应利用中央政府进一步深化国有企业改革的契机，深化省级层面和市级层面的国资整合，通过企业重组等方式做大做强国有企业，尤其是国有上市企业，增强国有企业在国内资本市场的正面影响力，降低融资成本，为这些企业面向东盟国家甚至是全球的对外直接投资提供相对充足的资金保障。

（二）优化营商环境，依法合规扶持培育大型民营企业

为民营企业营造公平竞争的市场环境，鼓励民营企业参与国有企业改革，选择行业领军的民营企业依法合规进行重点培育。鼓励和支持民营企业以市场供需条件为基础，利用自身优势积极投资越南等东盟国家，在产业深度和产业宽度上运营一个内部化的区域性要素资源市场，整合利用东盟优质供给资源，逐步开拓东盟国际大市场，提升国际化运营能力，稳步构建起区域性生产网络和打造形成具有区域性国际影响力的广西品牌。在支持民营企业"走出去"的过程中，需特别重视帮助民营企业走出国际化运营过程中的融资难困境，如筹措和拨付中小企业国际市场开拓资金，鼓励中小企业，尤其是中小型出口贸易企业基于已有的出口贸易业务面向越南及其他东盟市场进行市场开拓型 FDI。

（三）推进引资、引智协同发展，壮大广西工业体量

统筹推进引资、引企、引知、引智协同发展。将一地基于招商引资的产业发展和该地高等学校基于人才引进的教育发展有机衔接。重点推进广西科技大学和北部湾大学等高等院校围绕所在地优势产业和产业规划实现跨越式赶超发展。广西科技大学重点引进汽车产业、新能源汽车的研究团队；北部湾大学重点引进和打造海洋相关产业的研究团队。以企业在3~5年面临的科技攻关难题作为高校教师和博士培养的研究方向，以解决企业的实际技术问题作为高等院校博士人才培养改革的主要内容。

广西应在全国范围内公开招聘一批具有现代商业意识、国际化视野、国际化运营经验、跨文化沟通能力的企业管理人才，提升广西国有企业捕获东盟市场机会、高效管理海外分支机构和有效整合区域生产要素的管理能力，并希望以此为引领，逐渐改变广西商业理念陈旧、管理水平不高的现状，从而以现代商业理念市场化、资本化、商业化优质供给资源，打破落后条件下的经济封闭及由此产生的低水平资源开发。

广西应创建中国—东盟知识产权港，集聚创新资源，吸引高价值知识产权，特别是专利技术落地实施、交易流转和转移转化，为我国与越南、新加坡、马来西亚等东盟国家开展国际产能合作，提高与沿线国家贸易额，以及进行供给侧结构性改革和产业转型升级提供有力支撑。最根本的是，广西应通过知识产权港的建设，汇聚外部先进创新要素和技术资源，以外源性技术动力推动产业升级，壮大产业规模，并由此逐步培育和形成一批运营规模较大、创新能力较强、市场竞争能力较为突出的区域性跨国公司，从源头上提升对外合作的内生能力。

（四）强化境外经济合作区建设，帮助中小企业抱团走出去

鉴于广西工业基础薄弱、大型企业不多的发展现状，以及广西

企业对外直接投资以贸易服务型居多的阶段性特征，广西企业应在越南、柬埔寨等国家建立多个境外经济合作区，如以广西投资集团或北部湾投资集团为建设主体，前期在越南芒街建设芒街境外产业园，推动中小企业以“抱团”的方式集体走出去，降低中小企业对外直接投资的管理成本，增强它们抵御境外运营风险的能力。

广西企业应充分发挥各种社会性组织的作用，积极构建对越南、新加坡、马来西亚、柬埔寨以及文莱投资的社会关系网络节点。一方面，广西应利用有相当数量的侨民分布在东盟各国的优势，积极拓展海外联谊，引导侨务工作为广西中小企业走出去构建社会关系网络节点；另一方面，应推动有影响力，且已在越南、新加坡、马来西亚等东盟国家投资的广西企业牵头组建广西境外企业联合会或商会，或者组建不同区域、不同市场、不同产业的海外企业联合会或商会，以加强企业间基于关系网络的联系与协作，带动更多的中小企业对外直接投资。

（五）申报北部湾自由贸易试验港，推动双边市场有序开放

坚持申报建设北部湾自由贸易试验港，以“两廊一圈”主对接平台、中国—东盟自由贸易区升级版先行地、边境开发开放试验区为基本定位，围绕中国—东盟自由贸易区升级版建设以及“一带一路”背景下边境开发开放进行政策试验与制度创新。广西应围绕贸易自由化、投资便利化两个维度，谨慎推进教育、医疗、养老产业开放，“进行负面清单管理”，启动投资争端解决机制，关注跨境电子商务以及要素自由流动等谈判议题，以此逐步且合理地推动双边市场有序对等开放，不断提升中国—东盟自由贸易区的开放水平，从制度规则层面为广西企业以及中国其他省份企业对越南、新加坡、马来西亚、柬埔寨、文莱等东盟国家直接投资扫清障碍和提供保障。

（六）优化合作平台，强化沟通协调机制建设

在广西面向越南、新加坡、马来西亚、柬埔寨以及文莱的投资

合作过程中，项目的设计和论证非常重要。但是，在具体项目的推进过程中，可能面临着各种各样的具体问题，包括各种困难和阻碍。这些问题往往涉及双方的多个部门和多个主体，需要双方及时沟通、积极协调、通力合作，逐步推进项目，因此，强化双边合作协调机制建设尤为重要。广西需要围绕合作内容，在利用好“国际陆海贸易新通道”“两国双园”“中柬农业促进中心”等现有合作机制与合作平台的基础上，进一步建立起包括交通运输、通关便利化、投资自由化、财税合作、标准和规格联通、重大项目推进等在内的全方位、常态化、多平台合作协调机制。

与此同时，广西与东盟国家的开放合作需要全面提升广西政府工作人员的综合能力，尤其是涉外工作人员面向东盟国家的跨语言沟通能力，增强国际化办公能力和跨文化沟通意识。广西应对涉外部门开展面向东盟的语言和文化能力提升培训，并不断增强公务人员的服务意识以及公务执行的合规性。通过这些培训，公务人员能够根据东盟国家不同思维和做事习惯来思考问题，包括对外开放合作的资料、文件的打开软件是否兼容等问题。

第九章　产业战略：基于东道国发展规划与重点优势产业分析

“一带一路”是中国主动提出的区域性合作倡议，国际产能合作首先要求各国发展规划的对接。在具体的实施过程中，积极主动对接沿线国家的重大发展规划尤为重要，其不仅在很大程度上影响着共商共建共享的基本原则是否能够得到切实贯彻，也在很大程度上决定了“一带一路”倡议能否始终得到沿线国家的广泛认同与积极响应。鉴于此，本章以新加坡、印度尼西亚、缅甸、马来西亚及越南五国为代表（由于篇幅所限，本章仅重点分析这五个东盟国家，其中新加坡、缅甸、印度尼西亚、越南是中国投资东盟最多的四个国家，马来西亚是近年来中国对东盟投资增长最为快速的国家），详细梳理和系统分析这些国家各自的重大发展规划，并以此为据，尝试性识别在“一带一路”背景下中国企业面向这五个东盟国家的重点投资产业。

一、新加坡发展规划与重点优势产业

自1965年新加坡建国以来，其大约每十年都会进行一次产业转型升级。2016年，新加坡政府决定在2016年预算案中安排45亿元的资金，专门用于新的产业转型计划，由此推出了新加坡产业转型蓝图（industry transformation map）。2017年2月，新加坡政府又提出了指引未来五至十年经济发展的七大战略。

（一）产业转型蓝图

产业转型蓝图涵盖23个产业，汇聚6大产业群。产业转型蓝图的主要目标有四个：一是推动企业，尤其是中小企业沿着价值链不断提升运行效率和生产率；二是通过人员培训，使员工具备能够支撑企业产业链升级的更高级别技能；三是增强研发能力，开发新产品；四是助推新加坡企业向海外市场扩张。

具体来看，如表9-1所示，新加坡产业转型所涉及的6大产业群分别是制造业、环境建设、贸易与交通、国内基本服务、专业服务以及生活相关服务业。其中，制造业涵盖能源与化工、精密制造、海洋与近海产业、航空业以及电子产业五个产业，环境建设包括建筑业、房地产、清洁、安保四个产业，贸易与交通主要包括物流、空运交通、海运交通、陆路交通以及零售业五个产业，国内基本服务包括医疗与教育两个产业，专业服务包括通信与媒体、金融服务业等产业，生活相关服务业包括食品服务、零售、酒店和食品加工四个产业。

表9-1　新加坡产业转型蓝图

	产业群（cluster）	产业（industry）
1	制造业 manufacturing	能源与化工（energy & chemicals）
		精密制造（precision engineering）
		海洋与近海产业（marine & offshore）
		航空业（aerospace）
		电子产业（electronics）
2	环境建设 environmental construction	建筑业（construction）
		房地产（real estate）
		清洁（cleaning）
		安保（security）

表9-1（续）

	产业群（cluster）	产业（industry）
3	贸易与交通 trade & connectivity	物流（logistics）
		空运交通（air transport）
		海运交通（sea transport）
		陆路交通（land transport）
		零售业（wholesale trade）
4	国内基本服务 essential domestic services	医疗（healthcare）
		教育（education）
5	专业服务 professsional services	通信与媒体（ict and media）
		金融服务业（financial services）
6	生活相关服务业 lifestyle	食品服务（food services）
		零售（retail）
		酒店（hotels）
		食品加工（food manufacturing）

资料来源：笔者根据新加坡 industry transformation map 整理。

新加坡产业转型蓝图所涉及的产业基本上都描述了自身的发展目标与具体策略。金融服务业的产业转型旨在持续巩固和长期维系新加坡在全球外汇交易与财富管理方面的领先地位。建筑业的产业转型主要是为了鼓励建筑公司引入更多尖端科技，以此增加生产类型，并减少新加坡对外籍建筑劳工的依赖。电子产业的转型旨在通过引入和应用包括自动化机械等在内的高科技技术，既提高企业运营效率，又提升企业的技术水平与创新能力，推动新加坡电子产业的发展。

（二）七大战略

2017 年年初，新加坡未来经济委员会发布《未来经济委员会报告：下一代的开路先锋》（*Report of the Committee on the Future Economy*：

Pioneers of the Next Generation)。报告着眼于勾勒和描绘新加坡未来五至十年的发展愿景，提出通过三大途径和七大战略，力争在接下来的十年中，使新加坡每年的经济增长能够保持在2%~3%的水平。

七大战略分别是：①深化和多元化国际联系；②掌握和运用精深技术；③增强企业创新能力和壮大企业运营规模；④增强数字化能力；⑤提升城市活力；⑥深入推进产业转型蓝图变现实；⑦加强各方合作，促进创新与增长。深化和多元化国际联系要求新加坡恪守自由与开放市场的基本理念，反对贸易保护主义，既深化同现有重要合作伙伴的经贸投资往来，又在非传统市场中寻找新的贸易伙伴，从而帮助新加坡企业更好地开拓国际市场。掌握和运用精深技术主要是保证企业员工获得与企业创新升级发展相匹配的新知识、新技能。增强企业创新能力和壮大企业运营规模主要是通过构建企业创新系统，提升企业创新能力，并通过更为有效的融资帮助中小企业快速成长、壮大和国际化。增强数字化能力旨在引导和鼓励企业，尤其是中小企业紧跟数字化时代的发展大趋势，积极引入数码科技，提升数据分析能力，不断累积数据资产。加强各方合作，促进创新与增长，主要是进一步优化政府、企业、协会以及行业等不同社会主体间的制度性安排，包括调整税制等，从而打造形成一个运行成本更低的社会组织结构，鼓励形成具备创新和冒险精神的社会环境，以及可持续发展的生活环境。

（三）鼓励外商投资产业

电子精密工程、石化产业、生物医药产业、金融保险业、运输物流业、海事工程业、批发零售业、商业服务业、咨询通信业以及旅游业等是新加坡的重点优势产业。新加坡鼓励有助于出口、增加就业机会的外商投资，尤其欢迎高科技企业、研发活动等能够提升新加坡经济活力和全球竞争力的外商投资，如高附加值和高技术企业、区域总部、大型跨国公司、研发机构等。

二、马来西亚发展规划与重点优势产业

当前，马来西亚正在实施的发展规划主要有“经济转型计划（2011—2020）”、“第十一个马来西亚计划（2016—2020）”（RMK11）、“马来西亚第三工业大蓝图（2006—2020）”（IMP3）以及“2050年国家转型计划”（TN50）等。

（一）经济转型计划（2011—2020年）

为了支撑马来西亚的发展规划的实施，2010年9月，政府制定了专门的“经济转型计划（2011—2020）”。该计划旨在推动马来西亚在2020年前成为发达国家，人均国民收入达到15 000美元。“经济转型计划（2011—2020）”识别了12个国家关键发展领域（见图9-1），以期大大提升人均国民收入水平。此外，为了切实改善马来西亚商业环境及全面提升马来西亚企业的全球竞争力，“经济转型计划（2011—2020）”还确定了6个战略性改革领域。

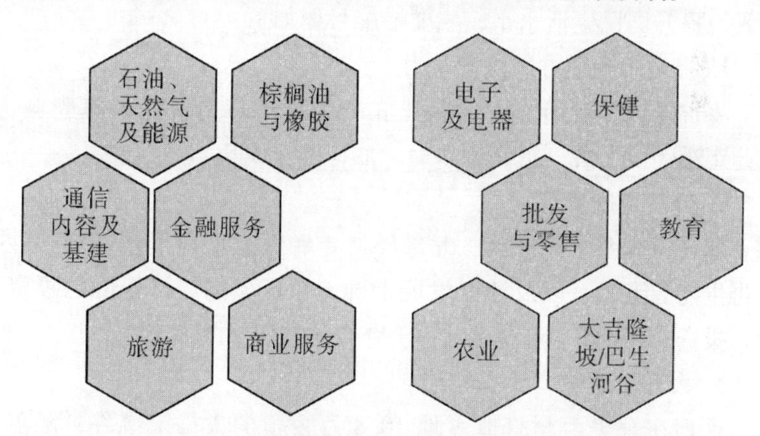

图9-1　马来西亚12个国家关键发展领域

如图9-1所示，“经济转型计划（2011—2020）”识别和确定了12个国家关键发展领域，分别是石油、天然气及能源，棕榈油与橡胶，金融服务，通信内容及基建，旅游，商业服务，电子及电器，

保健，批发与零售，教育，农业，以及大吉隆坡/巴生河谷。马来西亚政府希望通过深入实施和加快推进“经济转型计划（2011—2020）”，在12个国家关键发展领域中探寻和培育新的增长极，并推动马来西亚相关产业实现升级。

大吉隆坡/巴生河谷指吉隆坡—巴生河谷流域，涵盖了吉隆坡附近10个城市，占地面积约2 800平方千米。其在概念上参考了大伦（Great London）和大多伦多（Greater Toronto Area）的先进规划与设计理念，计划从基础设施、人民收入和居住环境三方面着手，打造世界前二十大适合居住的国际大都市。

（二）第十一个马来西亚计划（2016—2020年）

2015年5月，马来西亚政府公布第十一个马来西亚计划（2016—2020），提出加快马来西亚建设，全面实施和推动“以人为本的成长”，拟通过提高生产力、创新、壮大中产阶级、发展技能教育培训、发展绿色科技、投资有竞争力的城市六大策略，增加国民收入，提升国民生活水平，主要措施具体如下：

1. 提高多个地方经济竞争力

将吉隆坡、新山、古晋和亚庇4大城市打造成发展旗舰城市，以此刺激经济发展，提高竞争力，加速国家成长。

2. 经济走廊发展

加大对东海岸经济区、北部经济走廊区、依斯干达走廊、砂拉越再生能源走廊，以及沙巴发展走廊五个区域的经济走廊的投资力度，投资总额约2 360亿令吉（1令吉≈1.52元人民币）。

3. 大马宏愿谷

计划在森美兰州打造占地10.8万公顷的大马宏愿谷，涵盖汝莱、芙蓉及波德申三地。其中，芙蓉规划为商业经济发展区、汝莱为大学城、波德申为旅游区。同时，在嘉乐区建设占地404.686公顷的巴生谷中央公园；重新建设2 468.582公顷的新工业发展区，承接来自巴生谷的产业转移。大马宏愿谷建设周期为30年，从2016

年开始，一直持续到2045年结束，投资总额高达6 410亿令吉。

4. 重大基础建设发展

规划新建一批重大基础设施项目，主要包括捷运第二路线（投资250亿令吉）、槟城交通基建发展计划（270亿令吉）、泛婆罗洲大道（270亿令吉）、马新高铁（300亿令吉）、第三轻快铁（90亿令吉）、金马士—柔佛双轨计划（80亿令吉）、PAPID油气海事基建（30亿令吉）等。

5. 增加和修复房屋数量

建造65万间房屋，修复40万间郊外房屋。

6. 乡村发展计划

实现为99%的居民供应水电的目标。100亿令吉用于乡村供水设施建设；30亿令吉用于乡村电力供应设施建设；建设3 000多千米的郊区公路。

7. 医疗设施发展

在甘马挽、文冬、华玲、巴西古当及马兰，兴建6家新医院。升级2家沙巴医院；拨款3 300万令吉兴建165间诊所。

8. 教育培训发展

在全国兴建至少80所学校，其中2所在玻璃市，2所在马六甲，5所在沙巴，以及5所在砂拉越。

（三）2050国家转型计划（TN50）

2016年，马来西亚政府提出2050国家转型计划（TN50），其主要目标是，推动马来西亚在经济发展、公民福祉和创新等领域发展成为全球领先国家，迈入全球经济20强，使马来西亚屹立于世界强国之林。不同于此前自上而下，主要由政府主导、政府构思和政府设计的发展规划，TN50的制定是自下而上的，即政府首先广泛收集各领域人民，尤其是年轻人对国家的期望和建议，然后在此基础上编制和提呈完整的转型计划。当前，TN50已经全面启动，但马来西亚政府还处于期望和意见收集阶段，没有形成具体的规划文本或纲领性文件。

尽管如此，政府关于 TN50 的一些思路还是透露出一些基本的转型领域，主要包括：马来西亚将打造一个包容、活力及开放的社会，创新构思及经济前沿，安全、永续及健康生活，革新、联通及采纳新科技的社会，施政角色等。而且，一些部门已经立足这些基本思路展开了具体的转型行动，例如，马来西亚棕油局已拟定一系列策略，包括善用生物科技、大数据、通信与科技、化学与生物能源以及关注环境与先进的基础研究等，以此确保马来西亚棕油产业也在 TN50 实施期内或未来一百年继续向前迈进，得以永续经营。

马来西亚的另一个重要规划是工业 4.0。从全球来看，工业 4.0 所基于的技术驱动力主要有机器人、大数据，以及互联网等。尽管马来西亚还未形成明确的工业 4.0 规划方案，但进一步确认了第十一个马来西亚计划（2016—2020）所识别的是“3+2”重点产业：电子电器、机械制品等三个重点产业和航空航天与医疗设备两个新兴增长产业，详见图 9-2。

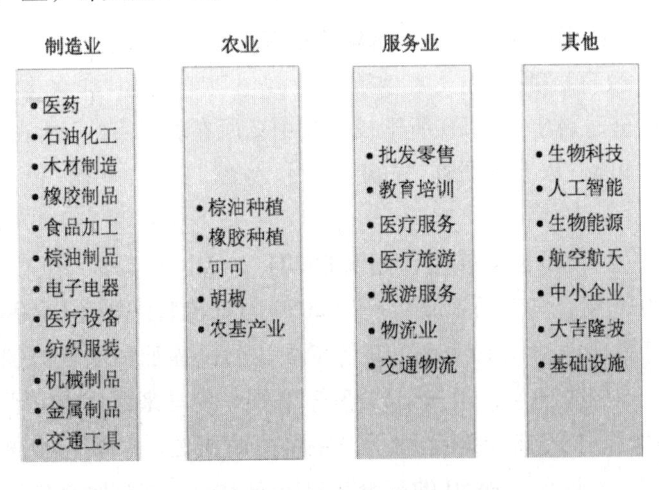

图 9-2　马来西亚各类规划确定的重点发展产业

马来西亚主动积极推动与中国的经贸合作，签署了《中马经贸合作五年规划（2013—2017 年）》，并确认启动《经贸合作五年发展规划（2018—2022年）》续签工作，双方同意在农业、基础设施、能源及矿产资源、信息及通信技术、工程及建筑服务、中小企业、旅游、物流及零售等领域强化合作。

（四）重点、优势与鼓励投资产业

马来西亚的重点、特色优势产品及产业主要有棕榈油，橡胶，石油、天然气开采业，旅游服务业（特色为医疗旅游），电子、石油、机械、钢铁、化工及汽车制造业，清真产品认证行业等。

马来西亚政府鼓励外国投资进入出口导向型和进口替代型的生产企业和高科技领域，外国投资者在马来西亚可享受优惠政策的行业主要有：农业生产、农产品加工、石油化工、医药、木材、纺织、钢铁、有色金属、科学测量仪器制造、食品加工、研发、酒店旅游等行业及其他与制造业相关的服务业等。

三、印度尼西亚发展规划与重点优势产业

2007年，印度尼西亚政府出台了《2005—2025国家长期发展规划》（*Long-Term National Development Plan*）。2011年，印度尼西亚第六任总统苏西洛制定和发布《2011—2025经济发展总体规划》（*The Masterplan for Acceleration and Expansion of Indonesia's Economic Developpent*，MP3EI）。2014年，印度尼西亚政府发布《国家中期发展规划（2015—2019）》（*National Medium-Term Development Plan*）。这些规划是引印尼当前社会经济发展的重要规划。

（一）《2005—2025国家长期发展规划》

《2005—2025国家长期发展规划》基于印度尼西亚的禀赋优势体系和传统优势产业，识别了优先重点发展的35个产业集群，包括12个农业产业集群、5个中小工业集群、以钢铁为代表的4个基础材料产业集群、4个运输设备产业集群、3个创意产业集群、3个电子和通信技术产业集群、2个劳动密集型产业集群以及2个机械行业产业集群。

（二）《2011—2015 经济发展总体规划》

《2011—2015 经济发展总体规划》的最大宏愿是使印尼力争在 2025 年迈入发达国家之列，为实现这一目标，印尼政府主要从以下三个方面全力以赴：一是增加工业附加值和延伸产业价值链，提升流通领域的效率；二是提高生产率，整合形成一个更加统一的国内市场；三是构建和提升国家创新系统，打造创新驱动型经济，培育和增强可持续的全球竞争力。

如图 9-3 所示，《2011—2015 经济发展总体规划》识别了 8 个主要发展领域（main programs），分别是采矿业、工业、旅游业、通信、农业、能源、海洋产业、战略产业。这 8 个主要发展领域具体涵盖 22 个主要经济行动（main economic activities），包括棕榈油、橡胶、可可、畜牧业、木材、石油与天然气、煤炭、镍矿、铜矿、铝土矿、渔业、旅游、食品农业、雅加达地区、巽他海峡地区、交通设备业、通信信息、航运、纺织业、食品、钢铁、军事防御设备。

《2011—2025 经济发展总体规划》的另一个重要内容就是确定了印度尼西亚的 6 大经济发展走廊，分别是苏门答腊（Sumatra）经济走廊、爪哇（Java）经济走廊、加里曼丹（Kalimantan）经济走廊、苏拉威西（Sulawesi）经济走廊、巴厘和努沙登加拉（Bali-Nasa Tenggara）经济走廊、巴布亚和马鲁吉（Papua-Moluccas）经济走廊。苏门答腊（Sumatra）经济走廊重点发展自然资源生产与加工，打造方向为国家的能源储备库；爪哇（Java）经济走廊打造方向为工业与服务供给的重要区域；加里曼丹（Kalimantan）经济走廊打造方向为矿产、能源开采与生产中心；苏拉威西（Sulawesi）经济走廊打造方向为农业、种植、渔业、石油与天然气、矿产中心；巴厘和努沙登加拉（Bali-Nusa Tenggara）经济走廊重点发展旅游业，打造方向为重要的食品供给中心；巴布亚和马鲁古（Papua-Moluccas）经济走廊重点发展食品、渔业、能源和矿产业。

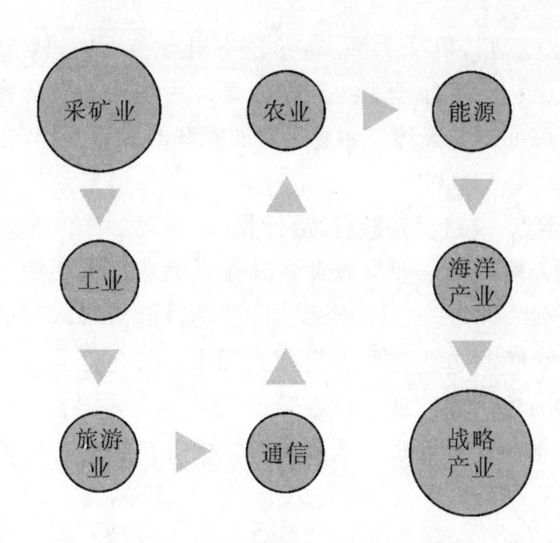

图 9-3　《2011—2025 经济发展总体规划》识别的 8 大重要领域

（三）《国家中期发展规划 2015—2019》

《国家中期发展规划 2015—2019》是印度尼西亚《2005—2025 国家长期发展规划》所涵盖的四个中期发展规划之一，由新任总统佐科于 2014 年 12 月在国家发展计划大会上公开宣布。该规划重点引入了绿色发展，重视国家粮食与能源安全，特别突出以海洋为基础的基础设施建设。

基础设施建设是《国家中期发展规划 2015—2019》最为重要的内容。其详细识别了 12 个重大基础设施领域，分别是公路网络、航空网络、海运网络、铁路网络、内河网络、城市公共交通、水利建设、宽带网络、防水处理系统、炼油厂与天然气等。公路网络包括新建高速公路和维修现有公路路网；航空网络方面，将新建 15 个机场；海运网络方面，将新建 24 个大型港口；铁路网络方面，将在爪哇、苏门答腊、加里曼丹、苏拉威西经济走廊建设超过 3 000 千米的铁路路网；内河水运网络方面，将新建 60 个轮渡码头；城市公共交通方面，将在 20 个城市建设城市快速公交线路；水利建设方面，将新建33座水电站，49个大型水坝；宽带建设方面，将建设涵盖市县区的宽带网络；污水处理系统建设方面，污水处理系统将涵盖印尼主要市县；炼油厂与天然气将满足普通家庭的天然气和电力需求。

（四）重点、特色与鼓励投资行业

石油与天然气开采业、农业、林业、渔业、采矿业、旅游业及以纺织、纸张、木材加工、橡胶加工、制鞋、食品、汽车、电子、钢铁等为代表的制造业是印度尼西亚的重点特色产业。印度尼西亚是全球最大的棕榈油产地，世界第三大热带森林国家。林业是印度尼西亚的重点产业，纸浆、纸张、胶合板等与林业相关的制造业也是印度尼西亚出口的重要行业。

印度尼西亚政府优先发展并鼓励外商投资的产业主要聚焦于两个方面：一是印尼的传统优势产业，如采矿业、以棕榈油和橡胶等为代表的农业，以及食品加工等产业；二是印尼政府认为能够提高国家竞争力的产业，如化工、电子信息以及交通运输等产业。如2010年以来，印度尼西亚政府对渔业、食品业、交通运输业、石油化工业、农产加工等产业给予税收优惠和财政奖励，并对附加值高的企业、高科技企业、能够带来广泛就业机会的企业、环保型外商投资企业给予税收优惠。

四、缅甸发展规划与重点优势产业

缅甸政府自2011年开始制订第一个五年发展计划，目前正在实施第二个五年发展计划（2017—2021年）。同年，缅甸政府也制定了长达20年国家全面发展规划：《国家全面发展规划（2011—2031）》（*National Comprehensive Development Plan-NCDP*）。2016年，民盟政府上台执政后，发布了内容相对笼统的经济发展纲领。这些计划和纲领构成了指引缅甸社会经济发展的短长期发展规划。

（一）《国家全面发展规划（2011—2031）》

国家全面发展规划（2011—2031）是缅甸政府在联合国开发计划署、亚洲开发银行东盟与东亚经济研究院的联合指导下制定完成的，旨在全面提升缅甸社会经济发展水平。

规划提出建设四条经济走廊，分别是南北方向经济走廊，经迪拉瓦经济特区到密支那；东西方向经济走廊，经达木至大其力，连接西边的印度和东部的泰国与老挝；东北—西南方向经济走廊，经皎漂经济特区至木姐，将成为中国西南内陆地区的一个重要出海通道；仰光—妙瓦底经济走廊，该经济走廊经过仰光和勃固两大城市，是缅甸与泰国两国间非常重要的战略经贸通道。

2016 年，缅甸政府决定优先发展仰光—妙瓦底经济走廊，首先，建成高效便捷的交通运输网络，改善走廊内的交通状况，重点推进仰光、勃固和迪拉瓦经济特区的招商引资，大力发展以汽车产业为代表的制造业与以三角洲地区农产品和水产品为代表的对外出口贸易，并将迪拉瓦经济特区打造为战略连接点。

目前，缅甸正同时推进建设皎漂、迪拉瓦和土瓦三个经济特区。皎漂具有天然港口的独特优势，也是缅中天然气管线的起点，将重点发展石油化工产业。迪拉瓦靠近仰光，将重点发展轻工业与组装业。土瓦是泰国进入印度洋的门户，将重点发展重工业与化工产业。

（二）重点、特色与鼓励外商投资产业

缅甸工业基础较为薄弱，自然资源丰富，主要重点特色产业有石油和天然气开采、纺织业、制糖业、木材加工、造纸业、农业、采矿业和旅游业等。2017 年，缅甸政府对外公布了鼓励投资的十大行业，分别是农业（包括农产品加工及相关服务行业）、渔业与畜牧业、教育服务业、出口导向型行业、有助于减少缅甸进口的行业、物流行业、电力行业、健康产业、房地产业（廉价房建设）、工业园区建设。

长期以来，缅甸经济发展水平较低，科技发展比较落后，钢铁、有色金属、建材、电力、化工、汽车、工程机械、船舶、海洋工程以及铁路等重工业发展严重不足。随着缅甸政府不断推进社会改革和经济发展，这些产业必将产生与日俱增的需求，呈现出越来越大的发展与投资潜力。

五、对东盟部分国家重点投资产业

“一带一路”倡议是中国主动提出的倡议，其顺利实施必须考虑沿线国家的自身发展需求，中国应主动同沿线国家的发展规划相对接，主动对接沿线国家发展规划的重点产业。鉴于此，根据上文对新加坡、印度尼西亚、马来西亚、缅甸以及越南五国国内发展规划与重点、特色与鼓励外商投资产业的分析，“一带一路”背景下中国对上述五个东盟国家的重点投资产业如下：

（一）对新加坡重点投资产业

如上文分析，新加坡正推进实施产业转型七大战略，电子精密工程、石化产业、生物医药产业、金融保险业、运输物流业、海事工程业、批发零售业、商业服务业、咨询通信业以及旅游业等是新加坡的重点优势产业。新加坡鼓励能够有助于出口，能够增加就业机会的外商投资，尤其欢迎高科技企业等能够提升新加坡经济活力和全球竞争力的外商投资，如高附加值和高技术企业、区域总部、大型跨国公司、研发机构等。

鉴于新加坡整体经济发展水平与科技水平高于中国，中国企业对新加坡投资的战略重心可以放在以下三个方面：一是整合利用新加坡以先进技术为代表的高等级生产要素，服务国内消费升级产生的新需求，如有条件的企业可以并购新加坡的电子精密企业、生物医药产业、海事工程业的企业，或者同新加坡的一些优势企业建立联合研发中心；二是整合利用新加坡作为全球金融中心的优势，推动中国企业走出去，尤其是创建一个走向东盟其他国家的重要融资平台；三是整合利用新加坡作为全球运输物流中心的优势，积极推进双方物流合作，一些工程机械类企业也可以在新加坡建设辐射东南亚、西亚、非洲乃至全球的零配件仓储配送中心等。总之，对新加坡投资在当前及未来一段时间应该以战略资源（技术）寻求型FDI为主，而不是以市场开拓型FDI或效率寻求型FDI为主。

（二）对马来西亚重点投资产业

如上文分析，近年来，马来西亚在自身的发展规划中明确了以石油、天然气及能源为代表的12个关键发展领域以及以医药等为代表的重点发展产业。值得说明的是，中国企业投资东盟的战略方向不仅包括利用自身优势积极开拓东盟市场，也包括整合东盟优势及新加坡、马来西亚等国一些优质企业在特定领域的先进技术（如马来西亚个别企业在海水资源利用等领域的全球领先技术），携手开拓我国国内市场，满足国内消费升级产生的新需求。

目前，马来西亚的特色优势产业及产品主要有棕榈油、橡胶、石油、天然气开采业、旅游服务业（特色为医疗旅游）、电子、石油、机械、钢铁、化工及汽车制造业、清真产品认证等行业。TN50试图将马来西亚打造为一个包容、充满活力的开放社会。一些部门已经立足这些基本思路展开了具体的转型行动，例如，马来西亚棕油局已拟定一系列策略，包括善用生物科技、大数据、通信与科技、化学与生物能源，以及关注环境与先进的基础研究等，以确保马来西亚棕油产业也能够在2050年或未来100年继续向前迈进，得以永续经营。事实上，2017年年底，马来西亚棕榈油发展局邀请清华大学专家前往吉隆坡讲学，并商讨在清华大学建立中马棕油研究中心，利用清华大学的雄厚实力研发棕榈油生物柴油，提高棕油附加值，进而推广棕榈油在中国得以更广泛使用。

鉴于此，在“一带一路”背景下，中国对马来西亚的重点投资产业包括但不限于：农业生产、农产品加工、橡胶制品、石油化工、医药、木材、纺织、纸浆制品、钢铁、有色金属、机械设备及零部件、电子电器、科学测量仪器制造、医疗器械、防护设备仪器、塑料制品、可再生资源、食品加工、研发、冷链设备、酒店旅游及其他与制造业相关的服务业等。

（三）对印度尼西亚重点投资产业

如上文分析，印度尼西亚在推进实施《2011—2015 经济发展总体规划》，重点发展农业、采矿业、能源、工业、海洋产业、旅游业、通信信息和战略产业 8 个主要领域，并全力保障粮食能源安全以及推进基础设施建设。印度尼西亚整体经济发展水平与资源禀赋结构同我国的互补性较强。

鉴于此，在“一带一路”背景下，中国企业对印度尼西亚的重点投资产业包括但不限于：农业（棕榈油、橡胶、可可种植及相关产业链的延伸产业，如联合研发棕榈油生物柴油，橡胶产品升级等）、渔业、畜牧业、石油与天然气、采矿业、化工业、汽车、钢铁、基础设施建设等。此外考虑印度尼西亚人口众多，广西企业对印度尼西亚投资也可以考虑国家注重市场开拓型 FDI，如汽车产业，零售业，包括网络零售业等；电子通信业，包括电脑、电话机零配件等。

（四）对缅甸重点投资产业

如上分析，缅甸正推进实施第二个五年发展计划和《国家全面发展计划（2011—2031）》，正基于自身比较优势体系全力发展出口导向型经济。2017 年，缅甸政府对外公布了鼓励投资的十大行业，分别是农业（包括农产品加工及相关服务行业）、渔业与畜牧业、教育服务业、出口导向型行业、有助于减少缅甸进口的行业、物流行业、电力行业、健康产业、房地产业（廉价房建设）、工业园区建设。长期以来，缅甸经济发展水平较低，科技发展较为落后，钢铁、有色金属、建材、电力、化工、汽车、工程机械、船舶、海洋工程以及铁路等重工业发展不足。随着缅甸政府不断推进社会改革和经济发展，这些产业必将产生与日俱增的需求，呈现出越来越大的发展需求与投资潜力。

鉴于此，在“一带一路”背景下，中国企业对缅甸的重点投资产业包括但不限于：农业、渔业、畜牧业、加工制造业、电力行业、健康产业、房地产业（廉价房建设）、工业园区建设、汽车、钢铁、有色金属、化工、工程机械等。总的来说，在当前及未来一段时间内，中国面向缅甸的投资应以效率寻求型 FDI 和市场开拓型 FDI 为主。

第十章　企业战略：战略投资理念、方向与运营重点

从需求视角来看，传统 FDI 理论认为国内需求不足，预期投资利润下降是企业国际化扩张的根本原因。与此相反，中国企业海外投资源于国内需求在数量和质量上的攀升，中国企业需要通过整合全球自然资源、优势品牌、先进技术来服务国内消费升级。毋庸置疑，中国企业的海外投资内生于中国社会经济发展的形势演变，本质上是围绕国内社会经济发展在不同时期呈现出的要素禀赋与需求条件，基于自身内部资源进行的外部资源决策行为。当前，我国宏观经济正开始由需求决定型经济向供给决定型经济转变，由“生产型中国”向“消费型中国”转型，市场呈现出消费升级引领新需求和结构性产能过剩并存的局面。与之相适应，我国企业投资东盟也应该尤其强调顺应这一趋势：一是利用东盟优质生产性资源服务国内消费升级，二是利用中国技术、资本开拓东盟市场，三是积极参与海上丝绸之路建设，大力发展海洋经济。

第二章的理论分析表明，中国企业的海外投资不仅仅是基于企业内部微观利益的外部决策行为，更内嵌于国家经济整体利益的全局之中，同特定阶段国内社会经济发展所呈现出的要素禀赋结构和需求条件变迁休戚相关。正因为如此，中国对外直接投资和跨国公司的中国样本并不完全支持需求视角的 FDI 理论。不同之处在于，截至 2015 年年底，中国企业海外投资的原因并不是由于国内需求下降。与之相反，中国企业海外投资的迅速发展源于国内需求在数量和质量上的攀升，中国企业需要通过整合全球自然资源、优势品牌、

先进技术来满足国内新增的需求和消费升级。显然，中国企业的海外投资内生于中国社会经济发展的形势演变，本质上是围绕国内社会经济发展在不同时期呈现出的要素禀赋和需求条件，基于自身内部资源进行的外部资源决策行为，其目的不仅在于持续提升企业管理水平和技术能力，不断扩大市场优势，亦在于更好地服从和服务于国家经济发展全局与宏观调控目标。这一内生关系反映了中国企业海外投资与国内社会经济发展的宏观关系规律，构成了当前我国企业投资东盟策略重塑的理论基础。

一、当前我国宏观经济的典型特征

2013 年以来，我国国内宏观经济形势发生了深刻变化，集中表现为社会经济开始由需求决定型经济向供给决定型经济转变，由“生产型中国”向“消费型中国”转型，呈现出消费升级引领新需求和结构性产能过剩并存的复杂局面。党中央、国务院审时度势，高屋建瓴，及时提出供给侧结构性改革的发展新思路，推动宏观经济管理由需求侧向供给侧转型。反映在开放发展领域，“一带一路”倡议进一步推动“走出去”战略深入发展，引领我国对外开放进入“引进来”与“走出去”并重的新发展格局。

（一）供给侧结构性改革及国内宏观经济特征

2015 年 11 月 10 日，在中央财经领导小组第十一次会议上，习近平总书记强调，在适度扩大总需求的同时，着力加强供给侧结构性改革，着力提高供给体系质量和效率，增强经济持续增长动力，推动我国社会生产力水平实现整体跃升。首次提出供给侧结构性改革，这标志着中国宏观经济政策由此前以投资、出口和消费三大动力体系为核心的需求管理向供给管理转向。

宏观经济管理由需求侧向供给侧的结构性转向实质上源于并反映了我国社会经济开始由需求决定型经济向供给决定型经济转变。“经过三十多年的持续快速增长，中国经济发展已经完成了以剩余劳动力消耗为典型特征的第一个阶段，开始步入以技术追赶为特征的第二个发展阶段。在第一个阶段，经济增长的动力主要是不断增长的需求促使生产部门增加更多的工人，由此推动产量提升和经济增长，属于需求决定型经济。随着不断增加的劳动力需求最终导致劳动力不足，经济发展开始迈入第二个发展阶段。在这一阶段中，由于劳动力供给不足，即便需求出现增长，也无法通过生产部门增加工人来提高产量，即需求的增加总体上不会增加社会的总产出，经济增长更多地依靠供给侧的技术进步得以实现，属于供给决定型经济”（龚刚，2016）。

如表 10-1 所示，我国经济已经迈入第二个发展阶段，推动经济发展的核心动力来源于持续的科技投入，最终表现为全要素生产率的持续显著提高。表现在具体的改革措施上，主要包括人力资本培育与创新驱动、以提高有效供给能力为目标的供给结构优化、以解除供给抑制为目标的经济体制改革等多个方面（贾康，2016）。其中，以提高有效供给能力为目标的供给结构优化尤为重要，其关系供给侧结构性改革的基本方向，需要辨识和瞄准产业政策，“即全面建设以现代农业为核心的新农村，以技术进步与创新驱动为主的工业体系，以及以金融服务业与制造服务业为代表的现代服务业”（胡鞍钢 等，2016）。

表 10-1　经济发展的两个阶段

特征	第一阶段	第二阶段
基本特征	剩余劳动力的消化过程	技术追赶过程
生产方式特征	劳动密集向资本密集转化	资本密集向技术密集转化
劳动力市场特征	刘易斯拐点出现以前	刘易斯拐点出现之后
常态下的供需特征	需求决定型经济	供给决定型经济
经济增长动力	劳动力、资本和技术投入	主要来自技术投入
收入（发展）水平	低收入向中等收入发展	中等收入向高收入发展

资料来源：龚刚．论新常态下的供给侧改革［J］．南开学报（哲学社会科学版），2016（2）：16.

企业是经济发展的微观主体，它们落实供给侧结构性改革的根本任务是提升企业生产率，推动企业由资本密集型或是更为传统的劳动密集型向技术密集型的发展方式转变，并主要围绕两个大的方向展开：一是通过改进技术和调整产品结构来满足消费升级，二是以新技术、新产品、新模式引领或创造新消费。与之相对应，企业日常运营的调整性战略构建主要包括以下三个方面：其一，敏锐应对宏观经济发展及家庭预算约束条件变化在消费侧所产生的深远影响，重建市场分析框架，准确辨识包括消费观念、消费偏好、消费能力以及消费能力分化等在内的市场信息，并在此基础上对包括生产工艺、产品结构、营销模式等在内的供给公式进行调整性重塑，从而更好地满足消费升级呈现出的新需求；其二，通过转型升级和开拓国内外有效市场的方式，积极淘汰落后、过剩产能，促进有效供给；其三，围绕创新管理能力、创新激励能力和创新实现能力三个大方向，借助基于技术引进的消化吸收后再创新和累积两个基本途径，通过重视人力资源培育、强化研发投入、构建学习型组织、营造具有良好创新氛围的企业文化以及建立成果转化机制等，激发全体员工尤其是科研人员的创造活力，不仅逐渐提升企业在核心技术、关键技术上的自主研发创新能力，而且全面提升企业的生产效率、产品质量和供给效率，从而最终将企业的增长动力稳固地构筑于大量知识和智力投入带来的递增收益之上。

（二）“一带一路”倡议及国内开放发展的经济环境

“一带一路”倡议推动“走出去”战略深入发展。“走出去”战略在20世纪末叶提出，旨在前瞻性鼓励中国企业和中国经济更好地利用国内国外“两种资源、两个市场”实现更好的发展。数十年后，全球经济格局发生了深刻变化：首先，全球政治、经济博弈进一步深入，美国加入TPP谈判，提出“竞争中立”“管制一致性”、投资者—国家争端解决（ISDS）机制等新的全球经贸规则，企图以构建面向21世纪更高层次的经贸规则为途径，不同程度地遏制中国的和平崛起；其次，中国已经跃升为全球第二大经济体，中国经济在全球经济中所占的份额明显提升，作为新兴经济体的经济影响力显著上升，中国在引领全球经济发展和主导世界格局演化等方面呈现出越来越显著的影响力；最后，中国的部分产业，以高铁、工程、建筑等为代表，已经基于自身庞大的市场积淀形成了极为明显的竞争优势。而且，长期以来，中国是全球拥有邻国最多的国家，周边问题复杂和区域经济合作的挑战与机遇长期并存。以区域经济合作为例，2 000多年前，中国就先后开启了一条横贯东西、连接欧亚的陆上“丝绸之路”以及延伸至欧亚国家的海上丝绸之路。

在这样的背景下，“一带一路”倡议将倡议的重点确定为政策沟通、设施联通、贸易畅通、资金融通、民心相通。其更多地表现为一方面，通过互联互通及贸易投资的便利化实现更为紧密的贸易投资合作，尤其是依靠地缘经济内生撬动下的贸易投资合作，为国内日益庞大的供给体系提供更为广阔的发展空间，并推动数量众多的中国企业和规模庞大的中国经济以一种更富竞争力的方式更为主动地融入全球经济；另一方面，通过设施相通与金融平台，为全球提供公共产品，既发挥我国优势产业的世界竞争力，全力承担崛起中的经济大国理应承担的国际责任。

东盟作为我国对外签订的第一个自由贸易区，位居我国南向构建21世纪海上丝绸之路的核心地带，是“一带一路”倡议不可或缺的响应者与极其重要的参与者。同时，东盟十国有巨大的发展潜力，具备形成又一个世界性大市场的可能性，是当前及此后一段时间内全球最具吸引力的FDI目的地之一。更为重要的是，东盟各国内部发展分化严重，产业落差明显，东盟各国同我国在产业结构、工业水平与要素结构方面形成了极具共生性的合作前景：首先，东盟整体具有充足而优质的农业供给资源与海洋资源；其次，大多数东盟国家的产业、工业整体供给能力，经济发展水平低于我国，存在着越来越明显的结构性落差；最后，以新加坡清洁能源技术为代表的部分产业又极具国际竞争力，整体技术成熟度与竞争实力优于我国相关产业。

二、我国企业投资东盟的策略重塑

基于上文我国企业海外投资与国内经济环境的关系规律，结合供给侧结构性改革、“一带一路”倡议以及美国和日本加大对东盟投资力度的国际背景，当前企业投资东盟的主要战略如下：

（一）战略投资理念

1. 系统梳理中国、东盟的要素资源禀赋结构和市场需求条件，在“中国制造”与“为中国制造”两个维度识别投资方向

无论是资源寻求型 FDI、市场开拓型 FDI，还是效率寻求型 FDI、技术寻求型 FDI，本质上都是统筹母国与东道国两种资源，服务母国和东道国两个市场。为此，新形势下，我国企业面向东盟的投资战略，应该构筑于系统分析中国与东盟在新形势下的要素资源禀赋结构和市场需求条件的基础之上。一方面，利用中国优势，整合东盟资源，帮助“中国制造”更好地走出去，从而在一个更大的运营空间内，通过区域性国际竞争不断发挥竞争优势，不断累积竞争性资源，不断扩大企业运营规模，不断提升企业竞争实力；另一方面，利用东盟优势，服务我国市场，服务“为中国制造”。事实上，如理论部分的分析，国内市场整体规模越来越大，深入分析和准确研判未来的消费市场将如何建立我国的供给体系与产业结构，以及深入探究如何整合全球资源（不仅仅是东盟资源）以更好地服务中国需求成为众多中国企业在国际化运营中应该考虑的基本问题之一。恰如刘俏教授所言，到 2030 年，中国将有 4 亿“90 后”，“没有哪个国家有这么大的消费市场，他们的消费偏好，对产品的认知，他们的世界观、价值观将左右未来很多行业的方向。比起‘中国制造’，‘为中国制造’更值得思考”。

2. 革新国际化经营理念，由“是否具备优势进行国际化”向“如何通过国际化获取优势”转变观念

随着经济全球化的不断深入，全球市场逐步形成，企业运营的

物理空间得以自发性拓展，一如当年的IBM公司总裁彭明盛（S. Palmisano）所言，国家边界越来越无法成为企业思想或实践的界限，企业应该在全球范围内而不是一国范围内实现对生产和价值传递的整合。传统跨国公司理论构建的许多前提与假设在今天已经不复存在，传统的“优势利用型FDI”正在被“优势获取型FDI”所取代。企业“需要考虑的主要问题不再单单是‘是否具备优势进行跨国化’，而是‘如何通过跨国经营获取优势’，从而在全球竞争中赢得胜利”。为此，企业家应谨慎而不是悲观面对国际化，不应等待自身运营规模与竞争优势达到国际竞争水平后才开始调整战略，而应该基于自身内部资源进行恰当的国际资源整合决策，发力优势获取型FDI，在更大的外部市场中配置生产资源，培育竞争能力，调整组织构架，不断形成一批具有区域性国际影响力与国际竞争力的中国品牌与中国公司。

3. 增强竞争意识，将敢于同美日跨国企业在国内竞争的胆识延伸至东盟市场，以企业微观合力对冲美日海外投资的东盟转向

改革开放以来，诸多国家的跨国公司纷纷进入中国市场，形成了愈发激烈的市场经济环境。一批中国企业基于市场竞争的基本理念，通过不断引进或开发新技术，不断累积以“优势管理资源”为核心的竞争性资源，树立企业管理理念等，同这些实力雄厚的跨国企业展开正面竞争，催生了一批规模较大、实力雄厚的国内知名企业，大大缩小了很多跨国企业在中国的市场份额。当前，美、日企业纷纷加大对东盟投资的力度，在东盟构建起区域生产体系。我国企业应增强竞争意识，将敢于同美日跨国企业在国内竞争的胆识延伸至东盟市场，在东盟同这些企业展开正面竞争，不断累积以“优势管理资源”为核心的竞争性资源，在竞争中增强国际化运营能力，扩大企业运营规模，提升企业竞争实力。更为重要的是，一批中国企业同美日跨国企业在东盟各国市场正面竞争，尽管中国跨国企业不可能很快赢得彻底的胜利，但毕竟将以分割市场份额的方式减小美日跨国公司在东盟国家的市场占有率，逐步弱化美国和日本对东盟国家的经济影响力。

（二）战略投资方向

1. 抓住由“生产型中国”向“消费型中国”转型的机遇，发力战略资源型 OFDI，携手开拓国内市场

东盟十国，既有在电子、金融、清洁能源等领域掌握先进技术的新兴工业化国家新加坡，亦有坐拥丰厚自然资源、海洋资源和矿产资源的传统农业国家。我国农业、餐饮、清洁产业、再生能源等行业中的部分企业可以将自身的本土化运营优势嫁接在东盟优质企业的先进技术、知名品牌、独特资源、优质产品上，利用东盟供给体系中的比较优势，同具有比较优势的企业携手共同开发日益庞大的中国消费市场，服务“为中国制造”。以农产品为例，2015 年，我国进口粮食 12 477 吨，同比增加 24.2%，占我国粮食总产量的 20.1%。为此，以中粮为代表的国企，以云南农垦、广西农垦、南宁糖业等为代表的地方国企及其他企业，可以投资东盟在农、林、水、海产品等行业的重点优质企业，利用自身在国内的本土化运营优势和对方在供给体系上的可靠性与稳定性，形成农、林、水、海产生产→初加工→回销国内→深加工业的全产业链，助力这些企业利用东盟巨大的农产品供给市场和国内日益庞大的农产品需求市场形成一个全产业链和产品线丰富的内部化市场。

2. 积极参与中国—东盟国际产能合作，发力市场寻求型 OFDI，勇于开拓东盟区域性国际市场和构建区域性生产网络

改革开放以来，我国逐步成为全球生产制造中心，培育形成了一批世界级规模的工业企业，工业体系的整体供给能力与质量不断提升。事实上，相较于东盟，我国在家电、汽车、钢材、工程机械等制造业领域呈现出越来越明显的比较优势。这些领域的部分中国企业应当积极利用自身优势，积极抢滩东盟市场，实现庞大外部市场支撑下的规模升级和竞争力提升，逐步形成具有区域性国际竞争力的跨国公司。以汽车产业为例，我国 2015 年的政策产能已经超过 3 000 万辆，新建产能还有 600 万辆，结构性产能过剩已经成为当前

汽车产业的阶段性特征。毕马威的报告亦预测，2016 年中国将会是金砖四国中汽车供过于求问题最严重的国家。在此背景下，以上汽、一汽、北汽、广汽为代表的汽车巨头以及以广西汽车集团和玉柴等为代表的地方企业，应在长期出口东盟及在东盟建立营销网点的基础上更进一步，适时考虑国内产能过剩背景下，以东盟市场开拓为目标的渐进性国际化进程，可以借鉴当时国外汽车巨头联姻国内企业巨头携手开拓中国市场的经验，规划论证在中越、中缅边境以及越南、马来西亚等国通过合作方式建立合作企业，或者合作建设以汽车、机械、农机产业等为核心、以其上下游配套产业为支持的国际产能合作园区。

3. 积极参与“一带一路”建设，发力港口等基础设施建设，并携手东盟企业共同开发、保护海洋资源

积极参与“一带一路”建设是当前我国企业投资东盟的又一个战略方向。部分企业应该积极利用国家大力推动海上丝绸之路建设的战略契机，积极参与以港口、高速公路等为代表的基础设施建设，并积极携手东盟企业共同开发、保护海洋资源。以海洋合作为例，进入新世纪后，世界各沿海国家纷纷调整海洋战略，制定海洋发展政策，促进海洋经济的可持续发展。以越南、菲律宾、马来西亚，尤其是以印度尼西亚为代表，东盟国家海洋资源丰富，仅印尼每年的海洋经济潜力就高达 1.2 万亿美元，可吸收的投资超过 255 亿美元，而印尼政府也正在推动“蓝色经济”战略。为此，部分企业可以围绕水产养殖、造船、海洋油气、港口、海洋旅游基础设施，以及海岸旅游目的规划与建设（旅游基础设施），积极投资东盟，携手开发东盟和我国南海极为丰富的海洋资源。

4. 积极推动中国—东盟物联网建设，发力零售业与物流业 FDI，以 O2O 模式搭建中国—东盟低成本供应链体系

互联网技术的飞速发展，我国网络零售与网络支付在全球范围内异军突起，实践深度与广度均处于世界领先位置。在此背景下，以阿里巴巴、京东、华润万家等为代表的零售巨头以及南宁百货、

昆明百货等具有区位优势的地方零售企业应抢滩东盟市场，通过线上线下两个渠道，稳步在东盟国家构建起营销网点，一方面为我国日用百货商品走出去搭建重要的平台与渠道，并同日本零售巨头永旺集团等展开竞争，战略性蚕食和逐渐弱化后者在东盟地区的绝对优势；另一方面也在东盟地区积极构建自身高效的供应链体系，将一些东盟优质产品低成本引入中国市场，既满足国内消费升级产生的新需求，又增加中国对东盟产品的最终消费体量，增强区域经济合作的中心性。

（三）运营战略重点

1. 强调跨国运营的工具性本质，重视组织学习以及竞争性资源累积，不断提升生产效率与竞争力

企业的国际化运营越来越表现为获取竞争优势的手段，是一个在国际范围内识别资源、整合资源的动态过程。长期来看，“企业竞争优势建立在对外部资源的动态识别、获取、有效配置与整合的基础之上，企业竞争优势的差异就在于内部资源和外部资源整合配置效率的差异”。投资东盟应该是部分国内知名企业、国内知名品牌成长为区域性国际知名企业与知名品牌的一个重要阶段，应强调跨国运营作为优势获取与竞争力提升工具的作用及本质，注重组织学习，不断累积以“优势人力资源”为核心的竞争性资源，不断培育以“持续创新能力”为核心的发展能力，实现基于技术升级、管理优化或流程再造的生产效率提升以及基于资源整合、垂直分工或规模经济上的竞争力提升。

2. 强调“国际化”与“本土化”辩证统一，重视“本土化”战略的构建与实施，并增强在东道国的社会责任意识

国际化必然意味着本土化，未能在东道国实现本土化的企业显然不可能取得国际化的成功。我国企业投资东盟，尤其是市场开拓型的 FDI 企业，应积极辨识和熟悉东盟各国市场的经济发展方式、法规制度、商业传统、消费文化、市场偏好、营商理念以及劳动者

价值观等，全力构建与实施本土化战略，实现经营管理本土化、管理人员本土化、品牌本土化、研发本土化以及投融资本土化，不断提升在东道国的品牌管理能力、持续创新能力、市场营销能力和实现国际范围内的规模经济。同时，践行企业作为“社会人”应该承担的社会责任，平衡不同主体的短长期利益诉求，以此为基础树立合作共赢、成就彼此目标的共同理念，构建利益内嵌共生、风险共担的深度关联合作机制，给当地的利益相关者带来应有的、合理的工人收益和社会回报。

3. 强调内外部资源统筹，注重区域性生产网络体系与价值链的构建，并主导价值链的价值流向

企业的国际化本质上就是企业资源整合的国际化，并由此推动形成一个相对统一的全球市场。我国企业投资东盟，短期内应该以利用、服务和形成“中国—东盟市场”为目标，基于自身的内部资源结构，合理整合中国—东盟市场所囊括的外部资源，尤其是制造型企业，应注重在中国—东盟空间下构筑区域性生产网络体系，形成相应的区域性产业链与价值链，并依靠逐渐形成的区域性品牌影响力、技术优势与资本实力，主导中国—东盟价值链的分配权与价值流向。如部分制造业企业，在依靠自身产品质量开拓东盟的同时，可适当在东盟建设生产工厂，为当地带来外部资金和就业机会，培育不同类型的中间品供应商，帮助当地形成以上下游供需关系为纽带的产业集聚，从而逐渐强化当地企业、当地社区、当地经济同中国企业的多维度前后关联，并逐步形成以中国企业、中国品牌为核心需求层，以及以当地企业为核心供给面的中国—东盟生产网络与价值链。

三、结语

总之，企业的对外直接投资行为应该服从和服务于国内宏观经济调整的大局，在“一带一路”背景下，企业力所能及地积极投资东盟，逐渐构建面向整个东亚的区域性生产网络体系，不仅拓展中国—东盟区域经济合作的广度、深度与增强耦合性，也使一批中国

企业同美、日跨国企业在东盟各国市场同台正面竞争。尽管中国跨国企业不可能很快赢得彻底的胜利，但其毕竟将以分割市场份额的方式减小美、日跨国公司在东盟国家的市场占有率，逐步弱化美、日等国对东盟国家的经贸影响力。所以，当前加大对东盟投资的力度不仅能服务于国内宏观经济的转型升级，也能够壮大中国在东南亚生产网络中的中心力量，增强中国对东盟的经济影响力，从而以企业的微观合力有效对冲美国的“亚洲再平衡”战略及美、日对东盟投资的战略转向，贡献和服务于我国经济崛起下的大国博弈。

本篇小结

本篇从全国、省域、产业、企业四个层面全方位探讨了中国面向东盟的投资战略。国家层面的战略分析主要发现：中国对东盟的直接投资规模远小于美国和日本，且中国以投资房地产为主，日本则以制造业为主。2011 年以来，美国和日本的海外投资发生了两个转向：一是海外投资的东盟转向，东盟在美国和日本海外投资版图中的地位越来越重要；二是东盟投资的 CLMV 国家转向，CLMV 国家在美国和日本东盟投资版图中的地位越来越重要。为此，中国应以“一带一路”倡议统领对东盟的投资；鼓励制造业、零售业对东盟投资，约束中国资本在东盟房地产领域的过度逐利；提升中国—东盟自贸区的开放水平，实现区域经贸制度在形成机制上的内生化和规则内容上的本土化。

省级层面的实证分析表明，市场化程度与对外直接投资正相关。为此，各省在加快对东盟投资的过程中，更需要在根本上使市场机制真正发挥作为企业筛选机制的作用，引导企业始终坚持累积和培育竞争性资源的发展路径和公平竞争的生存之道，从源头上提升本地企业投资东盟的内生竞争力与可持续增长力。

省级层面的案例研究表明，广西对越南、新加坡、马来西亚、柬埔寨以及文莱五个东盟国家对外直接投资的重点产业有基础设施、有色金属加工、汽车装备制造、农林渔牧、向海经济、清洁能源开发与环境保护等。为进一步推动面向东盟国家的对外直接投资，广西应深化国资整合，做大做强国有企业；优化营商环境，依法合规扶持培育大型民营企业；推进引资、引企、引知、引智协同发展，壮大工业体量；强化境外合作区建设，帮助中小企业抱团走出去；申报北部湾自由贸易试验港，推动双边市场有序对等开放；优化合作平台，强化沟通协调机制建设。

企业层面的分析表明，中国企业还应顺应“生产型中国”向“消费型中国”的演变趋势，在新加坡、马来西亚、泰国等国家寻找当地的优势企业，发力战略资源型 OFDI，携手提升国内工业体系供给效率，并服务国内消费升级产生的新需求。

第四篇
投资模式创新

第十一章　跨境经济合作区及对东盟投资模式创新*

设立境外经济合作区是我国推动企业“走出去”的一种创新投资模式，有助于中小企业“抱团式走出去”。“一带一路”建设需要国内经济园区、跨境经济园区和境外经济园区的点线结合。从这个意义上讲，跨境经济合作区可能成为我国对外直接投资的一种模式创新。跨境经济合作区的制度起点可以追溯到以免税为特征的边民互市贸易区和以保税为特征的保税区。中越跨境经济合作区应定位于为边境贸易提供便利的跨境商贸区、实现生产要素跨境自由流动的自贸区以及促进产业集聚的国内开发区。短期内，应借鉴霍尔果斯“前店后厂”模式，前期建成具有免税性质的跨境商贸中心，在中方一侧建设工业配套中心作为支撑；长期内，中方应同东盟签订升级版自贸区的合作协议，建设生产要素自由流通的跨境工业区；路径上，可借鉴我国海外经贸合作区的经验，即形成以知名龙头企业为开发业主的工业地产政府和社会资本（PPP）模式。

一、跨境经济合作区制度溯源

从一般意义上而言，跨境经济合作区是指相互接壤的国家或地区，基于合作共赢的友好协商，在边境地带分别划出特定面积的区域，整合成一个跨越国界且相对封闭的空间，实行特殊的经济监管政策（孙远东，2014）。同一般的海关特别监管区相比，跨境经

* 本章的部分内容已在国内核心期刊发表。

济合作区涉及两国（地区）差异化的对外经济制度协调以及特殊的海关监管制度设计等，具有海关特殊监管区域等多重属性。

（一）跨境经济合作区的边贸政策溯源

中国在陆地上与14个国家接壤，边界线长达2.2万多千米，沿边境线分布着广西、云南、西藏、新疆、甘肃、内蒙古、辽宁、吉林、黑龙江9个省、自治区。自古以来，边境贸易作为一种特殊的对外经济贸易形式长期存在，并对促进边疆地区社会经济发展、增进各民族的团结，以及强化同周边国家的睦邻友好关系发挥着重要作用。

我国现行的边境贸易政策规定，边境贸易由“边贸互市贸易”和“边境小额贸易”两种基本形式组成。前者专门针对边境地区的边民，并在政府批准的特定互市贸易点进行，边民享受免税，但交易产品严格限定为日常生活用品。根据现行规定，每人次每天享受的免税额度为8 000元。目前，已经封关运行的中哈霍尔果斯国际边境合作中心规定，游客每人次每天享受的免税额度为8 000元。显然，中哈霍尔果斯国际边境合作中心的政策将享受免税购物的人群由边民拓展至游客，其政策脉络脱胎于边境贸易，边贸渊源深厚。

从合作区的形态演变来看，跨境经济合作区的前身可以追溯到更早的边境经济区。改革开放后的1982年9月，广西壮族自治区就决定，在中越边境中方一侧开辟9个“草皮街”，非正式地允许越南边民前来参与集市贸易，使中越两国传统的边境贸易在一定程度上得以恢复（李天华，2013）。1992年，国务院先后批准开放黑龙江绥芬河市、黑河市，吉林的珲春市，内蒙古的满洲里市、二连浩特市，新疆的伊宁市、塔城市、博乐市，云南的瑞丽市、畹町市（现畹町镇）、河口市，广西的凭祥市、东兴镇13个陆地边境市镇，并首次批准建设包括丹东在内的14个边境经济区，规定边境经济区基础设施建设所需进口机器、设备及其他基建物资等免征进口关税和产品税（常健，2008）。当然，此时的边境经济区在功能上完全等同于沿海地区的经济开发区，不过设在陆地边境城市而已，其主要目的是同境外的所有企业展开合作，通过优惠政策吸引外资，并不仅仅局限于同邻国展开经贸合作，因而还不属于跨境经济合作区的范畴。但是，这些边境经济区的建设与发展为跨境经济合作区的建设提供了概念演进范本和建设基础。

（二）跨境经济合作区的海关特殊监管区域政策溯源

跨境经济合作区的另一个内生属性就是海关特殊监管区域。在跨境经济合作区的特殊监管形态出现之前，我国先后批准了保税区、出口加工区、保税物流园区、保税港区、综合保税区以及自由贸易区等海关特殊监管区形态。

我国的海关特殊监管区主要围绕关税让渡制定相应的监管政策，类似于国外的自由贸易园区（free trade zone）。1987 年，深圳特区基于加工贸易快速发展的实际需要和利用自身先行先试的政策优势设立了沙头角保税工业区，并在此后又设立了福田保税区，这成为我国保税区建设的最早尝试。但这两个保税区的建设在当时仅属于特区政府行为，并未获得中央政府的批准与承认。

1990 年 6 月，国务院批准设立上海外高桥保税区，我国第一个保税区由此正式建立。1992 年，国务院批准设立天津保税区，并正式承认深圳市政府在此前设立的沙头角保税区和福田保税区。随着改革开放的进一步深入，我国保税区建设在 1993—1996 年快速推进，国务院先后批准设立大连、广州、厦门、张家港、海口、宁波、福州、青岛、珠海、深圳盐田保税区（孙远东，2014）。自此，我国的保税区总数达到 15 个，国务院此后未批准设立新的保税区，并在 1995 年取消了保税区的入区退税政策。

随着 1997 年亚洲金融危机的爆发，国务院采取积极措施扩大出口，并于 2000 年批准设立 15 个出口加工区，颁布入区退税的优惠政策，即境内区外货物进入出口加工区即视为出口。出口加工区全封闭运行，便于海关监管，杜绝走私。在此基础上，为了进一步增强出口加工区的功能，大力发展加工贸易产业和扩大出口，对加工贸易产业的生产和国内物流的整个环节进行保税成为政策优化的发展方向。2003 年，国务院批准上海外高桥保税区试点保税物流园区，并开始在内陆地区试点保税物流中心，它们的主要提供物流贸易服务。

保税区、出口加工区以及保税物流园区的相继建立，在保税功能上几乎涵盖了加工贸易产业在国内的所有环节。然而，这些区域彼此独立。鉴于此，政府开始尝试建立一个能够涵盖上述三种功能的综合型保税区。2005 年，国务院批准设立上海洋山保税港区，该保税港区具有保税区、保税物流园区、出口加工区的全部功能，成为当时我国功能最齐全的海关特殊监管区域。由于苏州工业园等内地园区不具有港口功能，因此政府提出了建立"无水保税港"的构想，即综合保税区（孙远东，2014）。2006 年，国务院正式批准设立苏州工业园综合保税区，其在关税、外汇等方面的政策优惠等同于此前的上海洋山保税港区。

除了新建综合保税区外，政府亦对现有的出口加工区进行功能扩容，赋予其相应的保税物流、研发、检测、维修业务等功能（孙远东，2014），推动出口加工区在功能上同现有的综合保税区对接，也推动我国海关特殊监管区域向功能更为完善的综合保税区发展。总的来看，以保税为主要功能的海关特殊监管区域建设主要服务于出口加工，即推动我国在特定阶段利用内部资源禀赋结构快速融入全球产业链。

表 11-1 展示了我国现有的海关特殊监管区域及其功能。

表 11-1　我国现有的海关特殊监管区域及其功能

类型	转口贸易	国际采购	仓储物流	分销配送	国际中转	研发加工制造	检测维修	口岸作业	商品展示	其他业务	总结
保税区 出口加工区 保税港区 综合保税区 跨境工业园	√	√	√	√	√	√	√	√	√		工业功能

表11-1(续)

类型	转口贸易	国际采购	仓储物流	分销配送	国际中转	研发加工制造	检测维修	口岸作业	商品展示	其他业务	总结
保税物流园区	√	√	√	√	√	×	√	√	√		
中哈霍尔果斯边境合作中心	×	×	√	×	×	×	×	×	√	商品销售商业服务金融服务宾馆饭店	商业功能

经过多年的快速发展，我国的内部资源禀赋结构、外部需求结构以及全球经贸制度均发生了深刻变化。2013年，国务院批准设立中国（上海）自由贸易试验区，两年后又批准设立天津、福建和广东三个自由贸易试验区。不同于主要服务于出口加工的保税区，自由贸易试验区服务于我国当前社会经济发展对更高层次对内对外开放的新需求，旨在从制度层面对接国际通行法则和市场普遍规则，通过制度创新全面推进国内经济体制改革，逐步形成公平、便利、干净的营商环境。

跨境经济合作区从制度设计来看，其应是两个国家分别在边境两侧的己方国境内划定区域，设立海关特殊监管区域，然后再将两国的海关特殊监管区域合二为一，根据相应的协定进行协调管理。从海关的监管政策来看，中哈霍尔果斯国际边境合作中心包括两个独立的区域，一是合作中心，二是合作中心南侧的中方配套区。前者一线全部放开，区内购物免税，被界定为全球第一个跨境的经济贸易区和投资合作中心；后者类似于珠澳跨境工业区珠海园区，享有“保税区+出口加工区进出口税收政策+专用口岸”三重叠加优惠政策。二者均封闭运行，享有独特的关税豁免政策，属于我国的海关特殊监管区域。

二、国内跨境经济合作区建设进程及借鉴

从海关监管政策的管理口径与认定标准来看，我国目前真正建成的仅有两个跨境工业园区，分别是珠澳跨境工业区珠海园区和中

哈霍尔果斯国际边境合作中心。

（一）珠澳跨境工业区珠海园区

2002年，由于担心取消全球纺织品及成衣配额制度对澳门相关产业带来冲击，澳门成衣业界提出在澳珠边境地区建立封闭式边境工业区，希望由此实现留住澳门现有本地厂商与利用内地廉价劳动力的双重目标。此后不久，澳门特区政府倡议与珠海市共建跨境工业区。2003年12月，国务院批复成立珠澳跨境工业区。工业区跨越澳门和中国大陆两个独立关区，由珠海园区和澳门园区共同组成，两个园区由一条宽约15米的水道相隔离，由专门的口岸通道相连接。珠海园区被界定为国务院批准设立的海关特殊监管区域，同时享有“保税区+出口加工区进出口税收政策+专用口岸”三重叠加优惠政策。

从功能上来看，根据《国务院关于设立珠澳跨境工业区的批复》，珠澳跨境工业区在功能上以发展工业为主，同时兼顾物流、中转贸易、产品展销等。从实际运营效果来看，跨境工业区在前期形成了以纺织及成衣制造为主导的产业集聚，并成功实现资源整合下的快速发展，即一方面澳门厂商通过在珠海园区投资设厂，充分利用祖国大陆以劳动力及土地为核心的“成本洼地”；另一方面又通过不同生产工序在珠海、澳门园区合理分工，将符合进口国规定的原产地生产工序安排在澳门，再使产品经由作为自由贸易区的澳门出口，从而获得很大的制度性优惠（陈章喜、郭广杰，2007）。

随着我国社会经济的发展，内部资源禀赋结构以及外部需求结构均发生了深刻变化，珠澳跨境工业区的功能逐渐演化。2010年以后，由于工业区内的纺织和成衣制造企业开始外迁，工业区的工业发展功能开始退化，因此工业区开始谋求适应新形势的转型升级。2012年8月，珠澳跨境工业区进口街正式建成，主要展销食品、化妆品、保健品等进口商品。其主要优势是人员能自由进入，即珠海当地居民、国内游客拥有无额度限制的免税商品购买权。

当然，由于澳门海关始终坚持整个澳门范围都为自由贸易园区，不同意在跨境工业区的澳门园区侧实行“一线放开，二线管住”的监管模式，直接导致澳珠跨境工业区陷入两个园区分而治之的局面，并未真正形成一个双方一线彻底放开、二线构筑园区边界、生产要素区内自由流动的跨境、单一性园区。可以说，珠海园区仅仅是一个位于边境线上、享有更多优惠政策、同境外产业分工协作更为紧密的海关特殊监管区域，其跨境资源整合的作用已经有所凸显，但跨境工业区的跨境属性并未完全坐实。

（二）中哈霍尔果斯国际边境合作中心

1992 年，香港一洲集团首次提出在霍尔果斯口岸建设中哈加州边贸城，项目横跨中哈两国国界，总投资逾 1.5 亿，具有自由贸易区的属性。2003 年，哈萨克斯坦在迎接中国国家主席胡锦涛的访问时，提出建立边境自由贸易区的倡议。时隔一年，新疆维吾尔自治区政府和商务部先后分别与哈方签订《关于建立中哈霍尔果斯国际边境合作中心的框架协议》。在此基础上，中哈两国政府于 2005 年 7 月 4 日正式签订《中华人民共和国与哈萨克斯坦共和国关于中哈霍尔果斯国际边境合作中心活动管理的协定》。2006 年 3 月，国务院正式下发《国务院关于中国—哈萨克斯坦霍尔果斯国际边境合作中心有关问题的批复》。自此，中哈霍尔果斯国际边境合作中心（以下简称为合作中心）的制度与政策议定全部完成，合作中心迈入物理标的建设的实质性阶段。

2011 年 12 月，园区总面积达 5.28 平方千米的合作中心建成并正式封关运营，成为全球首个跨境自由贸易园区，其中中方区域 3.43 平方千米，哈方区域 1.85 平方千米。合作中心实行严格的二线管理模式，一线彻底放开，即双方在合作中心区域内的边境线均不设立查验机构，人员、货物及车辆可以在区域内自由跨境流动。区域内货物及服务贸易项下的资金支付和转移，遵循经常项目可自由兑换的原则办理。由此，人、货物及资金的跨境自由流动使成本最小化经济学逻辑下的跨境资源配置得以真正实现。2016 年，合作中心南侧 1 千米处的中方配套区封关运营，比照珠澳跨境工业区珠海园区的税收、外汇等相关政策、功能定位和管理模式执行，享有境外货物入区保税、境内区外货物入区退税、区内企业之间的货物交易免征增值税和消费税等保税政策。

从具体的功能来看，合作中心主要拥有贸易洽谈、商品展示和销售、仓储运输、宾馆饭店、商业服务设施、金融服务、举办各类区域性国际经贸洽谈等功能。其政策创新及优势集中表现为以下三个方面：其一，中心内每人每天可以携带 8 000 元的免税商品进入中方，每人每天可以携带 1 500 欧元免税商品进入哈方；其二，进入中心只需携带护照，无须签证；其三，中心可开展人民币跨境结算业务，开办私人金融机构。但是，对于从哈方一侧进入合作中心，再经由合作中心进入国内的货物（非游客携带），一律按照一般贸易形态征收关税和进口环节增值税。换言之，合作中心对经由合作中心进入国内的货物根据两个流通渠道实行分类：企业与游客主体间的货物交易视为零售商品给予免税优惠，企业与企业主体间的货物交易视为一般贸易照章纳税。

尽管合作中心在一定范围内实现了人与资金在区域内的跨境自由流动，但如表 11-2 所示，这种要素自由流动主要局限于商业功能，并未拓展至影响更大，并能够显著增强经济一体化的生产性领域或工业领域。可以说，合作中心实际上是一个巨大的跨境免税度假购物休闲中心，符合 1992 年香港一洲公司建设具有自贸区性质的中哈加州边贸城的最初设想；或者说是一个物理空间更大，免税人群更为宽泛的边民互市贸易区，符合边境贸易政策的演变逻辑。正因为如此，合作中心最大的政策优惠是国内游客每人次每天享受 8 000元的购物免税额度及哈方每人次每天 1 500 欧元的免税额度。

表 11-2　我国现有跨境经济合作区的功能及比较

<table>
<tr><th colspan="2">类型</th><th>监管模式</th><th>主要功能</th><th colspan="2">主要成效</th><th>主要缺陷</th><th>本质属性</th></tr>
<tr><td colspan="2">澳珠跨境工业区珠海园区</td><td>两地双园</td><td>工业</td><td colspan="2">纺织业实现基于原产地规则下的两地工序分工，整合了内地廉价劳动力和澳门的制度性优势，具有推进区域经济一体化的效果</td><td>两地双园，劳动力等生产要素未能跨境自由流动</td><td>享有多种优惠政策的边境经济开发区</td></tr>
<tr><td rowspan="2">中哈霍尔果斯国际边境合作中心</td><td>中方配套区</td><td>两国双园</td><td>工业</td><td>为合作中心的免税购物政策提供充足的货物保障</td><td rowspan="2">合作中心为前店，配套区为后厂,免税政策助推产品销售,商贸工旅全面繁荣,引领霍尔果斯成为丝路经济带上的繁华之都</td><td>两国双园，区域经济一体化程度低</td><td>消费品享有间接免税功能的边境经济开发区</td></tr>
<tr><td>合作中心</td><td>两国一园</td><td>商业</td><td>劳动力和资金跨境自由流动；中国产品进入哈方的免税通道</td><td>无工业功能</td><td>大型跨境免税度假休闲购物中心</td></tr>
</table>

免税购物政策虽有额度限制，但并未设置任何次数限制，且旅游购物贸易形式在新疆发展较好。受惠于此，其一，合作中心很可能成为国内外游客的购物天堂，从而推动霍尔果斯旅游业、酒店业、餐饮业、零售业等相关服务行业快速发展；其二，合作中心很可能为中国一般性消费品进入哈方市场提供了一个非常重要的免税通道，由此引领和带动整个霍尔果斯的商贸繁荣；其三，合作中心很可能为我国一般性消费品生产企业提供了巨大的市场空间，受“市场接近效应”经济学逻辑的支配，一大批企业在中方配套区快速集聚，推动霍尔果斯工业发展驶入快车道。总之，游客购物免税政策成为撬动霍尔果斯发展的政策支点和推动霍尔果斯发展的原动力。在此基础之上，霍尔果斯逐步形成了“前店后厂”的工商贸旅全面发展的繁荣态势，正向丝绸之路经济带上的一个现代繁华都市稳步迈进。

（三）借鉴意义

以上分析表明，基于自身区域条件和宏观经济发展形势提出相应的发展构想，顺势而为，自下而上，即属地政府提出构想及具体建设方案，中央政府批准或协同邻国政府签订相关行政协定，是澳珠跨境工业区和中哈霍尔果斯国际边境合作中心建成的基本思路。

二者均在中方一侧建成了类似于综合保税区的跨境工业园，成为当前我国跨境经济合作区建设的现实范本。换言之，跨境工业园成为当前海关对跨境经济合作区的概念定义和监管标准，表明以"两国（地）一区、境内关外、自由贸易、封闭运作"为运营模式，以实现生产要素跨境自由流动为目标的跨境经济合作区并未真正建立起来①。这也是跨境经济合作区建设的根本困境：两国（地）政府很难基于双方差异化的经济发展水平及高度敏感的国家安全考量在经济政策和监管制度等方面达成一致，并由此形成封闭、生产要素跨境自由流动的两国一园。所以，当前的跨境经济合作区建设往往是建设意愿较强的一方先行在本方一侧建设经济园区。

二者建设的具体路径及最终体现出的合作本质存在一定的差异，前者主要是两地双园框架下的产业内分工协作，超出了产品进出口的贸易合作范畴，进入区域经济一体化的深层次领域；后者的生产配套中心主要服务于合作中心的商品销售，因而更多地表现为"前店后厂"模式下的边境贸易合作，未深入至经济一体化程度较高的生产协作领域。总的来看，前者在制造业领域的区域经济一体化程度要高于霍尔果斯中方配套区，而合作中心在服务业领域具有较高的区域经济一体化程度。

两者的另一个不同点是，中哈霍尔果斯国际边境合作中心在发展渊源上具有明显的边贸政策痕迹。中方 8 000 元的免税额度类似于我国边境贸易项下边民互市贸易区中边民每人次每天 8 000 元的免税额。合作中心将这一政策扩展至边民之外的所有旅客，却很难被其他省份所复制。因为如果这一政策在我国边境线上大面积推开，势必对当前的税制造成较大的冲击。同时，哈方 1 500 欧元的免税额度虽然更多

① 注：尽管中哈霍尔果斯国际边境合作中心实现了两国一园，生产要素可以跨境自由流动，但其仅具有商业功能，并不是一个具有制造功能的经济开发区，只是一个旅游中心、购物中心、会议中心。这也可能是其之所以称为中心，而不称为合作区的原因所在。南侧的配套区虽具有制造功能，但其主要服务于合作中心的商品销售，整体仍然停留在边境贸易合作阶段。

地体现为一种让利于民的税收行为，但其不限人群、不限次数，也在一定程度上为中国消费品进入哈方市场构筑起一个免税通道。对于其他省份来说，也很难要求邻国政府做出类似的要约承诺。从这个意义上讲，合作中心仍然是政策洼地驱动下的发展高地。

总之，澳珠跨境工业区和中哈霍尔果斯边境合作中心形成了我国跨境经济合作区建设的两个模式：一是产业内分工的生产合作模式，二是“前店后厂”的边境贸易合作模式。二者对广西推动中越跨境经济合作区建设均具有较大的借鉴意义。值得一提的是，随着经济形势的变迁，珠海园区的发展模式亦发生了相应的改变，物流、商品展示与销售等功能愈发明显。

三、中越跨境经济合作区建设的路径

边界的经济职能主要强调其对国家经济的保护性，即根据本国经济发展所呈现的实际水平，通过设置关税壁垒和投资限制等政策对国外商品、资本、劳动力的流入实现引导、限制或控制，由此封闭形成一国经济运行的内部空间，确保本国经济的安全与稳定。与此同时，边境地带连接两个国家，优越的中心地理位置使其享有市场接近效应，并由此赋予边界较为明显的开放发展经济功能。

（一）中越跨境经济合作区的功能定位

广西与东盟各国山水相连，居于中国—东盟自由贸易区的地理中心。在我国宏观经济进入“新常态”，急需去产能、调结构、稳增长、促升级的背景下，广西在我国开放发展格局中的优势愈发明显，先后被界定为我国西南、中南地区开放发展新的战略支点以及连接海上丝绸之路与丝绸之路经济带的有机衔接门户。

新的开放发展功能定位表明，中央选择在区域分化发展形成的庞大回旋空间内统筹调控国内宏观经济，需要广西利用自身独特区位优势，复制 20 世纪东部沿海地区开放发展带动社会经济发展的历史奇迹，通过积极承接国内外产业转移，形成连接海上丝绸之路与丝绸之路经济带的产业繁荣带，从而不仅实现自身的经济发展并带动西南、中南地区的开放发展，培育形成新的增长动力，同时也在我国宏观经济的内部整体框架中实现企业、产能、利润的转移，依靠西部地区的增长极效应为东部地区的产业升级赢得时间。

鉴于此，中越跨境经济合作区应该兼具以下三个方面的功能：一是旨在为边境贸易提供便利的跨境商贸区功能，二是旨在实现生产要素跨境自由流动的自由贸易区功能，三是旨在促进产业集聚的国内开发区功能。中越跨境经济合作区通过这三个功能将自身建设为区域性国际商贸中心与区域性国际生产中心，即通过利用广西的独特区位优势与中越两国差异化的要素禀赋结构，一方面吸引国内外企业投资，以产业集群推动工业发展；另一方面吸引国内外八方游客，以商品交易带动商业繁荣。

（二）中越跨境经济合作区的建设路径

1. 短期：借鉴霍尔果斯模式，以边民互市贸易区为蓝本，建设享有更宽泛免税政策的跨境商业中心

目前，在中越跨境经济合作区建设中，中方主动而积极，越方毗邻中方的北部省区较为积极，但越方中央政府极为谨慎。在缺乏越方积极配合和充分支持的条件下，中方和越方只能在各自的辖区一侧分别独立建立各自的边境工业园区，难以在短期内建立大型的跨境工业园区，从而无法实现“两国一园”的跨境经济合作区管理模式。

受此影响，广西在推动中越跨境经济合作区的建设上可以借鉴霍尔果斯模式，循序渐进，以当前中越边民互市贸易区为蓝本，在免税适用人群和免税适用商品两个维度将边民互市贸易区建设为囊括贸易洽谈、商品展示和销售、仓储运输、宾馆饭店、商业服务设施、金融服务等主要功能的跨境商业中心。该中心应尽量享有以下税收政策：①货物进入中心即视为出口，报关即缴即退；②越南及第三国货物进入中心免征关税和进口环节增值税；③中心内每人每

天可以携带 8 000 元的免税商品进入中方或越方；④进入中心只需携带护照，无须签证。与此同时，在中方一侧建立边境工业园区作为跨境商业中心的产业配套，以此实现以跨境商业中心为前店，以边境工业园区为后厂的边境商贸与工业协调发展模式。

2. 长期：同东盟签订自贸区升级版的试行版，可以在特定的空间区域内试验生产要素自由流动

中越跨境经济合作区涉及中越双边经济主权的协调，需要中越双方就此达成对双方具有同等法律约束力的相关协议。从一般意义上而言，跨境经济合作区的法律框架应由三个层面构成，分别是合作区组成的国家或政府间协议、组成合作区的地方政府制定的法律和规章、合作区自身的管理措施（曾彦 等，2012）。在中国—东盟自贸区升级版建设的大趋势下，应将中越跨境经济合作区作为自贸区升级版的试验田，在大幅度削减关税的现有基础上，更进一步迈入生产一体化等后关税议题，大胆试验以生产要素自由流动为主要内容的更高层次和更高水平相互开放。

将跨境经济合作区作为自贸区升级版的试验田，从自贸区升级发展的基本方向考量跨境经济合作区的试验内容与议题，尤其是围绕生产要素的跨境自由流动展开顶层制度设计，应包括跨境经济合作区内的中越税制对接、投资产业负面清单、投资审批、准入后管理、劳动力流动、人民币结算、投融资汇兑、园内园外制度过渡、二线管控甚至管制一致性等后关税议题。可在建成东兴—芒街跨境合作园区的基础上，在园区内试验自由贸易制度、自由企业制度、自由投资制度、自由出入境制度以及人民币离岸市场业务等，以此整合中国资本、越南劳动力与越南原产地，形成中国产业向外转移的一个缓冲区域，既避免制造业过度外迁形成国内产业空心化，又推动西部落后地区的企业聚集与产业发展。值得说明的是，在跨境经济合作区内试验更高层次的开放水平，有利于我国实现面向 21 世纪的区域贸易制度构建，并能够在中国—东盟地区引领贸易制度在形成机制上的内生化和规则内容上的本土化。

3. 战略上，顺应新一轮全球产业向东盟北部转移的趋势和东盟语境体系，积极谋求将广西纳入东盟投资区建设的广义范畴

1998 年 10 月，第 30 届经济部长会议前瞻性地签署《东盟投资区框架协议》，试图通过建设东盟投资区，整合东盟各国市场，形成一个能够创造规模经济、进行协同生产、降低交易成本的大市场，并最终成为一个较为统一的、自由的、透明的“单一投资区”，以此大力吸引区域内外 FDI，撬动和带动东盟经济起步和腾飞。2014 年，东盟首次超过中国成为全球吸收 FDI 最多的发展中国家（地区），这是自 1993 年以来的第一次。

广西错过了 20 世纪 80 年代以来和 2008 年以来的两次国际国内产业转移，当前应该积极抓住中国—东盟经济合作的历史契机，充分利用中国和东盟经济发展所形成的差异化要素禀赋结构，建设能够自由整合中国资本、中国技术、东盟资源、东盟劳动力等生产要素的跨境经济合作区，以融入东盟投资区的方式积极吸引全球新一轮产业转移，从而依靠外部资本快速夯实工业基础和壮大经济体量。

4. 路径上，应借鉴我国境外经贸合作区以龙头企业为业主的园区建设与招商模式，即工业地产的 PPP 模式

目前，广西中越跨境经济合作区的建设模式仍然使用传统的工业园区建设模式，即政府成立园区管委会，按照标准厂房模式建设，并由政府主导招商引资。这种模式存在规划设计缺乏前瞻性、建设规格较低、引资效果较差、商业价值偏低、低水平重复建设较突出等问题。

同时，考虑到中越跨境经济合作区建设涉及中越两国政府，其具体的建设路径可以参考我国境外经贸合作区的建设模式，即由我国与越方知名的龙头企业作为园区建设业主，由双方合资成立跨境经济合作区开发有限公司具体负责园区的规划、建设、开发和招商引资。通过这一模式，实现跨境经济合作区“政府主导、企业运作、合作共赢”的 PPP 市场化运作模式，有效提升跨境经济合作区的建设规格与商业价值，提高跨境经济合作区的招商引资效率和企业集聚速度，从而在中越边境快速形成一片商贸繁荣与工业集聚双重支

撑下的现代产业带。

综上所述，积极同东盟签订自贸区升级版的试行版协议，在中越边境构建“两国一园”，一方面真正实现园区内的生产要素自由流动，另一方面不断试验园区内的税制、管制对接，从而通过对外直接投资的模式创新，既将部分可能转移到境外的产业保留在我国较为落后的边境地带上，防止过早的产业空心化和过渡的资本外流，又能在特殊的区域内试验以“管制一致性”等为代表的全球新的经贸制度，不断提升我国构建面向21世纪全球经贸制度的主动性。中越跨境经济合作区功能定位与建设路径如图11-1。

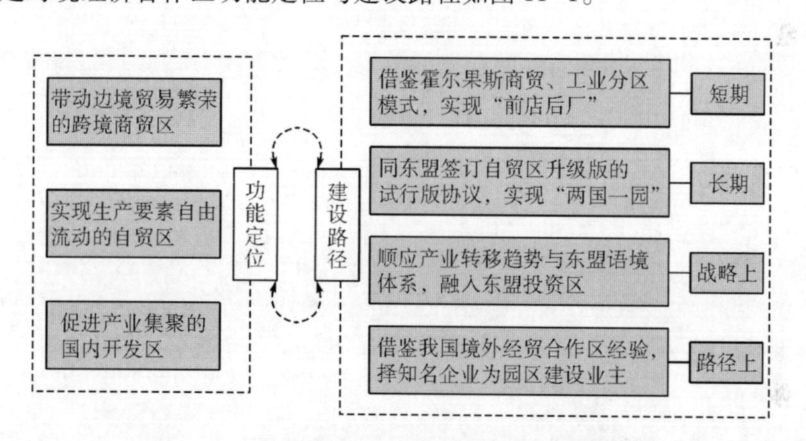

图11-1　中越跨境经济合作区功能定位与建设路径

本篇小结

在现有绿地投资、并购海外投资形势以及境外合作区等海外投资组织形式的基础上，本篇提出建设中越跨境合作区（前期简称“东兴—芒街跨境合作区”），区内试验自由贸易制度、自由企业制度、自由投资制度、自由出入境制度以及人民币离岸市场业务等，以此整合中国资本、越南劳动力与越南原产地，形成中国产业向外转移的一个缓冲区域，既避免制造业过度外迁形成国内产业空心化，又推动西部落后地区的企业聚集与产业发展。

第五篇
投资风险防范

第十二章　东道国风险及防范

企业在进行海外投资时，可能遭遇包括恐怖袭击、被征收、经营不善等各种各样的东道国风险。国家风险评级等级能够提供粗线条的风险级别参考，引导企业规避风险级别高的地区。然而，作为对外直接投资的后来者，中国对外直接投资面临着发达国家跨国公司的空间挤压，能够选择的投资空间相对有限，不得不将部分投资流向一些经济基础较差、政治风险突出、社会弹性较低、偿债能力不足、风险等级较高的国家。正因为如此，中国企业在"一带一路"沿线国家的投资可能遭遇更多的东道国风险，中国企业的海外投资更应该关注海外投资风险，更应该注重未雨绸缪，提前规避可能的投资风险。

不同于国内投资，国际投资的一个显著特征就是瞬息万变的国际政治经济形势及其可能给企业日常运营带来的包括被征收、恐怖主义袭击、经营不善等在内的各种投资风险。更为重要的是，"一带一路"沿线国家大多为发展中国家，同发达国家相比，这些国家往往政局不够稳定、法制不够完善、营商环境较差、社会弹性较低、偿债能力不足，部分国家甚至还存在复杂而尖锐的社会问题、宗教问题以及恐怖袭击等问题。在此背景下，中国企业在"一带一路"沿线国家的投资，包括在东盟部分国家的海外投资可能遭遇更大的东道国风险。鉴于此，我们有必要系统分析和客观识别中国企业在东盟投资可能遭遇的东道国风险，提前预判，及时防范。

一、中国企业投资东盟的主要风险类型

如第二章的理论分析，中国社会科学院的中国海外投资国家风险评级体系（CROIC）对东盟9个成员国（未对文莱进行国家风险评估）的国家风险进行评估，并给出了相应的等级。根据《中国海外投资国家风险评级报告（2017）》总体评级结果，新加坡为AA级，马来西亚为A级，印度尼西亚、柬埔寨、老挝、菲律宾、泰国、越南与缅甸均为BBB级。除了新加坡为低风险级别，其他国家均为中等风险级别。整体来看，东盟国家的国家风险属于中等风险级别。一个简单的等级结果仅仅给企业提供了关于该国投资风险的一个粗线条感知，而对企业的投资风险决策与风险防范管理缺乏系统、详细且具有针对性的信息参考。鉴于此，本书在识别中国企业投资东盟可能遭遇的主要风险时，将在呈现现有评级结果的基础上，利用原始数据，回到二级指标，结合其他案例数据进行系统并具有针对性的分析。

（一）政治风险

CROCI援引贝塔斯曼基金会的转化指数（BTI）计算内部冲突指数，东盟国家中，缅甸、柬埔寨、菲律宾与泰国的政治风险最大。其中，缅甸顺利走上民主转型之路，但军方仍有强大的实力以决定宪法改革的步伐和方向，军事干预政治的可能性也很大。CROCI援引PRS集团的国际国别风险指南（ICRG）的数据表明，缅甸超过泰国，是东盟国家中军事干预政治可能性最大的国家。

柬埔寨的政治风险集中表现为：国内两党力量非常相近，两党斗争日趋白热化，政局稳定性不高，在执政党严厉打压与在野党街头抗议的恶性循环中，在工人薪酬纠纷、土地纠纷、非法移民等复杂社会问题的交织影响下，政局动荡的可能性较大。

泰国的内部冲突主要来自两个方面：一是南部地区的分离主义势力，这些反叛组织不仅通过恐怖主义袭击对政府施压，还参与毒

品交易、走私等非法活动，致使泰国南部地区犯罪率居高不下；二是泰国存在一定的阶层固化与社会撕裂，集中表现为城市精英阶层与农村草根民众的对立，基于自身立场的利益诉求分化较大，矛盾冲突较为明显，这在一定程度上破坏了社会整体层面的稳定性。

（二）恐怖主义风险

东盟投资的恐怖主义风险主要与“伊斯兰国”相关，其集中于马来西亚、泰国、印度尼西亚等国家。近年来，“伊斯兰国”成为国际社会的一个重要恐怖主义组织。马来西亚官方认为，马来西亚国内的“伊斯兰国”支持者同叙利亚、伊朗地区的“伊斯兰国”马来营以及菲律宾的阿布沙耶夫组织存在密切的联系，马来西亚已经成为恐怖主义活动的高发区域。泰国的恐怖主义袭击风险主要源于南部地区的马来穆斯林分离主义势力，包括“北大年独立阵线”“北大年民族解放阵线”等。这些反叛组织通过制造爆炸、枪击、焚烧以及绑架等恐怖主义袭击活动，对泰国政府施压，增加谈判筹码。尽管泰国政府努力同这些组织签署对话协议，但分离泰国的根本矛盾不可能得到彻底调和，恐怖主义威胁未得到根本性消除，反而呈现出上升趋势。表 12-1 为东盟各国国家主权风险等级评估部分二级指标。

表 12-1　东盟各国国家主权风险等级评估部分二级指标

指标	国别								
	新加坡	马来西亚	柬埔寨	老挝	菲律宾	泰国	越南	缅甸	印尼
市场规模/百亿美元	29.66	30.27	1.94	1.38	31.17	39.06	20.05	6.83	94.1
发展水平/万美元	5.31	0.96	0.12	0.19	0.30	0.57	0.22	0.13	0.36
经济增速/%	2.01	4.95	7.04	7	5.81	2.82	6.68	6.99	4.79
经济波动性（GDP 5 年波动系数）	1.41	0.44	0.17	0.51	1.19	2.34	0.53	0.72	0.54
投资开放度	5.43	0.98	0.85	0.38	0.36	0.72	0.58	0.32	0.35

表12-1(续)

指标	国别								
	新加坡	马来西亚	柬埔寨	老挝	菲律宾	泰国	越南	缅甸	印尼
内部冲突	1	4	8	6	7	6	5	9	6
政府稳定性	9.6	6.3	8.3	8.3	7.9	6.5	7.2	9.8	5.5
法治	1.8	0.6	-1	-0.7	-0.4	-0.1	-0.4	-1.2	-0.4
军事干预政治	5	5	2.5	2.5	3	2	3	1.5	2.5
对华关系	7.42	6.92	8.67	7.75	4.17	6.58	6.17	6.25	7.08

资料来源：张明，王永中，等. 中国海外投资国家风险评级报告［M］. 北京：中国社会科学出版社，2015.

（三）民族主义风险

2008年金融危机发生以来，保护主义与民粹主义在世界范围内呈抬头之势，一定的民族主义风险已经成为中国企业海外投资可能遭遇的一个普遍风险。反映在东盟地区，民族主义风险主要集中在菲律宾、越南、泰国、印度尼西亚等国家。菲律宾同中国亦存在长期的领海纷争，尽管新任政府上台以来，领土纷争大大减少，但这一问题并未得到根本解决，随时都可能成为诱发中菲关系交恶、民众相互敌视的一个因素。同菲律宾一样，越南同中国存在长期的领土与领海纠纷，加之两国较为复杂的历史关系，越南民众对中国、中国对越投资、中越经济合作、中国企业以及中国产品的感情相对复杂。部分越南人士对中国心存一定的防范甚至敌视心理，一些媒体不时向政府和社会鼓吹“摆脱对中国的经济依赖”以及“加强限制中国在越南承包工程”等观点，并常常捕风捉影，夸大中国产品的质量问题，诋毁中国企业形象，把中国产品丑化为假冒伪劣产品。长期以来，“中国产品质量不如日本产品”的这一刻板印象在越南社会已经形成。这些造成中国企业，尤其是市场开拓型企业在越南投资时面临极为棘手的经营风险。而且，民族主义与跨文化沟通障碍往往相互交织，直接导致员工层面的反生产行为。据越南劳动社会部统计，1995年以来，越南全国发生5 000余起停工、罢工事件，主要发生在外资企业，很少发生在本地企业（中国出口信用保险公司资信评估中心，2016）。近两年，少数中资企业也遭遇越南当地工人罢工。这些罢工运动往往由工人自发组织，要求企业提高薪资、改善生活及工作条件。

近年来，越来越多的中国人以各种各样的身份和方式介入泰国生活，比如游客到泰国旅游，中国企业进入泰国市场，中国学生到泰国留学并在泰国寻找工作。泰国社会对中国、中国人、中国企业、中泰关系的认知在近年来经历了一个重塑过程，一种对华的负面情绪开始在泰国蔓延，集中表现在三个方面：一是媒体对中国的负面报道增多，二是知识界对华开始持审谨态度，三是这种负面情绪在民众中搏击范围大、影响大。泰国社会对中国的态度非常复杂，他们在同中国日益紧密的双边关系中获得的不仅仅是越来越多的经济利益，还有越来越多的担心与反感，这种担心反映出小国对大国的内生性畏惧和敏感性不自信，而反感的蔓延终将聚集形成反对中资企业的民族主义情绪，致使中国企业在投资泰国时遭遇民族主义风险。印度尼西亚的民族主义风险主要源于当地华人与其他族群的诸多历史恩怨，如 1969 年和 1998 年针对当地华人的严重骚乱。这也构成了中国企业投资印度尼西亚的一个潜在风险。

（四）政策与法律风险

一定的政策与法律风险主要存在于法制体系相对不够完善的柬埔寨、缅甸、老挝等东盟北部国家。这些国家社会经济整体发展水平相对不高，也未形成一套完善、透明、稳定性高的法制体系和健全、成熟、完备的社会信用体系。中方企业一旦在投资国与合作伙伴发生商业纠纷，很难通过正常渠道保护自身合法利益。具体来看，缅甸执法成本较高，法律体系有待完善，合同、票据、融资、担保等领域的法律规定有待进一步完善，尤其是知识产权立法还处于非常低的水平，且专门负责知识产权事宜的专管机构较为缺乏。而且，新政府上台以来，缅甸政府的政策连续性还有待进一步观察。老挝政策法律体系的透明度普遍较低，司法实践效率不高，在外资企业与老挝本国企业发生商业纠纷时，老挝法院往往趋于偏袒本国企业。而且，老挝信用体系不够完备，不同类型的企业鱼龙混杂，很多私人业主实力有限。

与缅甸、老挝类似，柬埔寨的法律体系也不够完善，社会信用体系不够健全，经济政策存在一定的波动性，与税收、劳工、矿产相关的政策法规缺乏细则条款，多为一些粗线条的原则性规定，在具体的实施过程中，操作弹性非常大。尤为严重的是，柬埔寨在商标注册、技术转让等领域还存在法律空白，亦没有专门的经济法庭，且司法腐败现象较为严重。在越南，中资企业面临着一定的政策与法律风险。一方面，尽管越南法律体制相对完善，但法院判决的执行力有限；另一方面，越南社会信用体系比较脆弱，各种企业鱼龙混杂，企业的真实资信状况很难把握。印度尼西亚的关税相关政策变动较大，政府会结合本国产品竞争情况定期调整关税税率以保护民族产业，这在一定程度增加政策的不确定性。

值得特别说明的是，部分企业海外投资所遭遇的法律风险也源于企业国际化运营缺乏应有的合规性。有些企业对东道国劳工政策与法律制度不熟悉，出现无意识的非主观性违法，不少企业甚至不遵守东道国法律，通过不正当手段等主观性违法行为获取项目。2012 年，世界银行发布因涉嫌欺诈和贿赂而在一定时期内被禁止承接世界银行资助项目的企业名录，其中我国企业有 12 家（王耀福等，2016）。

（五）投资决策与经营风险

投资决策与经营风险应该是当前中国企业投资东盟可能遭遇的最大风险。首先，很多企业对东盟投资缺乏详尽的尽职调查，对东盟国家的相关政策、法律法规、商业文化、行业信息以及合作伙伴的资信情况缺乏系统而深入的了解，如马来西亚与印度尼西亚两国的税收体系相对复杂，印度尼西亚的税费种类尤为繁多，很多税种还分不同的纳税等级等。此外，部分企业对东道国的经济发展水平、要素禀赋结构、市场竞争状况、需求条件、消费偏好等也缺乏充分了解。在准备不够充分的情况下进入一个完全陌生的运营环境，信息不对称问题更加突出，企业很难制定出契合东道国实际情况的市场营销战略，亦很难基于东道国的运营环境变化做出迅速的本地化响应，运营风险大增。

其次，就投资决策而言，很多企业对东盟投资存在“一哄而上”的非理性现象，并不基于企业长期发展战略与内部资源结构进行外部资源决策，并没有系统分析国内宏观经济需要、企业长期发展需要以及东盟工业体系，不少企业的投资决策仅仅是海外投资热潮“风口”下的短期逐利行为。根据东盟官方统计数据，2012—2015年，中国对东盟投资的第一大产业为房地产业，投资额占该时期中国向东盟直接投资总额的26.47%，第二大产业为金融与保险业，两大产业投资额达到135.25亿美元，占我国对东盟直接投资总额的45.47%。与日本企业相比，除了能源类企业与工程建筑类企业外，整体而言，中国企业并未实现引领中国工业体系深度融入东盟工业体系，大多热衷零散的、短期的资本逐利。

总之，由于老挝、缅甸、柬埔寨、越南等东盟国家经济发展相对滞后，市场环境不够理想，加上企业对外直接投资的非理性因素，尤其是中国企业内部管理与规范经营有待强化，国际化运营经验不足，中国企业投资东盟面临着较大的投资决策与经营风险。2015年，商务部接到国内公司投诉，该公司称其在承建老挝色卡丹电站后，因与业主产生纠纷，导致工程款无法结算，银行保函被业主兑付，损失巨大。经商务部相关处室核实了解，该项目2013年也曾发生过纠纷，导致项目承包商云南一公司被清场，大量工人工资被拖欠。

综上所述，无论是CROCI，还是穆迪、标普、惠誉等国际知名国家主权信用评级机构，对东盟地区的主权信用与国家风险评级均较正面，即东盟地区大多为中等级风险国家，新加坡等个别国家为低等级风险国家，没有高等级风险国家。整体来看，现阶段中国企业投资东盟可能遭遇一定的政治风险、恐怖袭击风险、政策与法律风险、民族主义风险以及投资决策与经营风险。相较而言，最大的风险应该是投资决策与经营风险。这与东盟整体营商环境还有待进一步改善相关，也与中国企业国际化运营经验不足、理性决策不够、内部管理有待加强等主观因素相关。这一结论同李一文、李良新的基于347个非金融对外直接投资案例的问卷调查结果相似。后者显示，影响中国企业对外直接投资的最大风险是经营风险，发生概率高达46.6%，其次是政治风险，发生概率为24.6%。而且，国有企业比私营企业更容易遭受经营风险，私营企业比国有企业更容易遭受政治风险：在投资失败的197个案例中，91家国有企业由于经营风险而遭受投资失败，私营企业仅11家；56家私营企业由于政治风险而遭受投资失败，国有企业仅14家。总体来看，影响中国企业海外投资的关键是企业的经营管理能力，而私营企业的国际化管理能力整体要强于国有企业（李一文 等，2014）。这也意味着，当前中国企业投资东盟，国有企业更应该提升企业的管理能力，而私营企业在决定进入政治风险相对较高的东盟国家时应更为审慎。

二、中国企业投资东盟的风险防范措施

截至2016年年底，中国对外直接投资在历经缓慢起步与野蛮快速发展后，已有2万多家海外子公司或分公司分布在全球200多个国家和地区，中国已经超过日本，成为全球第二大FDI来源国。中国在海外的资产规模体量越来越大，利益保护迫在眉睫，对国内的影响愈发明显。可以说，中国对外投资已经到了站在国内国外的全局来统筹考虑的重要时点，既应切实做好中国海外利益的风险规避工作，又要减少其对国内的负面影响。

（一）政府宏观层面

防范投资企业在东道国遭遇风险，从根本上讲，需要政府结合现阶段我国宏观经济发展现状所呈现出的新特点、新结构、新问题、

新机遇，系统评估并重新思考中国对外直接投资乃至中国开放型发展对中国经济发展的作用，即一方面评估近十年来，中国对外直接投资对中国经济发展究竟产生了什么影响，另一方面思考未来十年，中国需要什么样的对外直接投资。在此基础之上，完善我国对外直接投资政策的顶层设计及针对风险防范的具体措施。

1. 制定治理企业对外投资的法律规章制度，以法制力量督促中资企业遵守东道国法律体系与尊重东道国商业文化，践行社会责任，提升全球运营的合规性

截至2016年年底，中国企业在全球200多个国家和地区设立2万多家海外子公司或分支机构，中国对外直接投资存量达到1.28亿美元。随着我国社会经济的进一步持续健康发展，企业对外投资的体量越来越大，其主体结构越发复杂，管控难度越来越大。如一些中国跨国公司在海外进行财务造假，有些企业涉嫌通过贿赂在东道国获得项目订单，有些企业恣意违反东道国的法律法规与监管要求，有些企业的非理性海外投资过于强调企业的短期逐利。可以说，企业对外投资与经营治理成为政府面临的一个新的治理议题，亦是政府必须承担的一个新的历史任务。

从国际经验来看，企业对外投资与经营治理具有一定的历史并形成了较多可遵循的经验做法。1977年，美国制定了《反海外腐败法》，旨在限制美国公司、个人贿赂国外政府官员的行为，并对在美国上市公司的财会制度作出了相关规定。这一举措得到加拿大等国家的效仿，它们也相继制定了类似的反海外腐败法，从而约束跨国企业在东道国的运营行为。在以制度力量管控与规范本国企业海外投资行为的同时，美国也积极尝试多边合作，在更高的层面推动跨国公司全球合规性治理。1997年，美国与OECD其他33国共同签订了《国际商业交易活动反对行贿外国公职人员公约》。美国批准了该项协定并于1998年出台了相关执行法律。

近年来，中国加大了海外反腐力度，加强了国际反腐合作，但主要针对外逃至海外的国内贪腐官员，还并未通过制度机制约束中

国跨国企业在海外的违规违约行为。显然，政府需要将企业对外投资与经营治理提上议事日程，围绕企业海外运营行为、海外财务管理、企业海外社会责任履行、国有企业海外资产流失等问题制定相应的法律、法规或管理条例；成立相应的企业对外投资与经营治理的管理机构和组织，通过法治机制督促中国跨国企业遵守东道国法律制度，践行社会责任，提升全球运营的合规性，避免将商业领域中的一些非法手段运用到东道国商业竞争中，从而引发东道国社会不满并最终蔓延形成反对中国对外直接投资的民族主义风险。

2. 深入推进国内市场化改革，迫使企业累积与培育竞争性资源，提升内部管理能力与竞争力，从根本上提升企业抵御国内国际风险的能力

提升企业风险防范能力的关键是提升企业的内部管理能力与运营能力。李一文与李良新（2014）的研究亦表明，中国企业海外投资的最大风险并不是东道国政治风险，而是海外运营风险，且国有企业更容易由于运营风险而遭受损失。这在一定程度上表明，中国企业的内部管理能力与内部风险治理能力较弱。究其原因，根本在于，一国经济的快速发展在一个缺乏充分竞争的庞大市场环境中能够造就一批世界级资产规模的企业，但无法快速形成一批极具内生创新能力与国际竞争力的企业（宋泽楠，2014）。所以，中国企业在整体层面所表现出的全球竞争力与影响力要明显弱于中国经济的全球竞争力与影响力。

市场竞争法则以设定游戏规则的方式从根本上限定了企业可选择的行为集合，发达国家往往法律制度较为健全，市场竞争机制较为完善，从而迫使企业始终将如何积累竞争性资源和提高核心竞争力作为企业战略决策的核心（宋泽楠，2013a）。其企业的内部管理与风险治理能力因此往往也较强，防范国际市场风险的能力也较强。从这个意义上讲，中国企业风险治理能力问题在一定程度上指向了国内的市场化进程。鉴于此，各级政府需要坚定不移地加速推进国内市场化进程，提高市场竞争程度，改变企业运营的外部环境，全

面发挥市场竞争法则作为企业筛选机制的作用，迫使企业不断累积竞争性资源和培育市场性能力，全面提升企业竞争力、内部管理水平与风险治理能力。这不仅能从根本上提升中国企业的透明度、内部管理能力与风险治理能力，亦能逐渐纠正中国企业在发展规模与竞争能力上的错位以及中国经济在发展速度与发展质量上的失衡。

3. 强化东盟在“一带一路”中的战略地位，完善与东盟国家的双边投资协定，加强政府交流，减少其对中国投资的误解、疑虑与警惕

中国与东盟山水相连，具有推动区域经济合作的天然优势。一直以来，东盟都是中国对外经贸合作的一个重要区域。自“一带一路”倡议提出以来，东盟更是依据自身的地理区位优势成为我国南海构建21世纪海上丝绸之路的重要节点与关键区域。然而，东盟的区域战略地位也在一定程度上形成了“群雄逐鹿”的竞争状况。统计数据显示，自美国提出“亚洲再平衡”与“重返亚洲”战略以来，美国、日本纷纷加强了对东盟以及东盟CLMV国家的投资，即CLMV国家在美日东盟投资战略版图中的地位越来越突出。与之相对应，中国应提升东盟在我国对外直接投资版图中的战略地位，以“一带一路”倡议统领对东盟投资。

如上文分析，除了新加坡外，东盟国家大多经济发展相对滞后，基础设施严重不足，一些国家还存在较大的国内政治、社会稳定问题以及一定的负面情绪。整体而言，投资东盟存在一定程度的国家主权风险。为此，中国应积极加强与东盟国家的政治对话与文化交流，以切实构建中国—东盟命运共同体的稳健行为和互利共赢的实际效果赢得东盟各国政府与民众的信任，化解他们对中国投资的误解、疑虑、警惕甚至反对。同时，进一步修订双边投资协定，明确双方责任与义务，要求东盟各国政府切实保护中国投资企业，切实公平对待中国投资企业；通过对外援助、项目选择竞争、经贸合作论坛、留学生计划等短长期渠道，积极引导、鼓励、协调或帮助东盟国家，尤其是CLMV国家始终恪守推动本国社会经济发展的基本

理念，坚持走开放合作的发展道路，扎实推进市场化进程与改善营商环境。

此外，政府还应进一步完善与健全对外直接投资担保与保险制度，建立和完善海外援助法律、海外投资风险预警制度，以PPP方式建设和培育高信度的国家主权风险评级机构和科学的评级指标体系，进一步提升“走出去”公共服务平台的信息质量，加快信息更新与完善速度，并充分发挥海外行业协会、商会等各类涉外中介组织专业性强、联系面广、信息灵通的优势。

（二）企业微观层面

企业是遭遇、防范与治理风险的直接主体。要增强风险防范能力，减少风险损失，提前预判与规避是一个重要手段，而提升内部管理能力、减少不符合企业长期发展战略的非理性投资、系统构筑风险内控机制、增强内部风险治理能力则为根本。在此基础上，企业还应思考国际化运营的本质，从国内宏观经济发展的全局与企业内部资源结构的角度出发，进行恰当、科学、可行的外部资源决策，以防范对外直接投资行为同国内宏观经济发展的根本需求相偏离。同时，遵守东道国法律法规，适度践行企业社会责任，纠正过度逐利的短视行为。

1. 做好投资前的尽职调查，熟悉东道国的法规政策与投资环境，避免进入国家主权风险较高尤其是政治风险突出的国家

企业在做出海外投资决策前，应组建经验丰富的专业团队管控在决策过程、实施过程和强化过程中可能存在的运营风险，并基于母公司对投资项目的战略定位，就项目目标选择和进入方式实施科学化、程序化和规范化决策（宋泽楠，2013b）。项目区位选择应该做足功课，应委托专业咨询公司进行翔实的尽职调查，全面了解包括劳工政策、产业准入政策、环境政策、税收政策等在内的东道国法规政策，深入分析包括市场总量、需求条件、消费偏好、外汇制度等在内的东道国经济环境，认真进行项目调查和市场考察，必要时聘请专业公司调研，编制投资可行性报告，避免盲目投资；深入

了解东道国社会、政治、宗教、种族等领域的历史与现状，避免进入国家主权风险较高，尤其是政治风险较高的国家。

就东盟地区而言，在东盟越南、老挝、缅甸、柬埔寨等国家主权风险相对较高的区域投资，企业在进入方式上应尽可能地建立独资企业。如果确实需要同东道国企业进行合作，应全面了解潜在合作伙伴的资信状况，主动规避规模小、实力弱、信誉差的当地企业，力争与当地行业的领军企业展开合作；聘请或咨询专业律师拟定双方投资合同，明确双方的权利与义务。在公司注册程序复杂与税收体系复杂的马来西亚与印度尼西亚，应聘请专门的公司秘书和专业律师协助注册申请，提前备齐所需文件，及时履行相关手续；聘请专业财务与会计人员，全面准确核算税负成本，尽量避免进入税负成本较高的区域（商务部 等，2016）。

2. 强化内部管理，提升内部风险治理能力，严格遵守东道国法律制度与维护东道国市场秩序，诚实守信，以质求胜

在东盟地区整体国家风险不高的情况下，中国企业投资东盟遭遇的最大风险可能是投资决策与运营风险。防范国际化运营风险，根本上需要企业强化内部管理，恪守通过累积技术、管理知识与品牌等战略资源，以公平方式参与并赢得市场竞争的企业发展理念；招聘和培育一支具有国际化视野、跨文化商务沟通能力；熟悉国际市场、业务能力强的人力资源队伍；建立严格规范的公司内部管理制度，尤其是决策制度、财务制度与风险预警机制。通过这些现代商业文明的竞争理念与现代企业治理方式，逐步提升企业的国际化运营能力与竞争优势，从根本上防范在东道国的运营风险。

与此同时，在东盟各国投资运营时，中国企业应严格遵守东道国法律制度，维护东道国市场秩序，合法合规经营，诚实守信；注重产品研发与创新，并在此基础上通过科学高效的质量控制提升产品质量，尤其需要在泰国、越南等市场逐渐改变民众对中国产品质量的负面认知；对于面对终端消费者的家用消费品，中国企业需要在熟悉本地消费理念、消费心理、消费偏好的情况下，注重品牌管理，设计恰当的

营销策略，不断谋求更高的产品知名度和更强的顾客黏性，力争逐步形成一批具有区域性国际知名度的中国品牌；注重跨文化管理与本土化运营，尤其是提升企业在东盟国家的本土化响应能力；注重维护与东道国的公共关系，学会同东盟国家的媒体打交道，提升公关能力，尤其是处理企业突发危急事件的公关能力。毋庸置疑，品牌力提升、竞争力提升、本土化响应水平提升、现代治理机制的成熟将显著提升企业的国际化运营能力，从根本上降低国际化运营风险。

3. 树立与恪守合作共赢的投资理念，构建利益内嵌共生、风险共担的深度关联合作机制，积极承担必要的企业社会责任

中资企业还应该树立与恪守合作共赢的投资理念，“充分尊重东道国管理资源、知识资源、人力资源及其人力资源制度和文化，平衡不同主体的短长期利益诉求，以此为基础建立合作共赢、成就彼此目标的共同理念”（宋泽楠，2013），逐步构建与当地企业、当地社区与当地经济的多维度关联，在构建自身区域性国际生产网络体系与价值链条的过程中，应积极帮助当地企业作为一个支撑部分融入自身的生产网络体系中，由此推动与当地企业、当地产业及当地经济的共生性发展，形成利益内嵌共生、风险共担的深度关联合作机制。

与此同时，中资企业要积极承担必要的企业社会责任，主动融入当地社区与当地社会，与当地社区营造良好的社会关系，塑造良好的企业形象，如在缅甸、老挝、柬埔寨等地修建水电站等项目，必然会在不同程度上破坏当地环境的工程项目，应在严格履行环评与切实保护环境的基础上，适度雇佣当地工人，尽量保证工作环境的安全性的同时，还应考虑通过无偿援建公共道路、学校、医院等方式适度回馈当地社区与民众。当地中资企业，尤其是大型企业与行会协会组织还应同东道国政府、国会或重要政治组织机构保持良好的政商关系。

除了以上四个方面的风险防范措施，企业还应学会如何同当地执法人员与其他相关政府管理人员进行友好而高效的交流；加强外派员工培训，督促员工遵守当地法律法规与风俗习惯，如泰国与缅

甸的佛教礼仪，中资企业代表应注意自身在公共场合和社交网络上的言行举止，不能出现抬高中国、贬损东盟国家的不礼貌行为；中资企业应鼓励员工营造友善、包容、和谐的企业文化，以诚、信、义、和等传统中国文化的商业文明魅力与当地企业进行业务交往；积极谋求风险后挽救，利用保险、担保、银行等金融机构和其他奉献管理机构提供的海外投资保险或担保服务保护自身利益（中国出口信用保险公司资信评估中心，2016）。

最后，需要强调的是，在应对东道国投资风险时，中资企业除了要考虑东道国社会政治经济等本体性客观因素，还应将东道国风险（尤其是地缘政治风险）纳入中国经济崛起引发的大国利益博弈及全球经济格局与经贸规则调整的整体之中进行全方位考虑，从全球高度处理协调好包括中美、中日、中印关系在内的国际关系，塑造良好的战略环境。当前，东盟已经成为美国、日本、印度与中国进行利益博弈的重要区域，因此处理好大国关系，在更大的范围内防范企业投资东盟发生系统性风险便显得尤为重要。

第十三章　国内风险及防范

中国对外直接投资的持续快速增长发生于中国尚未完成工业化进程、企业国际化能力较缺乏、法律制度尚不健全、大国利益深度博弈的背景之中，中资企业面临着资本外逃、输入性金融风险、海外资产流失、产业空心化等风险冲击。有效防范这些风险冲击，政府应以OFDI与国内产业统筹发展为目标，制定我国对外直接投资的发展规划与差异化OFDI产业政策，鼓励技术寻求型、产业链提升型与市场开拓型OFDI，限制房地产业等的海外投资，禁止资产转移型OFDI，以此管理资本过度跨境流动，严防输入性金融危机；高度重视“‘海外中国’治理”这一新的社会议题，及时立法，有效管控中国企业的海外行为。企业应树立海外投资服从与服务于国内经济发展全局与政府宏观调控目标的基本理念，杜绝非理性和非价值链提升型海外投资；强化内部管理，做足投资前尽职调查，不断累积竞争性资源，提升全球运营的竞争力与合规性。

21世纪初叶以来，中国对外直接投资持续快速增长，2016年流量飙升至1 701.1亿美元，总存量达到12 679.7亿美元，分别约为2002年流量与存量的63倍和42倍，流量年均增幅高达33.92%，中国成为全球第二大FDI来源国。然而，中国作为一个发展中的新兴经济大国，不同于西方发达国家，其对外直接投资在过去十多年呈现“粗放式”快速增长，这一现象源于差异化的国际国内背景。首先，中国尚未完成工业化进程，人均收入水平不高，中西部地区的工业基础仍相对薄弱；其次，中国法制与市场机制不够健全，尚缺乏一个充分公平、透明、高效的市场运营环境；再次，世界经济面临着全球政治、经济等格局变化与国际机构及规则调整、各国利益博弈的复杂局面；最后，中国企业较缺乏国际化运营经验，国际化运营与本土化响应有待加强，并未整体性构建起以中国跨国企业为主导的全球产业链，部分企业，尤其是个别中小企业唯利是图，缺乏社会责任。受这些因素的综合影响，中国对外直接投资可能会对国内宏观经济发展带来一定的风险与冲击：巨额对外直接投资与资本流出可能导致国内固定投资不足、产业空心化、人民币贬值等风险冲击（桑百川，2016）；少数企业在海外市场的不合规运营与过度逐利，在一定程度上影响了中国企业与中国经济的形象，增加了中国企业正常国际化和中国经济主动融入世界经济的发展成本；“海外中国”体量越来越大，管控中国企业的海外行为、严控海外资产流失已迫在眉睫。

从现有文献来看，学界遵循海外投资的传统风险研究框架，仅仅关注企业在东道国可能遭遇的海外投资风险，近年来尤其关注“一带一路”沿线国家的海外投资风险，鲜有学者系统探讨中国对外直接投资对国内宏观经济发展可能带来的冲击与风险。放眼全球，以美国为首的发达国家已开始深刻反省本国 FDI 政策对国内社会经济发展带来的负面影响，并提出了“再工业化战略”等修正措施。鉴于此，在中国对外直接投资经过十多年“粗放式”持续快速增长后，我国有必要系统分析中国对外直接投资与国内宏观经济发展的关系，警觉预判和准确识别长期资本外流可能对国内宏观经济发展带来的不同冲击与诸多风险。再基于我国经济发展的实际阶段和宏观经济发展的实际需求，及时制定恰当的 FDI 政策，规范管理企业对外直接投资行为，有效管控过度跨境资本流动。从理论层面来看，这有利于基于发展中国家的 FDI 来源国样本，丰富 FDI 流出对母国宏观经济影响的研究。从现实层面来看，这不仅有助于对中国 OFDI 政策及其实践进行阶段性修正，亦有助于“逆全球化”拐点下世界贸易投资平衡政策的思考与探索。

一、中国 OFDI 对国内宏观经济的冲击与风险

中国对外直接投资的快速发展不仅面临着各种东道国风险，一段时间内较大规模的企业外迁、产业转移、资本外流必然也将对母国社会经济发展带来不同程度的风险与冲击。总的来看，当前企业海外投资，尤其是非理性、高杠杆、高负债、非产业链提升型对外直接投资可能引发国内金融风险、产业空心化风险，并对中国国际形象带来一定的负面影响。

（一）高杠杆、高负债与输入性金融风险

2014 年以来，中国 OFDI 极速增长，形成了新一轮对外直接投资的热潮，很多企业纷纷加快了对外直接投资的步伐，不少企业的单笔投资金额就高达数百亿美元。然而，大多数企业的并购资金并非主要来源于公司的自有资金，而是来源于国内银行的巨额贷款，融资杠杆率与并购后企业的债务率均较高。据统计，中国非金融企业部门 2015 年年底负债率高达 156%。由于中国间接融资比率较高，企业债务风险很可能传导至银行，而中国银行大多为国有，银行风险又将进一步影响国家财政状况。中国社会科学院副院长李杨认为，在非金融企业、金融企业、财政部门同时出现债务问题时，确实可能会诱发一定范围内的系统性金融风险，这是中国债务问题中最大的问题（金融时报，2016）。

尽管大部分中国企业的海外投资是基于我国宏观经济发展与企业长期战略的理性投资行为，但近两三年来，也有不少企业频频高溢价并购海外资产，在市场最高点抢购资产，甚至大举投资海外地产物业。这都属于海外投资热潮“风口”下的盲目跟风行为，暴露出较为明显的投资盲目性与不成熟。而且，中国企业对外直接投资在投资进入模式上以并购为主，很多企业之所以被出售，往往是因为企业预期盈利能力较弱或企业已经处于亏损运营状态，投资企业从举债完成并购到收回全部成本往往需要很长一段时间，且并购后

的整合期较长，整合风险较大，整合期内的运营成本较高。这些因素都大大增加了高杠杆率收购后的企业负债风险。更为致命的是，部分企业的巨额海外投资流向了诸如委内瑞拉、希腊、乌克兰、巴基斯坦、埃及等主权债务风险等级较高的国家，使国家面临较大的海外资产流失风险。

总的来看，在我国非金融企业部门负债率已经高企的大背景下，部分企业无视或违背中央政府“去杠杆”的政策要求，继续通过高杠杆率与高负债率大势并购可能贬值的海外资产，或者跟风向主权债务风险居高不下的国家投资，或者在市场高位以高溢价盲目抢购海外资产，很有可能进一步降低我国非金融企业部门的平均负债水平，增加我国金融系统的不良资产风险与流动性风险，进而加重财政部门的债务问题，并最终诱发输入性金融风险。

（二）资本外逃、资产转移与人民币汇率风险

西方学界普遍认为，同发达国家相比，发展中国家的法律制度不够健全，市场竞争不够充分，商业环境缺乏必要的透明度，整体制度相对不完善（Peng et al.，2008；莫克尔 等，2008）。尽管如此，在一些市场化进程相对较快的行业，企业间的市场竞争较为充分，部分企业，尤其是部分大型民营企业在历经多年的发展后，基本上形成了以市场为导向的资源配置方式和运营模式，企业治理机制相对成熟，市场竞争能力较强。对于这些企业，发展中国家的国内整体市场环境在一定范围内无法充分满足它们进一步发展的需要，为了摆脱或减少国内制度限制，这些企业开始寻求更为健全的宏观经营环境，如更为高效、更为透明的商业环境，更加成熟的产权保护制度等（Deng，2009；加默尔措夫特，2010）。

作为全球最大的发展中国家，我国在私有财产保护、营商环境等方面与西方发达国家相比仍有不小差距。在国内经济增速下降、预期投资收益走低、生产要素成本走高、私人财富快速增长、财富集中度不断提高、中美利差进一步收窄的复杂背景下，中国居民与中国企业的全球资产配置需求、避险需求及逃离需求明显增长，部分高净值人群一直存在并持续增强寻找海外出路的冲动，极个别企业甚至利用“走出去”与“一带一路”倡议的东风，暗度陈仓，在对外直接投资的掩盖下大势向海外转移资产。以2016年为例，中国企业的境外并购规模约为2 200亿美元，超过此前一年的两倍。这背后是否存在极个别企业通过虚假的或人为高估价值的海外直接投资来规避资本流出管制、实现资金转移，这些信息的真实性虽有待进一步核实，但应引起监管重视。

目前，我国尚未有关资本外逃的官方统计。部分学者就我国资本外逃进行了经济学的严谨分析，基于2016年中国国际收支表的分析表明：通过虚假服务贸易与对外直接投资渠道的资本外流仍在增加，尽管外资外撤的现象已经消失，但内资外流的规模仍然处在高位（张明，2017）。基于国际收支平衡表中误差与遗漏账户以及国际投资头寸表中海外净头寸增长同国际收支平衡表金融账户资本净流出缺口的分析表明，中国在最近几年很可能出现了比较严重的资本外逃。（余永定 等，2017）。

经济学文献认为，资本外逃对一国经济发展的负面影响主要包括：导致金融不稳定，主要体现在导致利率和汇率的不稳定，削弱货币当局的调控能力；损害国家的生产能力；削弱国内的税基；降低国内的投资能力；增加外部融资的边际成本；削弱混合经济制度的合法性（余永定 等，2017）。为此，在我国资产转移与资本外逃风险大增的背景下，人民币贬值压力大增，交通银行首席经济学家连平认为，未来一段时期，我国仍将存在较大的资本外流和货币贬值压力，资本外流和汇率贬值相互强化可能是重大风险源（连平，2016）。无独有偶，中央货币委员会前委员余永定也认为，2017年资本外流和人民币汇率贬值是中国经济的严重挑战（余永定，2016）。

（三）产业外迁与产业空心化风险

企业正常、理性的对外直接投资行为，本质上是在全球经济一体化所形成的全球市场中基于内部资源结构进行的外部资源决策。根据外部资源类型，企业对外直接投资一般分为自然资源寻求型、市场开拓型、战略资源（先进技术）寻求型、效率寻求型等不同类型。不同类型 FDI 对母国的影响亦不同，以效率寻求型 FDI 为例，其主要是指企业在各国经济发展水平所形成的生产要素禀赋差异分布中整合全球资源，实现全球范围内的规模经济。与之相适应，很多发达国家的跨国企业往往通过对外直接投资，在经济落后、劳动力成本较低的国家和地区建立生产中心，仅在国内保留研发与品牌打造等高端、高附加值环节，大批制造业企业向海外转移，导致国内制造业衰退、就业减少、产业衰退、税源转移，形成所谓的“产业空心化”或“产业空洞化”（桑百川 等，2016）。美国和日本都不同程度地遭遇了效率寻求型 FDI 诱发的产业空心化问题。应对这一问题，美国前总统奥巴马上台初期就提出了“再工业化战略”，美国前总统特朗普上任后延续了这一政策，并通过各种手段鼓励、要求甚至胁迫美国制造业回迁美国。

在过去数年中，中国已经出现了一次较大规模的制造业外迁，在以耐克、阿迪达斯为代表的制鞋企业外迁至越南后，以 LG、三星、苹果为代表的电子类企业也在越南等东盟国家建立生产工厂。《2016 年东盟投资报告》明确表示，得益于美日韩制造业从中国外迁至东盟，东盟工业体系快速融入全球生产网络，东盟作为全球制造中心的角色正在逐渐形成。反观制造业外迁后的东莞，笔者曾在 2004 年和 2015 年多次前往广东东莞长安、虎门、厚街等传统制造业重镇，亲身感受了 2004 年前后东莞制造业最为鼎盛时期的生机勃勃与 2015 年传统制造业的逐渐暗淡，昔日以行政村命名的管理委员会工业区遍地，工厂林立，如今这些地方很多厂房空置，略显冷清，很多企业确实已经外迁①。

尽管同资源（自然资源与先进技术为代表的战略资源）寻求型

① 当然，东莞的传统制造业，除了部分迁往越南等东盟国家，也有很多企业在 2008 年以来国内自东向西的产业转移浪潮中转移至重庆、郑州、成都等新兴加工贸易重镇。

动机相比，中国企业的效率寻求型动机并不突出，但作为人口最多的发展中国家以及整体处于全球价值链中低端的中国企业，脱离中国经济整体发展水平的效率寻求型 FDI 可能对国内的产业稳定产生极为严重的负面冲击。目前，一些中国纺织类企业和其他制造业企业已经开始向东盟进行效率寻求型投资，如果这些企业不能成功打开东盟市场或基于东盟低成本生产优势开拓更多的国际市场，那么在市场需求不变的情况下，它们在东盟的生产工厂很可能替代国内生产工厂，进而代替国内产能，替代国内出口，替代国内相关产业，这在一定程度上会诱发国内相关产业出现“产业空心化”风险。

（四）影响中国的国际形象，增加中国开放发展的外部阻力与博弈成本

由于中国企业国际化运营在全球合规性、运营透明度、国际舆论环境公关等方面存在自身不足的问题，如一些中国跨国公司在海外进行财务造假，有些企业涉嫌通过贿赂在东道国获得项目订单，有些企业恣意违反东道国的法律法规与监管要求，有些企业的非理性海外投资过于强调企业的短期逐利，在东道国引发了较大的企业安全事故或环保问题（尽管这些问题在西方发达国家的跨国公司中也存在，但西方社会更容易利用个别中国企业的问题大肆渲染与过度指责）。西方势力利用中国企业的这些主观缺陷，大势恶意中伤，“新殖民主义”“经济怪兽”等指责与批评频频见诸西方重要媒体，一些国外组织亦不时爆发针对中资企业的“反生产”行为。与此同时，西方世界广泛认为中国企业，尤其是国有企业能够获得低成本的银行贷款或直接的资金扶持，从而在并购中显示出优势，这不仅对市场中的其他竞争者不公平，亦会在全球范围内扭曲资源的有效配置，降低全球经济的运行效率（冯明，2012）。与之相适应，以美国为首的西方发达国家开始着手构建新的国际经贸规则，它们推出了“竞争中立”“投资者-国家”争端解决机制等专门针对中国企业，尤其是中国国有企业的新谈判议题，试图从国际规则的最高层

面制约中国企业与中国经济的和平崛起。显然，这些行为加剧了西方世界对中国的对抗，增加了中国经济融入全球经济以及重塑世界经济格局的外部阻力与博弈成本。

对当地社区而言，中资企业在投资理性程度、运营合规性与透明度等方面的主观缺陷也引发了一定的负面评价。以东盟地区为例，东盟官方统计显示，2012—2015 年，中国对东盟投资的第一大、第二大产业分别是房地产业、金融与保险业，这些产业的投资额占该时期中国对东盟直接投资总额的 50%左右[①]。过于激进的短期逐利行为，推高部分地区的房地产价格，未能以构建区域生产体系与深度融入、塑造和提升东盟工业体系的方式同当地社区、当地产业、当地经济形成极富建设性的深度关联，都很可能在一定范围内引发了东盟民众的不满情绪。在缅甸，尽管中国商品目前已经占据缅甸将近 1/3 的市场，但在缅甸普通百姓中有不少的民众认为，中国企业只和缅甸政府亲近，不太愿意和老百姓打交道。

除了以上四个方面的可能冲击与风险外，从长期来看，中国对外直接投资对国内宏观经济发展可能带来什么样的负面影响也值得深思。回顾二战后美国以贸易投资自由化所推动的经济全球化，实则是生产的全球化和销售的全球化，使发达国家跨国企业的资本、技术要素利益在全球范围内得到极大的延伸。这些跨国企业基于自身的资本优势与技术优势，在不同阶段将不同发展中国家的富余劳动力纳入自身构筑的全球供应链网络之中，使他们获得了远远低于发达国家产业工人却高于本国历史工资水平的"高工资"。时至今日，由于发展中国家富余劳动力对发达国家产业工人形成了极为明显的挤出效应，引发了后者的强烈不满，此前长时间内将全球化视为不可逆转的线性趋势的固定思维开始动摇，"逆全球化"开始在西方发达国家蔓延。当然，"逆全球化"的兴起，在一定程度上反映了

① 注：东盟官网仅统计了 2012—2015 年中、美、日三国对东盟对外直接投资的行业数据。另外，《2015 年度中国对外直接投资统计公报》统计的中国对东盟投资行业数据与本表中的数据存在差异。

各国内未能更广泛地分享全球化福祉的群体对现实的不满和反击，也在不同程度上表明和提醒，任何一个深度参与全球化进程的国家，如果忽视了对本国要素所有者的风险对冲和社会保障的政策安排，未能恰当对冲本国加入单一市场后由贸易条件波动和出口品类集中所带来的外生冲击和风险，则将必然遭受政治上的抵制和失败（佟家栋 等，2017）。

展望未来，中国已经迈入“引进来”与“走出去”并重的开放发展阶段，正处于以对外直接投资和“一带一路”倡议主动融入世界经济和重塑经济格局的关键时期。那么，比对“逆全球化”思潮前的全球化，中国以“一带一路”倡议为代表的基础设施建设与产能合作在本质上究竟会形成什么样的全球化？在未来一段足够长的时间内究竟会对中国国内宏观经济带来什么样的影响？“要致富，先修路”能否成为全球化背后的又一个赫克歇尔-俄林分工秩序理论基础？多大的国际产能合作空间才能化解国企体制性产能过剩？或者说，中国企业海外投资在国际产能合作日益庞大的空间中，由于东道国的周期性经济危机或政策性“闭关锁国”会不会导致中国企业形成更为庞大的过剩产能和资源浪费？国企海外投资所形成的更大经营规模会不会路径依赖式地加重国内的要素扭曲与资源错配？如何才能在更为开放的发展格局中平衡资本外逃与资本管制？这些问题可能尖锐，但并不消极，在探讨中国对外直接投资对国内宏观经济可能带来的风险与冲击时，确实值得冷静思考和谨慎探讨。

二、风险冲击的防范措施

中国对外直接投资的持续快速发展有利于企业在两个市场和两种资源所形成的更大空间内快速发展，有利于企业开拓国际市场，整合国际资源。然而，中国对外直接投资持续快速发展也必然对国内宏观经济发展在一定范围内带来不同程度的负面影响，如何提前识别、主动规避和恰当平衡这些负面影响及可能的风险冲击，需要政府和企业协同应对。

（一）政府宏观层面

政府需要站在现阶段我国宏观经济发展现状所呈现出的新特点、新结构、新问题、新机遇，重新思考中国为什么需要对外直接投资，需要什么样的对外直接投资，以及中国对外直接投资对国内经济发展究竟产生了什么样的影响三个基本问题。在此基础之上，完善我国对外直接投资政策的顶层设计，并制定针对相应的风险防范措施。

1. 以实现对外直接投资与国内产业统筹和区域协调发展为目标，制定我国对外直接投资政策与规划，包括《对外直接投资产业指导目录》

实行备案制以来，中国对外直接投资可谓经历了多年的“粗放式”快速增长。时至今日，对企业“走出去”持普遍鼓励的态度应该基于我国国内工业体系、金融环境、宏观调控目标以及海外投资显现出的问题进行适度调整。不能把对外直接投资简单理解为资本输出与资产购买，还应更多地考虑两个市场、两种资源的互动，更加重视对外直接投资与国内产业统筹和区域协调发展的对接（盛斌，2017），更加重视中国经济与世界经济的平衡发展。

本质上而言，中国之所以需要对外直接投资，是因为需要一批企业通过统筹利用两个市场、两种资源，构建自身的全球生产网络与价值链，实现全球范围内的规模经济，从而形成一批具有国际竞争力的中国品牌，一批拥有较大海外市场份额的中国企业，一批能够引领全球发展的中国产业，并由此推动国内宏观经济转型升级，实现结构调整与可持续健康发展。笔者甚至认为，在一定程度上而言，中国能否成功跳出中等收入陷阱，在根本上取决于是否能够在未来一段时间内形成这样一批中国品牌、中国企业与中国产业。

在理清这一思路的基础上，政府应客观评估与平衡大规模对外直接投资对国内经济发展产生的积极作用与消极影响，主动防范大规模资本输出可能形成的国内资本外流与产业空心化等负面影响，根据国家“十三五”规划和《中国制造 2025》，制定国家层面的对外直接投资政策与规划，包括差异化 OFDI 产业政策与负面清单，实施产业管理与投资类型管理，避免企业对外直接投资出现非理性甚至是“一哄而上”的疯狂行为。以投资类型管理为例，可以根据产业链提升型投资与非产业链提升型投资两个基本类型实施差异化的备案、审批及信贷支撑政策。在产业管理方面，可以参考《外商投资产业指导目录》的“鼓励”“限制”“禁止”三个门类制定《对外直接投资产业指导目录》，应鼓励国内紧缺资源行业企业发力资源寻求型 FDI，鼓励现代农业、现代制造业、高新技术产业等领域的企业发力战略资源寻求型 FDI，鼓励国内产能过剩产业发力市场开拓型 FDI；适度限制和约束房地产业在海外市场的过度逐利；加强对外直接投资的真实性审查，禁止对外直接投资名义掩盖下的资本外逃。

2. 制定治理相关法律规章制度，以法制力量督促中资企业遵守东道国法律体系，践行社会责任，提升全球运营合规性

随着企业对外投资的规模体量越来越大，投资主体结构越来越复杂，管控难度也越来越大，如一些中国跨国公司在海外进行财务造假，有些企业涉嫌通过贿赂在东道国获得项目订单，有些企业恣意违反东道国的法律法规与监管要求，有些企业的非理性海外投资过于强调企业的短期逐利，个别国有企业利用海外监管的空间限制，逆向选择与道德风险问题频发。如何对中国企业的海外行为进行有效管控已经成为政府面临的一个新的治理议题，亦是政府必须承担的一个新的历史任务。

面对“海外中国”这一新的治理难题，我国需适时构建反海外腐败的法律制度与规则体系，系统、长期地推动对外直接投资的制度建设，在现有《国有企业境外投资经营行为规范》《民营企业境外投资经营行为规范》《企业境外投资管理办法》等文件的基础上，实时制定和颁布《海外投资法》，将对外直接投资的促进、服务、监管和保障纳入法制化轨道。也可以借鉴美国《反海外腐败法》以及经济合作与发展组织《国际商业交易活动反对行贿外国公职人员公约》的国际经验，围绕企业海外运营行为、海外财务管理、企业海

外社会责任履行、国有企业海外资产流失等问题制定相应法律、法规或管理条例；成立“海外中国”治理的管理机构，通过法治机制督促中国跨国企业遵守东道国法律制度，践行社会责任，提升全球运营合规性；避免将国内商业领域中的一些非法手段运用到东道国商业竞争中，破坏东道国市场秩序，引发东道国社会不满并最终蔓延形成反对中国对外直接投资的民族主义风险，增加中国在开放发展、融入世界经济、重塑全球经济格局过程中的博弈成本、谈判成本和制度成本。

（二）企业微观层面

企业是遭遇、防范、治理甚至制造风险的直接主体。要弱化中国对外直接投资对国内宏观经济发展的风险冲击，需要注意以下两点。

1. 深刻认识到企业海外投资应服从于和服务于国内经济发展全局与政府调控目标，避免非理性、非价值链提升和短期的过度逐利投资

从企业投资与宏观经济发展关系规律来看，中国企业的海外投资内生于中国社会经济发展的形势演变，应服从和服务于国内经济发展全局与政府宏观调控目标，其本质是围绕国内社会经济发展在不同时期呈现出的要素结构、发展水平和需求条件，基于自身内部资源进行的外部资源决策行为。从企业微观角度而言，海外投资的本质应是统筹两个市场、两种资源，通过长期的组织学习、研发创新以及由此形成的资源累积、能力培育与竞争力提升，沿着更高等级生产要素的基本方向，不断提升自身的比较优势体系，逐步融入、改变与重构全球生产网络与全球价值链，实现全球范围内的规模经济。

从我国社会经济发展所处的整体阶段以及我国企业在整体层面所拥有的资源存量来看，中国企业、中国产业与中国经济正处于向微笑曲线两端攀升，改变甚至重构全球生产网络的关键时期。因此，

中国企业的海外投资应偏重价值链提升型投资，即通过投资购买或获取国外先进技术与管理理念，并在国际化竞争环境中磨炼企业的国际竞争力，提升品牌的国际知名度；在产业选择上要符合自身内部资源结构、企业中长期发展战略以及国家“十三五”规划的产业优先顺序；在融资手段上要严格遵循中央“去杠杆”的政策要求。总之，中资企业应避免高杠杆负债对外直接投资，避免进入对国内产业转型升级与宏观经济发展无积极作用的产业，避免非价值提升类型的对外投资，避免在东道国短期过度逐利。中资企业尤其应严格自律，秉持企业家精神、社会道德高义和满腔爱国热忱，杜绝对外直接投资掩盖下的资本外逃。通过这些主动规避，我国才能从根本上避免对外直接投资造成国内资本外流、外汇储备急剧减少、国内固定资产形成不足、“产业空心化”等宏观经济风险，并避免对中国企业的国际社会形象带来负面影响。

2. 强化内部管理，严格遵守东道国法律制度与维护东道国市场秩序，树立与恪守合作共赢的投资理念，积极承担必要的企业社会责任

企业强化内部管理，恪守通过累积技术、管理知识与品牌等战略资源，以公平方式参与并赢得市场竞争的企业发展理念；培育一支具有国际化视野、跨文化商务沟通能力，熟悉国际市场，业务能力强的人力资源队伍；建立严格规范的公司内部管理制度，尤其是决策制度、财务制度与风险预警机制。通过这些现代商业文明的竞争理念与现代企业治理方式，逐步提升企业的国际化运营能力与竞争优势。

在制定海外投资决策前，组建经验丰富的专业团队管控在决策过程、实施过程和强化过程中可能存在的运营风险，并基于母公司对投资项目的战略定位，就项目目标选择和进入方式实施科学化、程序化和规范化决策（宋泽楠，2013）。企业对项目的区位选择应该做足功课，应委托专业咨询公司进行翔实的尽职调查，全面了解包括劳工政策、产业准入政策、环境政策、税收政策等在内的东道国

法规政策，深入分析包括市场总量、需求条件、消费偏好、外汇制度等在内的东道国经济环境，认真进行项目调查和市场考察，必要时聘请专业公司调研，编制投资可行性报告，避免盲目投资；深入了解东道国社会、政治、宗教、种族等领域的历史与现状，避免进入国家主权风险较高，尤其是政治风险突出的国家。

与此同时，企业还应该树立与恪守合作共赢的投资理念，积极承担必要的社会责任，充分尊重东道国管理资源、知识资源、人力资源及其人力资源制度和文化，平衡不同主体的短长期利益诉求，以此为基础建立合作共赢、成就彼此目标的共同理念（宋泽楠，2013），逐步构建与当地企业、当地社区与当地经济的多维度关联，在构建自身区域性国际生产网络体系与价值链的过程中，应积极帮助当地企业，由此推动自身与当地企业、当地产业及当地经济的共生性发展，形成利益内嵌共生、风险共担的深度关联合作机制。总之，通过这些方式，逐步提升中国企业在东道国的合规性，在东道国塑造良好的企业形象，改变和消除国际世界对中国企业、中国商人和中国投资的负面认知。

毋庸置疑，中国对外直接投资在过去十年多的持续快速发展本质上内生于中国社会经济全面发展、工业体系逐渐完善、社会财富快速增加以及企业运营能力不断提升。但是，中国经济快速发展的过程亦伴随着或产生了诸多尚未解决的深层次问题。作为经济发展的一个部分，中国对外直接投不仅是这些诸多问题中的一个，而且也是解决某些问题的一个途径与方法。这些错综复杂的关系可能意味着我们需要站在一个涉及面更广、更深也更为系统的高度来寻求问题的解决之策。或者说，资本外逃、西方世界对国企扭曲要素市场、降低生产效率、耗损社会福利的指责在一定程度上都指向了国内的市场化进程与经济体制改革，这要求我们必须加快形成一个公平、透明、高效、法治的市场运营环境。

一直以来，中国社会经济发展具有自身的复杂性与独特属性，在治理本国社会经济发展上亦形成了一些具有广泛借鉴价值的典型经验。在中国对外直接投资引领中国经济更为主动地融入世界经济，大国博弈深化，全球经贸规则重构，“逆全球化”思潮抬头的大背景下，我们需要坚持中国改变世界与世界改变中国相统一：一方面，我们需要主动总结中国经验，形成中国理论，构建中国规则，以经济大国应有的影响实力与责任担当对全球经贸规则重构的方向及内容进行力所能及的调整、丰富和优化；另一方面，我们亦需要切实尊重规范经营、公开竞争、市场效率等基本价值取向，充分利用全球经贸规则重构所形成的倒逼改革效应，使市场在资源配置中起决定性作用，深化经济体制改革。

总之，崛起的中国与世界的深度互动必然存在双向的适应与改变，从而以外生力量的方式改变中国市场化进程的内生轨迹。正所谓，未来的全球经济制度是中国融入全球经济的过程所定义的，未来的中国经济制度也只能在这个过程中被定义。希望通过这种良性的双向适应与改变，从人类命运共同体的高度处理协调好包括中美、中日、中印、中欧关系在内的国际关系，并将中国崛起对既有经济格局和治理机制的冲击转变为一个双向的改变与被改变，适应与被适应，尊重与被尊重，以及人类关于经济发展问题和社会治理方式的心理认知趋同性同构的良性过程。这种改变既能减小大国崛起的外部阻力，为中国对外直接投资和国内宏观经济发展塑造良好的战略环境，又能消除制约国内经济进一步快速发展的制度瓶颈，从源头上减少导致中国资本外逃的内部压力，提升中国企业的全球合规性与认可度，推动数量众多的中国企业和规模庞大的中国经济以一种更富竞争力和更容易被接受的方式融入、引领和重塑全球经济。

本篇小结

本篇从可能遭遇的东道国风险以及对国内宏观经济可能形成的冲击两个维度探讨了中国企业投资东盟的风险防范，认为当前中国企业投资东盟面临的主要风险是投资决策和经营风险，企业要强化内部管理，做好尽职调查；恪守合作共赢的投资理念，构建利益内嵌共生、风险共担的深度关联合作机制，严格遵守东道国法律制度，维护东道国市场秩序，合法合规经营；注重产品研发与创新。在此基础上，中资企业需要通过科学高效的质量控制提升产品质量，逐渐改变东道国民众对中国产品质量的负面认知；对于面对终端消费者的家用消费品，中资企业需要在熟悉本地消费理念、消费心理、消费偏好的情况下，注重品牌管理，设计恰当的营销策略，不断谋求更高的产品知名度和更强的顾客黏性。

在“逆全球化”抬头的背景下，美国和日本等国开始反思对外直接投资对本国宏观经济的负面影响。就现阶段中国对外直接投资而言，其可能对国内宏观经济带来的风险冲击主要包括资本外逃、输入性金融风险、海外资产流失、产业空心化等。政府需要重新思考中国为什么需要对外直接投资，需要什么样的对外直接投资，以及中国对外直接投资对国内经济发展究竟产生了什么样的影响三个基本问题。在此基础上，政府以实现对外直接投资与国内产业统筹为目标，制定我国对外直接投资的发展规划和产业政策，制定治理“海外中国”的法律制度。企业需要深刻地认识到，海外投资并不等同于海外资产购买，企业海外投资应该服从和服务于国内经济发展全局与政府宏观调控目标，服从和服务于企业长远发展战略。

结语

本书围绕中国对外直接投资文献梳理、东盟投资环境分析、投资战略构建（国家、省域、产业、企业四个维度）、投资模式创新、投资风险及防范（东道国风险以及对国内宏观经济可能的风险冲击）逐渐展开，层层深入，形成了以下理论创新、主要观点和主要建议，可能具有以下理论价值与应用价值。

一、理论创新

基于中国对外直接投资的差异化现实样本，本书从供给视角提出了国家特定优势与企业特定优势兼具的综合分析理论框架，并认为与需求视角下的传统 FDI 理论相反，中国对外直接投资的持续快速发展并不是由于国内需求不足和预期利润走低，而是由于国内需求在数量和质量上的攀升，中国企业需要通过整合全球自然资源、优势品牌、先进技术来满足国内消费升级产生的新需求。

在此基础之上，本书提出了中国对外直接投资与国内宏观经济的关系规律：中国企业的海外投资内生于中国社会经济发展的形势演变，本质是围绕国内社会经济发展在不同时期呈现出的要素禀赋和需求条件，基于自身内部资源进行的外部资源决策行为，其目的不仅在于持续提升企业管理水平和技术能力、不断扩大市场优势，亦在于更好地服从和服务于国家经济发展全局与宏观调控目标。

二、主要观点

中国对外直接投资在当前及此后一段时间内面临的主要问题有

两个：一是中国对外直接投资增而不强，中国跨国企业的市场竞争力亟待增强；二是中国跨国企业的透明度较低，中国企业在全球范围内的合规性与认可度亟待提升。

中国对外直接投资的发展问题实质上源于中国经济的发展问题。无论是中国对外直接投资增而不强，还是中国企业的全球竞争力与认可度问题，均在不同程度上指向了国内的市场化进程和更大程度的对内改革和对外开放。

"一带一路"倡议内生于我国经济发展的历史新阶段与世界经济新环境，并引领我国开放思想、开放战略、开放特点与开放格局的结构性转向，构成了习近平对外开放重要论述的核心内容之一。

东盟国家基本上都认为，中国的综合国力空前提升，中国的影响力在扩大，"一带一路"是一个新的发展机遇，是中国与周边国家实现更多交往的建设性方式，会给相关国家带来许多机会，但在中资大量涌入的惊喜过后，质疑铺天盖地而来，一种不可忽视的"负面情绪"在一些东盟国家不断蔓延。

日本对东盟投资存量远超中国。而且，根据东盟官方统计口径，日本对东盟投资最多的产业是制造业，美国是金融业，而中国是房地产业。与此同时，毗邻中国的越南政府更加欢迎能够产生明显技术溢出效应、创造更多就业机会、更加环保的对外直接投资，而不仅仅是资本，尤其是增加东道国财政赤字的外国资本。

统计数据显示，2011 年以来，美、日对东盟投资发生了两个重要转向：一是美、日全球投资的东盟转向，二是美日东盟投资的 CLMV 国家转向，即东盟在美日全球投资版图中的地位，柬埔寨、老挝、缅甸、越南在美日东盟投资版图中的地位愈发重要。

美日企业投资东盟，以效率寻求型居多，很多企业是资本密集型和知识密集型企业，主要以东盟作为企业区域性或全球市场销售的生产基地，对东盟经济发展产生了巨大贡献：投资企业引领众多供应商紧紧跟随这些美日企业到东盟投资建厂，这些企业又在东盟本地采购原材料、零部件、配件以及其他初级产品或半成品，从而将本地小企业纳入区域性或全球供应链条，并通过供应链管理，帮助这些企业提升产品质量和技术标准。受惠于此，东盟部分国家的部分区域快速实现了企业集聚、产业集群和经济繁荣，稳步推动东盟成为全球重要的生产制造基地。

美、日跨国企业已在东盟形成了以自身为核心需求面，以东盟本土企业为核心供给面的区域生产网络体系。同美日相比，中国缺乏在东南亚范围内重构区域产业链的技术优势、消费结构、经济实力、企业能力或强有力的东盟战略意识，还无法对东盟形成大规模的效率寻求型FDI，亦无法主导形成一个以中国企业、中国品牌和中国市场为核心需求面，以东盟为核心供给面的区域性分工体系。这在一定程度上致使东盟国家对中国缺乏一种真诚的认同和坚定的追随。

作为一个发展中的新兴经济大国，中国对外直接投资在过去十多年的快速增长源于差异化的国际国内背景。首先，中国尚未完成工业化进程，中西部地区的工业基础仍相对薄弱；其次，中国法制与市场机制不够健全，尚缺乏一个充分公平、透明、高效的市场运营环境；再次，世界经济面临着全球政治、经济等格局变化与国际机构及规则调整、各国利益博弈的复杂局面；最后，中国企业相对缺乏国际化运营经验，国际化运营与本土化响应有待加强。受这些因素的综合影响，中国对外直接投资对国内宏观经济发展可能带来一定的冲击：巨额对外直接投资与资本流出可能导致国内固定投资不足、产业空心化、人民币贬值等风险冲击；少数企业在海外市场的不合规运营可能会被西方社会利用并大肆渲染，这在一定程度上影响了中国企业与中国经济的形象，增加了中国企业正常国际化的成本；企业对外投资的体量越来越大，管控中国企业海外行为、严控海外资产流失的需求越来越大。

三、主要建议

第一，切实发挥市场作为企业筛选机制的作用，从源头增加中国企业的全球竞争力。

提高市场竞争程度，改变企业运营的外部环境，迫使企业不断累积竞争性资源和培育市场竞争能力，从根本上纠正中国企业在发展规模与竞争能力上的错位以及中国经济在发展速度与发展质量上的失衡，并改善中国企业的全球竞争力和影响力整体上要弱于中国经济的全球竞争力与影响力的发展局面。

第二，尊重人类面向自由、公平、高效、富强和可持续发展的普遍诉求，主动改变与被改变，妥善处理经贸规则分歧。

基于自身历史轨迹、发展阶段、实际情况以及人类面向自由、公平、高效和可持续发展的普遍诉求，同西方国家恰当处理好知识产权保护、电子商务、劳工制度、国企竞争中立等新旧分歧，在自身可以接受的范围内实行与发达国家可比的一套竞争标准和竞赛规则，充分尊重、努力维护并切实完善 WTO 框架，并由此将中国崛起对既有经济格局和治理机制的冲击转变为一个双向的改变与被改变、适应与被适应、尊重与被尊重以及人类关于经济发展问题和社会治理方式的心理认知趋同性同构的良性探索过程。

第三，基于当前国内经济消费升级引领新需求以及结构性产能过剩并存的供需条件，围绕服务“一带一路”建设、提升国内工业体系供给效率、开拓区域性国际市场三个基本战略方向进行战略构建：

一是提升东盟在中国海外投资版图中的战略地位，以“一带一路”倡议统领新时期对东盟投资，并有针对性地优化中国对东盟投资的国别结构与产业结构，尤其是逐步改变房地产业为我国投资东盟第一大产业的尴尬现状。

二是发力资源寻求型 FDI。利用东盟优质资源和供给体系，加快利用中国资本整合东盟以农产品、海产品、水产品为核心的优质生产性、生活性供给资源，如泰国与越南的橡胶、泰国大米，柬埔寨的名贵木材、玉石，马来西亚的棕榈油、橡胶，越南的大米、腰果、红鱼等优质资源，既满足国内消费升级所产生的新需求，又提升中国对东盟产品的消费量，通过更多吸收东亚资源的最终消费品来帮助扩大整个地区的内需水平。

三是发力市场开拓型FDI。利用中国资本、技术与产能，勇于开拓东盟市场，包括家电、汽车、钢材、工程机械、零售业等，应战略性构建面向整个东南亚市场的区域性生产网络体系，打造区域性国际知名品牌，并同美日跨国公司在东盟市场展开正面竞争，提升国际市场竞争力。

四是发力对外工程承包。发挥我国建筑工程业的竞争优势，发力港口等关键交通节点的互联互通基础设施建设，积极参与面向东盟的海上丝绸之路建设，并携手东盟企业共同开发、利用和保护海洋资源。

第四，部分落后省份，也可大力发展面向东盟优势产业的战略资源寻求型FDI，释放和获取逆向溢出效应。

广西等经济发展相对落后的省份，还需积极发力战略资源寻求型FDI。利用新加坡、马来西亚等部分优势企业（如新加坡的生物制药，马来西亚的海水淡化技术、清真认证等产业）的雄厚产业资本、现代商业理念以及相关领域的先进技术组建合资企业，获取“逆向技术溢出”，推动国内母国公司发展，或者携手国外子公司开拓国内市场，尤其是市场化、商业化和产业化广西以健康生态食品为代表的优质供给资源。

第五，有序提升中国—东盟自由贸易区内的相互开放水平。

一是在广西东兴和云南瑞丽等地建立具有“两国一园”典型性质的跨境经济合作区。园内试验自由贸易制度、自由投资制度、自由企业制度、自由出入境制度以及自由外汇制度等，不仅创新中国对外直接投资模式，也逐步提升中国与“一带一路”沿线国家，尤其是相邻国家的相互开放水平。

二是推动有序向东盟国家开放医疗、养老与保险等产业。适度鼓励新加坡相关企业与马来西亚双威集团、太子阁等著名医院在广西北海、防城港、钦州等地试点成立中外合资医院甚至外资独资医院，大力发展医疗旅游产业。探索试验与外资医院相配套的医疗保险制度和保险业开放。

第六，不能把对外直接投资简单理解为资本输出与资产购买，还应更多地考虑两个市场、两种资源的互动，更加重视对外直接投资与国内产业统筹和区域协调发展的对接，以此为基本理念，强化对外直接投资产业指导。

一是制定治理对外直接投资的法律规章制度，以法制力量督促中资企业遵守东道国法律体系与尊重东道国商业文化，践行社会责任，提升全球运营的合规性。

二是以实现对外直接投资与国内产业统筹和区域协调发展为目标，制定我国对外直接投资政策与规划；系统、长期地推动对外直接投资的制度建设，在现有《国有企业境外投资经营行为规范》《民营企业境外投资经营行为规范》《企业境外投资管理办法》等文件的基础上，实时制定和颁布《海外投资法》，将对外直接投资的促进、服务、监管和保障纳入法制化轨道。以投资类型管理为例，可以根据产业链提升型投资与非产业链提升型投资两个基本类型实施差异化的备案、审批及信贷支撑政策。在产业管理方面，可以参考《外商投资产业指导目录》的“鼓励”“限制”“禁止”三个门类制定《对外直接投资产业指导目录》，应鼓励国内紧缺资源行业企业发力资源寻求型FDI，鼓励现代农业、现代制造业、高新技术产业等领域的企业发力战略资源寻求型FDI，鼓励国内产能过剩产业发力市场开拓型FDI；适度限制和约束房地产业在海外市场的过度逐利；加强对外直接投资的真实性审查，禁止对外直接投资名义掩盖下的资本外逃。

三是企业应该充分尊重东道国规则、制度与文化，平衡不同主体的短长期利益诉求，以此为基础建立合作共赢、成就彼此目标的共同理念。积极帮助当地企业作为一个支撑部分融入自身的生产网络体系中，由此推动与当地企业、当地产业及当地经济的共生性发展与多维度关联，形成利益内嵌共生、风险共担的深度关联合作机制，并积极承担必要的企业社会责任。

四、成果的理论价值和应用价值

基于中国对外直接投资的差异化样本，本书提出不同于传统需求视角下的 FDI 理论，即中国 OFDI 快速发展并不是由于国内需求走低，而是源于国内需求持续走高的这一新观点，这在一定程度上丰富和拓展了现有 FDI 理论。

本书初步总结了东盟国家对“一带一路”倡议的认知与态度，有助于知己知彼，更好地在东盟国家推进“一带一路”倡议。

本书从国家、省域、产业、企业四个维度全方位构建起对东盟投资战略，对“一带一路”背景下加快我国对东盟直接投资具有一定的参考价值。

本书探究了对东盟投资的模式创新，东道国投资风险分析以及国内风险冲击，为我国企业在东盟更好地运营发展以及协调处理好对内投资、对外投资以及对外投资下的国内外产业联动与经济发展具有一定参考价值。

参考文献

安虎森，蒋涛，2006. 块状世界的经济学：空间经济学点评［J］. 南开经济研究（10）：92-104.

常健，2008. 中国对外开放的历史进程［C］. 第六期中国现代化研究论坛论文集.

常玉春，2011. 我国对外直接投资的逆向技术外溢：以国有大型企业为例的实证［J］. 经济管理（1）：9-15.

柴庆春，张楠楠，2016. 中国对外直接投资逆向技术溢出效应：基于行业差异的检验差异［J］. 中央财经大学学报（8）：113-120.

陈菲琼，虞旭丹，2009. 企业对外直接投资对自主创新的反馈机制研究：以万向集团 OFDI 为例［J］. 财贸经济（3）：101-106.

陈甦，2014. 构建法治引领和规范改革的新常态［J］. 法学研究（6）：35-41.

陈立敏，2010. 贸易创造还是贸易替代：对外直接投资与对外贸易关系的研究综述［J］. 国际贸易问题（4）：122-128.

陈漓高，张燕，2007. 对外直接投资的产业选择：基于产业地位划分法的分析［J］. 世界经济（10）：28-38.

陈炎，1982. 略论海上“丝绸之路”［J］. 历史研究（3）：161-192.

陈章喜，郭广杰，2007. 泛珠“跨境合作模式”探析：以珠澳跨境工业区的发展为例［J］. 珠江经济（9）：38-43.

陈兆源，田野，韩冬临，2018. 中国不同所有制企业对外直接投资的区位选择：一种交易成本的视角［J］. 世界经济与政治（6）：108-103.

陈宗胜，陈胜，1999. 中国农业市场化程度测度［J］. 经济学家（3）：117-119.

程慧，胡斌，2010. 我国对外直接投资的立法路径［J］. 国际经济合作（9）：76-79.

仇怡，吴建军，2012. 我国对外直接投资的逆向技术外溢效应研究［J］. 国际贸易问题（10）：82-84.

鸠斯特·戴布鲁克，孙祥壮，2005. 法律、政治和市场的全球化对国内法的影响：以欧洲为视角［J］. 金陵法律评论（2）：30-41.

丁志帆，孙根紧，2016. “一带一路”背景下中国对外直接投资空间格局重塑［J］. 四川师范大学学报（社会科学版）（3）：54-61.

董楠，2014. 外向型 FDI 能促进母国的对外贸易吗：基于 69 个国家和地区样板的 GMM 检验［J］. 华东经济管理（6）：163-166.

东艳，2014. 全球贸易规则的发展趋势与中国的机遇［J］. 国际经济评论（1）：127-147.

杜凯，周勤，2010. 中国对外直接投资：贸易壁垒诱发的跨越行为［J］. 南开经济研究（2）：44-63.

冯明，2012. 中国在美国直接投资的趋势、结构与障碍［J］. 世界经济与政治论坛（3）：106-120.

冯雷，汤婧，2015. 大力发展混合所有制应对“竞争中立”规则［J］. 全球化（4）：132-133.

高程，2014. 中国崛起背景下的周边格局变化与战略调整［J］. 国际经济评论（2）：36.

高鸿钧，2014. 法律全球化的理论与实践：挑战与机会［J］. 求是学刊（3）：84-93.

葛京，席酉民，2002. 跨国经营的工具性本质及其目标的实现［J］. 经济管理（6）：66-71.

顾露露，平淑娟，王悦，2016. 东道国多维度技术集聚与跨国公司海外投资逆向技术溢出效应眼就：基于中国对 OECD 国家投资的实证分析［J］. 浙江社会科学（9）：46-58.

顾强，2016. 越南各阶层对“一带一路”的认知与态度及其应对策略研究：对越南进行的实证调研分析［J］. 世界经济与政治论坛（5）：97-109.

郭凌威，卢进勇，郭思文，2018. 改革开放四十年中国对外直接投资回顾与展望［J］. 亚太经济（4）：111-121，152.

龚刚，2016. 论新常态下的供给侧改革［J］. 南开学报（哲学社会科学版）（2）：13-20.

韩师光，2014. 中国企业境外直接投资风险问题研究［D］. 长春：吉林大学.

黄勤国，2012. 国外国有企业的改革经验及其对我国的启示［J］. 中国民营科技与经济（5）：48-51.

黄速建，刘建丽，2009. 中国企业海外市场进入模式选择研究［J］. 中国工业经济（1）：128-131.

黄志瑾，2013. 国际造法过程中的竞争中立规则：兼论中国的对策［J］. 国际商务研究（3）：54-63.

胡鞍钢，周绍杰，任皓，2016. 供给侧结构性改革：适应和引领中国经济新常态［J］. 清华大学学报（哲学社会科学版）（2）：45.

胡博，李凌，2008. 我国对外直接投资的区位选择：基于投资动机的视角［J］. 国际贸易问题（12）：96-102.

贾康，2015. “十三五”时期的供给侧改革［J］. 国家行政学院学报（1）：12-21.

江小涓，2000. 战略性跨越：中国对外投资和跨国公司的成长［J］. 国际贸易（12）：8-13.

蒋殿春，张宇，2008. 经济转型与外商直接投资技术溢出效应［J］. 经济研究（7）：26-38.

蒋冠宏，蒋殿春，2014. 中国企业对外直接投资的“出口效应”［J］. 经济研究（5）：160-173.

蒋冠宏，蒋殿春，蒋昕桐，2013. 我国技术研发型外向 FDI 的“生产率效应”：来自工业企业的证据［J］. 管理世界（9）：44-54.

康继军，王卫，傅蕴英，2009. 中国各地区市场化进程区位分布的空间效应研究 [J]. 统计研究 (5): 33-40.
李桂芳，2008. 中国企业对外直接投资分析报告 [M]. 北京：中国经济出版社.
李天华，2013. 改革开放以来中国边境贸易政策演变的历史考查 [J]. 当代中国史研究 (4): 28-35.
李皖南，2006. 东盟投资区的提出与发展 [J]. 亚太纵横 (4): 19-22.
李向阳，2017. “一带一路”面临的突出问题和处理 [J]. 国际贸易 (4): 99-112, 129, 188.
李新春，2017. 制度逃离还是创新驱动?：制度约束与民营企业的对外直接投资 [J]. 管理世界 (10): 99-112, 129, 188.
李一文，李良新，2014. 中国企业海外投资风险与预警研究：基于中国非金融对外直接投资案例调查 [J]. 首都经济贸易大学学报 (3): 99-103.
李友田，李润国，翟玉胜，2013. 中国能源型企业海外投资的非经济风险问题研究 [J]. 管理世界 (5): 1-11.
李众敏，2012. 中国海外经济利益保护战略刍论 [J]. 世界经济与政治 (8): 92-106.
刘明霞，王学军，2009. 中国对外直接投资的逆向技术溢出效应研究 [J]. 世界经济研究 (9): 57-62.
柳思思，2014. “一带一路”：跨境次区域合作理论研究的新进路，南亚研究 (2): 1-11.
罗豪才，2000. 经济全球化与法制建设 [J]. 求是 (23): 16-19.
迈克尔·波特，2012. 国家竞争优势 [M]. 北京：中信出版社.
罗祥国，王康霖. 加强与东盟经济合作是中国“一带一路”策略的重中之重[EB/OL].(2016-05-17)[2017-05-15].http://opinion.hexun.com/2016/05/17/183902600.thml.
裴长洪，樊英，2010. 中国企业对外直接投资的国家特定优势 [J].

中国工业经济 (7): 45-54.

裴长洪, 李怀愧, 2018. 习近平新时代对外开放思想的经济学分析 [J]. 经济研究 (2): 4-19.

裴长洪, 郑文, 2011. 国家特定优势: 国际投资理论的补充解释 [J]. 经济研究 (11): 21-35.

齐旭娜, 2013. 全球视角下的中国企业对外直接投资: 第四届国际投资论坛在津举行 [J]. 国际经济合作 (11): 11-13.

桑百川, 2016. 防范对外直接投资高速增长的宏观经济风险 [J]. 国际经济评论 (3): 67-76.

盛斌, 黎峰, 2017. 中国开放型经济 "新" 体制新在哪里? [J]. 国际经济评论 (1): 129-140.

申朴, 刘康兵, 2012. FDI 流入、市场化进程与中国企业技术创新: 基于 SYSTEM GMM 估计法的实证研究 [J]. 亚太经济 (3): 93-98.

施宏, 2011. 构建我国海外资产安全防控与监管体系的思考 [J]. 国际贸易问题 (12): 122-129.

宋泓, 2014. 未来 10~15 年中国拥有自主发展的新机遇 [J]. 国际经济评论 (1): 31-40.

宋康乐, 2013. "走出去" 战略的财税支持政策体系研究 [J]. 财政研究 (2): 6-9.

宋勇超, 2017. "一带一路" 战略下中国对外直接投资贸易效应研究 [J]. 技术经济与管理研究 (6): 82-85.

宋泽楠, 2013. 中国对外直接投资的区位分布和响应机制: 2002—2010 年 [J]. 改革 (1): 41-49.

宋泽楠, 尹忠明, 2013. 国家特定优势向企业特定优势的演化: 逻辑路径与现实障碍 [J]. 国际经贸探索 (3): 25-35.

宋泽楠, 2014. 国别异质性、全球化进程与主流 FDI 理论的演化性改进 [J]. 现代经济探讨 (4): 23-27.

宋泽楠, 2015. "一带一路" 背景下西南少数民族地区的开放型发展：以广西为例［J］. 广西民族研究（3）：142-149.
孙远东，2014. 从海关特殊监管区域到自由贸易园区：中国的实践与思考［M］. 北京：首都经济贸易大学出版社.
太平，李姣，2015. 开放型经济新体制下中国对外直接投资风险防范体系构建［J］. 亚太经济（4）：122-127.
陶攀，洪俊杰，刘志强，2013. 中国对外直接投资政策体系的形成及完善建议［J］. 国际贸易（9）：42-46.
佟家栋，刘程，2017. “逆全球化”浪潮的源起及其走向：基于历史比较的视角［J］. 中国工业经济（6）：5-13.
王碧珺，2014. 中国参与全球投资治理的机遇与挑战［J］. 国际经济评论（1）：168-184.
王凤彬，杨阳，2010. 我国企业FDI路径选择与“差异化的同时并进”模式［J］. 中国工业经济（2）：120-129.
王宏新，2011. “十二五”时期我国对外直接投资管理体制创新的政策建议［J］. 国际贸易（2）：46-48.
汪建新，2013. “中国出口商品结构之谜”：一个垂直专业化解释视角［J］. 国际贸易问题（7）：26-37.
王勤，1992. 亚太地区国际直接投资的新特点［J］. 经济学动态（8）：58-62.
王恕立，2003. 对外直接投资动因、条件及效应研究［D］. 武汉：武汉理工大学.
王恕立，向姣姣，2015 制度质量、投资动机与中国对外直接投资的区位选择［J］. 财经研究（5）：134-144.
王欣，2016. 对外直接投资提升了区域创新能力吗：吸收能力视角下基于苏、浙两省地级市面板数据的比较研究［J］. 华东经济管理（9）：26-33.
王亚军，2017. “一带一路”倡议的理论创新与典范价值［J］. 世界经济与政治（3）：4-14.
王辉耀，苗绿，2016. 中国企业全球化报告2016［M］. 北京：社会科学文献出版社.
王英，刘思峰，2008. 中国 ODI 反向技术外溢效应的实证分析 [J]. 科学学研究 (2)：294-298.
王永钦，杜巨澜，王凯，2014. 中国对外直接投资区位选择的决定因素：制度、税负和资源禀赋 [J]. 经济研究 (12)：126-142.
王玉主，2017. "一带一路" 倡议与东盟利益诉求 [M]. 北京：中国社会科学出版社.
吴金铎. 日欧关税互惠，中国应先解决市场经济地位问题[EB/OL]. (2018-08-15) [2019-08-01]. http://www.ftchinese.com/story/001078608? adchanne/ID=8full=y&archive.
项本武，2009. 中国对外直接投资的贸易效应研究：基于面板数据的协整分析 [J]. 财贸经济 (4)：77-82.
冼国明，杨锐，1998. 技术累积、竞争策略与发展中国家对外直接投资 [J]. 经济研究 (11)：57-64.
徐虹，2012. 市场化进程、产权配置与上市公司资产剥离业绩：基于同属管辖交易视角的研究 [J]. 南开管理评论 (3)：110-121.
薛求知，2007. 当代跨国公司新理论 [M]. 上海：复旦大学出版社.
杨嫘，邓涛涛，2017. 市场距离、市场规模与中国企业对外直接投资的市场进入次序 [J]. 经济管理 (9)：20-34.
于立新，王佳佳，2003. 中国对外区域经济合作的战略模式选择 [J]. 财贸经济 (2)：58-63.
余永定，肖立晟，2017. 解读中国的资本的外逃 [J]. 国际经济评论 (5)：97-115.
杨宏恩，孟庆强，王晶，李浩，2016. 双边投资协定对中国对外直接投资的影响：基于投资协定异质性的视角 [J]. 管理世界 (4)：24-36.
杨湘玉，2006. 对外直接投资与出口关联性研究综述 [J]. 经济学动态 (4)：111-114.
曾彦，曾令良，2012. 跨境经济合作区的特征与法律和机制保障

[J]. 时代法学 (5): 12-17.
曾寅初, 陈忠毅, 2004. 海峡两岸农产品贸易与直接投资的关系分析 [J]. 管理世界 (1): 96-106.
曾炜, 2004. 论经济一体化对国际法和国内法的影响 [J]. 时代法学 (5): 52-59, 115.
张宏, 王建, 2009. 东道国区位因素与中国 OFDI 关系研究: 基于分量回归的经验在证据 [J]. 中国工业经济 (6): 151-160.
张建红, 蒋建刚, 2012. 双边政治关系对中国对外直接投资的影响研究 [J]. 世界经济与政治 (12): 133-155.
张建红, 卫新江, 海柯·艾伯斯, 2010. 决定中国企业海外收购成败的因素分析 [J]. 管理世界 (3): 97-107.
张洁颖, 周煊, 2007. “走出去”战略背景下中国对外直接投资政策体系的思考 [J]. 国际贸易 (4): 27-30.
张明, 2017. 2017 年资本外流压力依然不容低估 [Z]. 中国社会科学院世界经济与政治研究所工作论文.
张明, 王永中, 2015. 中国海外投资国家风险评级报告 [M]. 北京: 中国社会科学出版社.
张述存, 2017. “一带一路”战略下优化中国对外直接投资布局的思路与对策 [J]. 管理世界 (4): 1-9.
张为付, 2008. 影响我国企业对外直接投资因素研究 [J]. 中国工业经济 (11): 130-140.
张维迎, 2012. 市场的逻辑 (增订版) [M]. 上海: 上海人民出版社.
张毅晓, 何晓峰, 2010. 完善我国企业境外投资的税收激励政策 [J]. 中国财政 (13): 57-59.
张锡镇, 2016. 中泰关系近况与泰国社会厌华情绪 [J]. 东南亚研究 (3): 22-27.
张幼文, 2009. 改革动力的构建与发展结构的优化: 对外开放在中国经济发展中的战略地位 [J]. 学术月刊 (1): 59-66.

张智勇，2011. 解析中国—东盟自由贸易区《投资协议》[J]. 甘肃政府学院学报（1）：84.

赵春明，何艳，2002. 从国际经验看中国对外直接投资的产业和区位选择 [J]. 世界经济（5）：38-41.

赵伟，古广东，何元庆，2010. 外向 FDI 与中国技术进步：机理分析与尝试性实证 [J]. 管理世界（7）：53-60.

张平，刘霞辉，张晓品，等，2010. 资本化扩张与赶超型经济的技术进步 [J]. 经济研究（5）：4-20，122.

中国出口信用保险公司资信评估中心，2016. 国别投资经营便利化状况报告 2016 [EB/OL].（2016-12-11）[2017-07-26].

周方治，2015. "一带一路"视野下中国—东盟合作的机遇、瓶颈与路径：兼论中泰战略合作探路者作用 [J]. 南洋问题研究（3）：39-47.

周煊，汪洋，王分棉，2012. 中国境外国有资产流失风险及防范策略 [J]. 财贸经济（5）：98-105.

宗方宇，路江涌，武常岐，2012. 双边投资协定、制度环境和企业对外直接投资区位选择 [J]. 经济研究（5）：71-82，146.

ASMUSSEN C G，PEDERSEN T，DHANARAJ C，2009. Host-Country Environment and Subsidiary Competence：Extending the Diamond Network Mode [J]. Journal of International Business Studies，40（1）：42-57.

BARNARD H，2010. Overcoming the liability of foreignness without strong firm capabilities—the value of market-based resources [J]. Journal of International Management（16）：165-176.

BUCKLEY P J，2004. Is the international business research agenda running out of steam? [J]. Journal of International Business Studies，33（2）：365-373.

BUCKLEY P J，CLEGG L J，CROSS，A R LIU，et al.，2011. The determinants of Chinese outward foreign direct investment [J]. Journal of

International Business Studies, 38 (4): 499-518.

BUCKLEY P J, CROSS A R, TAN H, et al., 2008. Historic and Emergent Trends in Chinese Outward Direct Investment [J]. Management International Review, 48 (6): 715-748.

ANTONIO CAPOBIANCO, HANS CHRISTIANSEN, 2011. Competitive Neutrality and State-owned Enterprises: Challenges and Policy Options [J]. OECD Corporate Governance Working Paper, No. 1, OECD Publishing.

CHEN S, TAN H, 2012. Region effects in the internationalization-performance relationship [J]. Journal of World Business, 43 (1): 73-80.

CHILD J, RODRIGUES S B, 2005. The internationalization of Chinese firms: A case for theoretical extension? [J]. Management and Organization Review, 1 (3): 381-410.

DENG P, 2004. Outward investment by Chinese MNCs: motivations and implications [J]. Business Horizons, 47 (3): 8-16.

DENG P, 2009. Why do Chinese firms tend to acquire strategic assets in international expansion? [J]. Journal of World Business, 44 (1): 74-84.

ERDENER C, SHAPIRO, D M, 2005. The internationalization of Chinese Family Enterprises and Dunning's Eclectic MNE Paradigm [J]. Management and Organization Review, 1 (3): 411-436.

GAMMELTOFT P, BARNARD H, MADHOK A, 2010. Emerging multinationals, emerging theory: Macro- and micro-level perspectives [J]. Journal of InternationalManagement, 16 (2): 95-101.

GOLDSZMIDT R G B, BRITO L A L, VASCONCELOS F C, 2011. Country effect on firm perfromance: A multilevel approach [J]. Journual Business Research, 64 (2): 274-279.

GRIFFITH D A, CAVUSGIL S T, XU S C, 2008. Emerging themes in international business research [J]. Journal of International Business Studies, 39 (8): 1220-1235.

HAWAVINI G, SUBRAMANIAN V, VERDIN P, 2004. The home country in the age of Globalization: How much does it matter for firm performance, 39 (2): 121-135.

HUANG Y X, ZHANG Y, 2017. How does outward foreign direct investment enhance firm productivity? A heterogeneous empirical analysis from Chinese manufacturing [J]. China Economic Review, (3): 1-15.

JOHANSON J, VAHLNE J E, 1990. The mechanisms of internationalization [J]. International Marketing Review (4): 11-24.

KANG Y F, JIANG F M, 2012. FDI location choice of Chinese multinationals in East and Southeast Asia: Traditional economic factors and institutional perspective [J]. Journal of World Business, 47 (2): 45-53.

KHANNA T, PALEPU K, 2006. Emerging giants: Building world-class companies in developing economies [J]. Harvard Business Review, 84 (10): 60-70.

KLOSTAD I, WIIG, A, 2010. What determines Chinese outward FDI? [J]. Journal of World Business, 47 (1): 26-34.

LI J, ROGER S, NING L T, DYLAN S, 2016. Outward foreign direct investment and domestic innovation performance: Evidence form China [J]. International Business Review, 25 (5): 1010-1019.

LI L J, LIU X M, YUAN D, YU, M J, 2017. Does outward FDI generate higher productivity for emerging economy MNES? -Micro-level evidence form Chinese manufacturing firms [J]. International Business Review, 25 (5): 839-854.

LUO Y D, TUNG R L, 2007. International expansion of emerging market enterprises: a springboard perspective [J]. Journal of International

Business Studies, 38 (4): 481-498.

LUO Y D, RUI, H, 2009. Anambidexterity perspective toward multinational enterprises from emerging economics [J]. Academy of Management Perspectives, 23 (4): 49-70.

MAKINO S, LAU C, YEH R, 2002. Asset-exploration versus Asset-seeking: Implications for location Choice of foreign Direct Investment from Newly IndustrializedEconomics [J]. Journal of International Business Studies, 33 (3): 403-421.

MORCK R, YEUNG B, ZHAO M Y, 2008. Perspectives on China's outward foreign direct investment [J]. Journal of International Business Studies, 39 (3): 337-350.

PENG M W, 2003. Institutional transitions and strategic choices [J]. Academy of Management Review, 28 (2): 275-296.

PENG M W, WANG D Y, JIANG Y, 2008. An institution-based view of international business strategy: A foucus on emerging economies [J]. Journal of International Business Studies, 39 (5): 920-936.

RUI H, YIP G S, 2008. Foreign acquisitions by Chinese firms: A strategic intent perspective [J]. Journal of World Business, 43 (2): 213-226.

RUGMAN A M, LI J, 2007. Will China' s Multinationals succeed globally or regionally? [J]. European Management Journal, 25 (5): 333-343.

SUN S L, PENG M W, REN B, YAN D Y, 2010. A comparative ownership advantage framework for cross-border M&As: The rise of Chinese and Indian MNEs [J]. Journal of World Business, 47 (10): 4-16.

TAN D, MEYER K E, 2010. Business group's outward FDI: A managerial resources perspective [J]. Journal of International Management, 16 (2): 154-164.

WAN W P, 2005. Country resources environments, firm capabilities, and corporate diversification strategies [J]. Journal of Management Studies, 42 (1): 161-182.

WITT M A, LEWIN A Y, 2007. Outward foreign direct investment as escape response to home country institutional constraints [J]. Journal of International Business Studies, 38 (4): 579-594.

YEUNG H W, LIU W, 2008. Globalizing China: The rise ofmainland firms in the global economy [J]. Eurasian Geography and Economics: 49 (1): 57-86.

ZHANG J H, ZHOU C H, EBBERS H, 2011. Completion of Chinese overseas acquisitions: Institutional perspectives and evidence," International Business Review, 20 (2): 226-238.